U0747062

NEW MEDIA OPERATION

FROM ENTRY TO MASTERY

新媒体运营实战

从入门到精通

谭贤◎著

中国铁道出版社有限公司

CHINA RAILWAY PUBLISHING HOUSE CO., LTD.

内 容 简 介

如何创作高推荐量、高阅读量（或播放量）、高点赞量的爆款内容？
如何实现篇篇能分成、天天有收益、月月能赚钱的新媒体运营变现目标？
如何每天涨粉几百，轻松实现粉丝破 10 万＋？

本书分为四篇：开通运营篇、内容打造篇、营销推广篇、盈利赚钱篇。
从最简单的账号注册、开通运营讲起，接着介绍爆款文案、视频的打造，然
后讲解如何进行推广、数据营销、吸粉引流，最后从内部营销和外部变现
角度，详细讲解了十多种盈利的方式。

本书结构清晰、内容精练、图表丰富、实用性强，适用于想要了解和
学习运营和推广的读者、运营和推广人员以及希望学习营销的个人、企业和
商家。

图书在版编目（CIP）数据

新媒体运营实战从入门到精通 / 谭贤著 .—北京：中国

铁道出版社，2019.1（2022.1 重印）

ISBN 978-7-113-25065-2

Ⅰ.①新… Ⅱ.①谭… Ⅲ.①传播媒介 - 运营管理

Ⅳ.① G206.2

中国版本图书馆 CIP 数据核字（2018）第 234718 号

书　　名：**新媒体运营实战从入门到精通**
作　　者：谭　贤

责任编辑：张亚慧　　编辑部电话：(010) 51873035　　邮箱：lampard@vip.163.com
封面设计：MXK DESIGN STUDIO
责任印制：赵星辰

出版发行：中国铁道出版社有限公司（100054，北京市西城区右安门西街 8 号）
印　　刷：佳兴达印刷（天津）有限公司
版　　次：2019 年 1 月第 1 版　　2022 年 1 月第 2 次印刷
开　　本：700 mm×1 000 mm 1/16　印张：18.5　字数：322 千
书　　号：ISBN 978-7-113-25065-2
定　　价：55.00 元

前言
PREFACE

01 写作驱动

新媒体平台作为新的主要的宣传推广战场，越来越受到人们的重视，无论是对有推广需求的企业、商家来说，还是对有信息搜索和阅读需求的读者而言，它都是人们生活中不可或缺的存在。

例如，今日头条作为一个发展强劲、用户众多和可获得巨大收益的新媒体平台，实现了多内容形式、多功能应用的结合。读者平常需要在多个平台上轮转的操作，在今日头条平台上可一站式实现，如获取资讯、发布图文内容、发布社交短内容、发布精彩问答内容、发布视频内容等。

基于此，众多想要在新媒体领域抢占运营和推广先机、实现快速变现的个人和企业，都选择了今日头条作为重要的发展平台。在这种情况下，他们迫切需要一些实用的、已经经过了实践检验的理论和干货内容作为指导。

从这一现状出发，笔者开始策划写一本有深度的介绍新媒体运营相关内容的书，希望能将自己几年来的运营实战经验进行总结整理之后，帮助有需要的读者提升全方位的运营技能。

为了将涉及新媒体运营的相关知识讲全、讲透彻，为读者提供实质性的帮助，笔者抓住主干和要点，决定介绍 10 大专题内容。于是，便有了最终呈现在读者面前的《新媒体运营实战从入门到精通》这本书。

在此，要特别说明的是，新媒体平台是处于不断更新和发展中的，但其大部分功能还是万变不离其宗，因此，虽然本书是基于当前今日头条号情况来进行介绍的，其中的部分功能可能在后期会有变化，但是读者可以基于本书内容的介绍和平台的说明，举一反三，适应平台的运营变化，从而更好地运营好新媒体。

02 本书内容

本书主要通过"主要内容线+干货技巧线"两条线，帮助读者精通新媒体运营，打造优质并能获利的运营号。

第一条主要内容线，本书着重运营号的运营实战能力的培养，用了10章篇幅来一项项详解头条号运营内容，无论是平台管理和内容创作，还是数据分析，抑或是吸粉引流和获利变现，都应有尽有。

第二条干货技巧线，130多个纯高手干货技巧，从登录注册、后台管理、图文内容创作、视频内容创作、问答内容创作、内容推广、数据营销、吸粉引流、广告变现以及其他途径变现等，教您轻松攻克运营工作难关，成为新媒体运营高手。

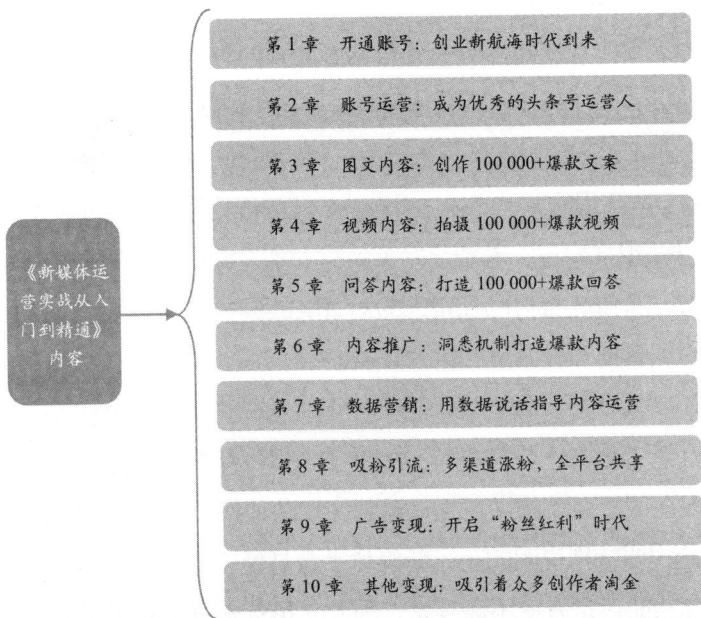

```
                          ┌─ 第 1 章  开通账号：创业新航海时代到来
                          │
                          ├─ 第 2 章  账号运营：成为优秀的头条号运营人
                          │
                          ├─ 第 3 章  图文内容：创作 100 000+爆款文案
                          │
                          ├─ 第 4 章  视频内容：拍摄 100 000+爆款视频
                          │
《新媒体运营实战从入门到精通》内容 ─→ ├─ 第 5 章  问答内容：打造 100 000+爆款回答
                          │
                          ├─ 第 6 章  内容推广：洞悉机制打造爆款内容
                          │
                          ├─ 第 7 章  数据营销：用数据说话指导内容运营
                          │
                          ├─ 第 8 章  吸粉引流：多渠道涨粉，全平台共享
                          │
                          ├─ 第 9 章  广告变现：开启"粉丝红利"时代
                          │
                          └─ 第 10 章  其他变现：吸引着众多创作者淘金
```

03 适合人群

本书结构清晰，全面而有深度地剖析了与新媒体运营相关的重要知识点，利用简洁而准确的语言以及图文结合的写作形式，将抽象的知识点具象化，非常适合以下读者学习阅读。

（1）**今日头条号运营者**。本书以今日头条号运营为切入点，对与之相关的知识点进行详细讲述，无论是其登录注册和后台管理，还是运营中必不可少的图文、视频和问答等内容的打造，抑或是与头条号推广效果相关的吸粉引流、数据营销和获利变现，都能帮助个人、企业和商家的运营者构建起对头条号运营的全面认识，注重头条号深度运营的实战能力培养。

（2）**从事头条号运营和营销的人士**。本书在写作过程中，笔者介绍的都是实战性干货技巧，是经过了事实验证和实战检验的，选取的知识点也是最具效果的。而且，在内容安排上，不仅安排专门的章节介绍其运营和营销，而且还注意在各种实战操作中加入了自身体验，把实现运营推广和获利变现作为最终目标，时时注意营销思维，并把它全面贯彻在全书内容中。

（3）**希望通过头条号进行营销的个人、企业和商家**。本书在写作过程中全面介绍了今日头条号运营的各个方面，而这些方面又是与其他各行各业有着交叉领域的，如数据分析方面，就是从事宣传、推广和营销的人员的核心技能，特别是在头条号快速发展的情况下，他们更有意向和需求借助头条号这一形式，为他们提供全新的内容创作思路和引流渠道。因此，本书作为提供头条号一条龙服务的深度实战技巧书籍，可以说是高效实用的参考书。

编　　者

2018 年 10 月

目录 | C O N T E N T S

2

CHAPTER

账号运营：成为优秀的头条号运营人

目录 | C O N T E N T S

3
CHAPTER

图文内容：创作 100 000+ 爆款文案

4

CHAPTER

视频内容：拍摄 100 000+ 爆款视频

目录 | CONTENTS

5 CHAPTER

问答内容：打造100 000+爆款回答

目录 | C O N T E N T S

7

CHAPTER

数据营销：用数据说话指导内容运营

目录 | C O N T E N T S

9
CHAPTER

广告变现：开启"粉丝红利"时代

目录 | C O N T E N T S

10 CHAPTER
其他变现：吸引着众多创作者淘金

1
CHAPTER

开通账号：创业新
航海时代到来

新媒体运营实战
从入门到精通

今日头条可以说是一个名副其实的内容资讯APP，截至2017年底，入驻的80W+头条号都选择了这一平台作为其新媒体运营和营销的途径之一，预示着又一个创业新航海时代的到来。那么，你也想加入吗？有意愿的话，就接着看下去！

◇ 今日头条：一夕之间崛起的"超级独角兽"

◇ 平台功能：提供连接人与信息的新型服务

◇ 账号注册：其实很简单，分分钟搞定

1.1 今日头条：一夕之间崛起的"超级独角兽"

在移动互联网时代，新媒体发展迅速。其中，今日头条号通过多种策略来扩展阵地，如做好推荐引擎、开放头条号、打通与微博的联系等。更重要的是，在短视频方面，除了头条小视频、火山小视频外，还与抖音这一移动互联网流量洼地联合并最终崛起，成为一个"超级独角兽"。

之所以说今日头条是"超级独角兽"，其来源与美国著名的创投研究机构——CB Insights 发布的一项榜单有关，这项榜单就是备受人们关注的"全球独角兽公司榜单"，在 2017 年 9 月底发布的榜单中，"今日头条"APP 的开发商——北京字节跳动科技 (Bytedance) 新晋入围，成功成为"独角兽"公司中的一员。

那些超过 100 亿美元的企业被称为"超级独角兽"企业，而今日头条的企业价值评估高达 110 亿美元，自然就是名副其实的"超级独角兽"企业之一了。

1.1.1 6 年时间，今日头条是如何崛起的

从今日头条创建到发展成为一个拥有大流量、高收益的新媒体平台，一共用了 6 年时间。到 2017 年下半年，"今日头条"APP 的各项数据显示了其强劲的崛起姿态，如图 1-1 所示。

关于今日头条的崛起，在笔者看来，主要与 3 个方面分不开，具体分析如下。

首先，得益于今日头条的算法精准。在关注今日头条的过程中，大家会很容易发现，它不仅可以让用户选择喜欢的类别，从大的方向上把握用户喜好，还可以利用系统的精准算法，专门安排了"推荐"频道把内容推送给用户，从而改变传统的主动搜索形式，代之以提供用户需要和感兴趣的被动推荐形式。

与以往的人通过搜索寻找信息相比，在生活节奏加快的现今社会环境中，人们更乐于被动地关注，且这种关注的前提是在提供的内容能满足用户需要的情况下，因此，越来越多的人被吸引到今日头条平台上也就不足为奇了。

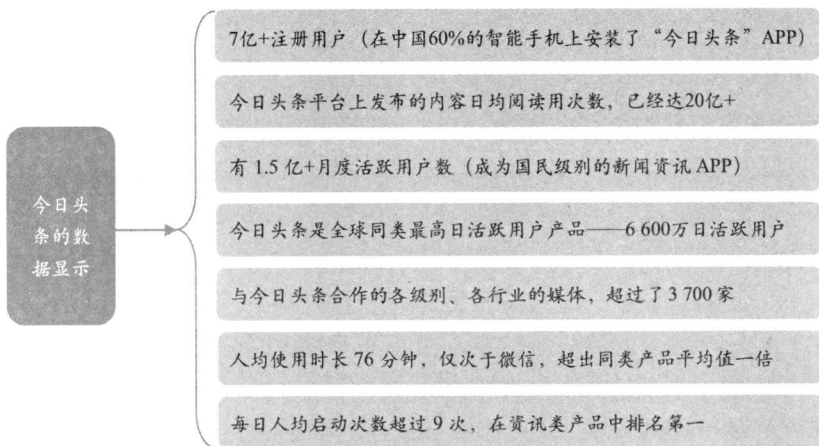

今日头条的数据显示：

- 7亿+注册用户（在中国60%的智能手机上安装了"今日头条"APP）
- 今日头条平台上发布的内容日均阅读用次数，已经达20亿+
- 有1.5亿+月度活跃用户数（成为国民级别的新闻资讯APP）
- 今日头条是全球同类最高日活跃用户产品——6 600万日活跃用户
- 与今日头条合作的各级别、各行业的媒体，超过了3 700家
- 人均使用时长76分钟，仅次于微信，超出同类产品平均值一倍
- 每日人均启动次数超过9次，在资讯类产品中排名第一

◆ 图1-1 今日头条的数据显示

其次，既然有了算法精准的基础，关注今日头条的用户快速增长，其流量基础也就有了。在这一基础上，又因为有着精准算法的支撑和便利的入口，其平台各种广告的转化效果显著，从而使得流量的价值实现了巨大提升和更多的品牌、产品开始选择今日头条作为广告投放平台。在这样的发展情形下，流量红利和快速变现方面都使得今日头条不断崛起。

最后，就是今日头条所面对的主流用户群体了。在移动互联网环境下，随着网络的逐渐普及，其用户除了那些受过高等教育的人以外，还有着向低龄化、低学历化和低收入化延伸的趋势，且后者在人数上的占比明显比前者多得多。而今日头条抓住了这一占据绝对比例的用户群体，把他们发展为自己的增量用户，从而奠定了其发展和迅速崛起的用户基础。

1.1.2 流量——今日头条赖以生存的根本

在互联网和移动互联网环境下，流量成为众多商家和品牌抢夺的主要目标。今日头条作为一个知名资讯平台，流量在其发展过程中所起的作用不可忽视，且在一定意义上可以说是决定今日头条平台赖以生存的根本。而从今日头条的发展和延伸轨迹来看，恰好也证明了这一点。

总的来说，今日头条基于流量来提升品牌、实现发展和获得红利的策略主要表现在两个方面，即新流量的不断获取和现有流量的效率提升，下面将分别进行介绍。

❶ **新流量的不断获取**

在获取新流量方面，今日头条除了通过常规的平台建设完善来实现外，还主要通过对内和对外两大方向来实现。

从对内方面而言，今日头条主要是在原有用户范围领域内，不断吸引新的用户入驻，而这里的入驻也是通过两种途径来实现的：一是通过巨额投资，扶持多个平台计划，吸引更多的原创作者聚集到平台上来，如图 1-2 所示。

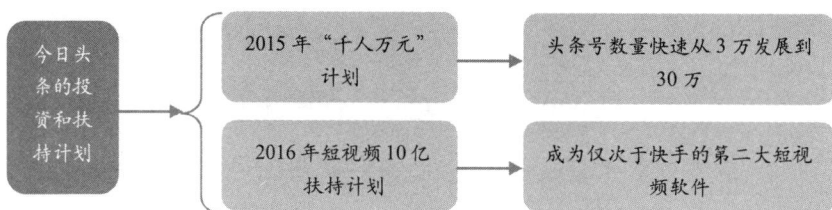

◆ 图 1-2　今日头条的投资和扶持计划

二是在积累了一定流量和平台生态实现了繁荣之后，平台影响力和流量聚集能力得到了很大程度的提升，从而使得越来越多的原创作者选择了今日头条作为其内容发布的平台，其结果是其带来的读者群体进一步增加流量。就这样，原创作者和读者群体形成一个良性的流量增长循环图，使得今日头条平台的新流量获取成为一件易事。

从对外方面而言，今日头条主要是在地域范围方面向着更广的区域延伸——开始在全球布局策略，通过自建产品和投资，实现了其"全球创作与交流平台"的愿景，如图 1-3 所示。

在图 1-3 所示的众多海外平台和应用发展中，今日头条的用户群体实现了增长，单从其原创作者来看就有 1 亿多，而基于这些原创作者而来的流量，足以见得其数量之大了。

❷ **现有流量的效率提升**

在现有流量的效率提升上，今日头条平台抓住了两个关键点来完成目标。其实这两个关键点都是平时用户能在今日头条 APP 上能察觉出来的，从中可真实地感受到其中的变化，同时通过身边的人的关注点转移可清晰地折射出今日头条平台的流量效率提升的表现。在此笔者将对这两个关键点进行具体介绍，内容如下。

```
                    ┌─ 2015 年 8 月，今日头条海外版"TopBuzz"上线
          ┌─ 自建    ├─ 2016 年 9 月，"TopBuzz Video"上线
          │  产品
          │  层面    ├─ 2017 年 7 月，火山小视频海外版"Hypstar"上线
          │         └─ 2017 年 8 月，抖音海外版"Tik Tok"上线
  今日头
  条的全 ─┤
  球布局    │         ┌─ 2016 年 10 月，投资印度内容聚合平台"Dailhunt"
  策略      │         │
          │         ├─ 2016 年 12 月，控股印尼新闻推荐阅读平台"BABE"
          │  投资    │
          └─ 层面 ───┼─ 2017 年 2 月，全资收购美国短视频应用"Flipagram"
                    │
                    ├─ 2017 年 11 月，收购全球移动新闻服务运营商 News Republic
                    │
                    └─ 2017 年 11 月，收购音乐视频分享和互动社交应用 Musical.ly
```

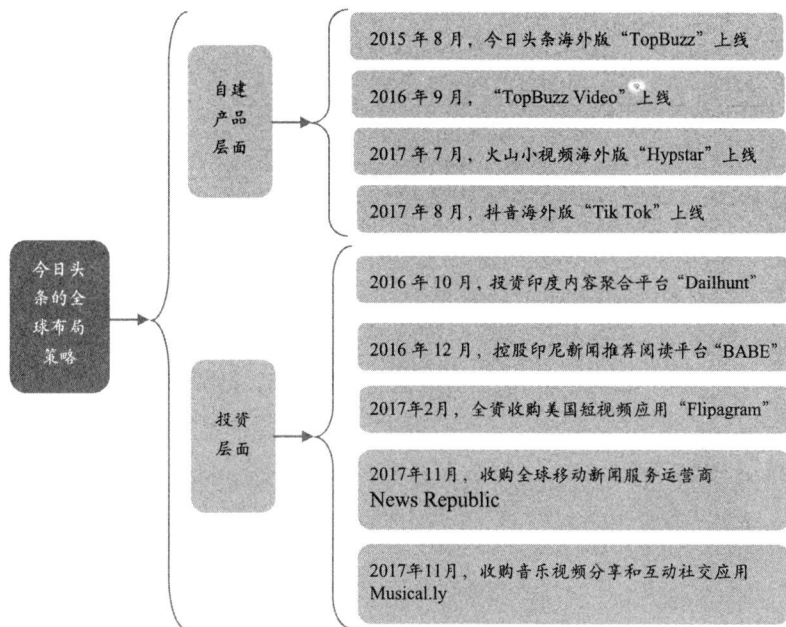

◆ **图 1-3　今日头条的全球布局策略**

其一是通过用户在不同内容形式之间的流转实现现有流量的效率提升。在短视频出现和兴起之前，人们还是习惯阅读图文内容，且各大平台推送的也都是图文内容，而随着短视频的兴起和发展，拿今日头条平台来说，视频消费总时长已经超过图文阅读总时长。就这样，在保证流量不流失的情况下，提供了一种更受用户喜欢的内容形式来积极提升流量效率。

而随着图文内容流量向短视频流量的转移，今日头条也逐渐构建和完善了其自身的短视频矩阵——西瓜视频、火山小视频和抖音短视频。这一矩阵利用各自的优势形成短视频矩阵特色，这对于其他各自为政的短视频平台而言，明显更具吸引力。在这样的情况下，现有流量在短视频领域的效率提升也就有了保证。

其二是今日头条基于内容属性的不同，不断推出有着不同属性用户的新内容产品，如悟空问答、微头条、懂车帝等，从而让其现有的流量从其他内容中拆分出来，有利于有着相同兴趣的用户的集聚和活跃，特别是悟空问答和微头条，它们多是短内容产品，通过用户人群的不断拆分，分别形成了活跃度极高的各具特色的产品。如具有社交属性的微头条，就吸引了众多明星入驻，而这些知名度高的头条号用户，将在现有流量的效率提升方面对平台的其他内容产品和整个内容

生态产生积极的影响。

1.1.3 用大带小，让所有产品回归头条

在今日头条平台上，除了今日头条 APP 外，还包括了界面上方的各个垂直领域的频道内容和页面下方的 3 大 Tab 内容，另外，当然还包括与之关联的抖音短视频 APP 和火山小视频 APP 等产品。

而这些产品的成长，是完全离不开今日头条这一大平台的支撑，这也被人们认为是"用大带小"的发展形式。在这一形式中，无论今日头条的各个内容产品如何操作和推广，其实都离不开今日头条的两大优势，如图 1-4 所示。

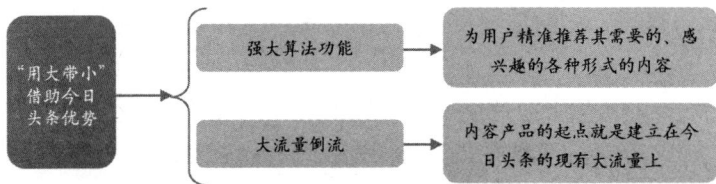

◆ **图 1-4 "用大带小"发展形式借助的今日头条优势**

关于"用大带小"的发展形式，就笔者看来，其原理是：今日头条的各个内容产品就像是今日头条系统这一文件夹里的文件，今日头条平台能通过精准算法把各个内容产品的产品定位、结构逻辑和交互设计等属性做成一个一一匹配的标准答案，然后再把今日头条的巨大流量按照形成的标准答案进行分发，务必使每一个内容产品都能拥有足够的流量，从而更容易形成用户眼中的头条内容，最终促进各个内容产品的发展壮大。

专家提醒

在这样的情况下，今日头条大流量被分发成一股股内容产品大流量，而人们关注的内容产品并不是唯一的，因而也就使得各个内容产品大流量的总和会远远大于今日头条大流量的总量，实现了 1/2+1/2 > 1 的效果。而关注这些内容产品的用户在成为关注者的同时也成为今日头条平台的用户。可见，在"用大带小"形式中，其中的"小"反过来还会促进"大"进一步发展。

1.2 平台功能：提供连接人与信息的新型服务

关于今日头条平台，可能人们了解得最多的就是它是一个可以为我们提供各种资讯的平台。其实，今日头条作为一款基于数据挖掘的推荐引擎产品，其最主要的功能就是提供连接人与信息的新型服务，而这一功能在具体的系统运营中，又表现出来 4 个具体的主要功能，即头条号、头条寻人、算法功能和精准辟谣。本节将对这些功能进行具体介绍。

1.2.1 头条号：用智能连接信息和人

头条号，又称为"今日头条媒体平台"，它是今日头条推出的专业信息发布平台，其服务对象非常广泛，如个人、群媒体、媒体、国家机构、企业等，都可以在头条号平台上找到自己的内容创作和推广的舞台。

有着广泛服务对象的头条号，其所拥有的入驻用户数量自然也是非常惊人的。截至 2017 年，已经注册头条号的数量超过 120 万。在这些头条号创作者中，以自媒体（包括个人和群媒体）类型的头条号最多，而媒体类型的头条号最少，具体数据如图 1-5 所示。

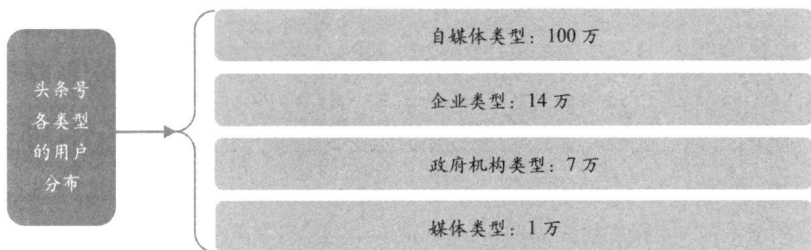

头条号各类型的用户分布

- 自媒体类型：100 万
- 企业类型：14 万
- 政府机构类型：7 万
- 媒体类型：1 万

◆ 图 1-5　头条号各类型的用户分布

当然，基于众多的注册账号，头条号在其他方面的数据也是颇为惊人的，具体如图 1-6 所示。

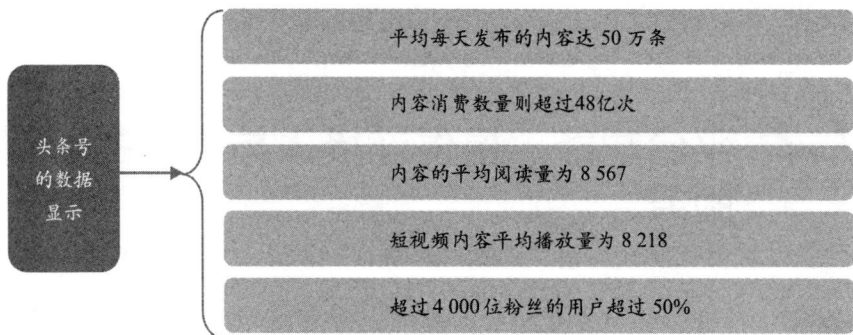

平均每天发布的内容达 50 万条

内容消费数量则超过48亿次

头条号
的数据
显示

内容的平均阅读量为 8 567

短视频内容平均播放量为 8 218

超过 4 000 位粉丝的用户超过 50%

◆ 图 1-6　头条号的数据显示

说到今日头条，人们总是会联想到它强大的智能推荐算法，而头条号作为今日头条的一项功能和一款内容产品，智能推荐算法更是表现得淋漓尽致，轻松帮助众多原创作者实现其内容与人的连接，且在效果上也表现良好——让众多优质内容获得了更多的曝光机会。

而且借助头条号，原创作者能获得莫大的方便和助益，具体来说，主要表现在两个方面：一是头条号推出了原创保护机制，这一机制能帮助原创作者保护版权，不用再担心侵权问题；二是头条号还提供了激发原创作者创作的动力——推出了各种广告变现和其他获利方式，从而让原创作者在创作的同时还能获利。

1.2.2　头条寻人：互联网技术催生的民生红利

在今日头条 APP 上，用户如果搜索关键词"今日头条"和"头条"，会发现多个今日头条系统下的官方账号，如图 1-7 所示。

其中，在以"头条"为关键字的搜索结果中，很容易就能看到有一个"头条寻人"账号，这是今日头条平台上的公益寻人项目的官方账号。通过头条寻人功能，平台账号可以把寻人或寻亲的信息以弹窗的形式精准地推送给特定地域的人，让今日头条平台用户帮助寻找。

举例来说，如果你目前是位于 ×× 市 ×× 区的今日头条用户，如果此刻该区域内有人走失或存在被救助管理机构救助的人员，那么，你的手机上就会弹出一个窗口，显示具体寻人信息。在这样的情况下，今日头条数量众多和分布广泛的用户将会给那些需要帮助的寻人项目提供及时、有效信息，从而能帮助家属更快地找到走失人员，也能帮助那些被救助的走失人员快速找到家人。

◆ 图 1-7　关键词"今日头条"、"头条号"搜索显示的系统下的官方账号

头条寻人功能是在 2016 年 2 月推送的，到 2017 年 8 月 30 日这一天，已经有 3 000 位走失者被找到。在这短短的一年半的时间内，3 000 位走失者被找到意味着平均每天找到 5~6 位走失者。而在头条寻人的实际数据中，创造了一天最多找到 12 位走失者的纪录，而且在寻人速度上，也让人惊叹——它曾在 5 分钟之内就找到了走失者。

从上面这些数据可以看出，今日头条的头条寻人功能实质就是一项建立在互联网技术基础上的、有助于解决寻人或寻亲难题，对大家来说，可称得上是一项意义重大的民生项目。

1.2.3　算数功能：倡导"个性化阅读"理念

所谓"算数功能"，其实就是今日头条的"算法"和"数据"功能，这一名称是在 2015 年今日头条举办的"算数·年度数据发布会"上提出的，并作为发布会的主题为大家所关注。

与前文介绍的头条寻人功能不同，这一功能更多的是基于平台运营层面而开发的，其目的在于为今日平台用户服务，无论是企业、商家，还是原创作者，或是今日头条资讯关注者，今日头条平台都可凭借算数功能为其提供"个性化"服务便利，如图 1-8 所示。

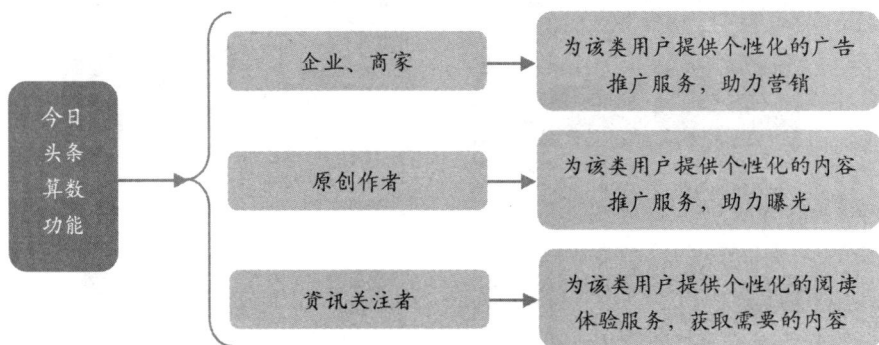

◆ 图 1-8　今日头条算数功能为用户提供的个性化服务介绍

其实，上图中举例介绍的 3 类用户，之所以能获取个性化服务，其原因在于，建立在今日头条的强大算法和大数据及其分析上的推荐引擎技术，可以把今日头条内容与众多用户完美匹配起来。

随着今日头条算数功能的推出和"个性化阅读"理念的倡导，各行业纷纷效仿，并把实现个性化作为未来的发展趋势和目标。而今日头条还基于"算数"功能，对知名人物的相关阅读数据进行解读和粉丝画像，如 2015 年 11 月发布的"算数·吴××"系列报告，就是算数功能下比较全面的粉丝画像。

图 1-9 所示为"算数·吴××"系列报告的粉丝画像内容分析。由图中可以看出，这一目标分析人物的粉丝画像，其主体为有一定消费能力的青年女性，且从其不同性别的关注人数所占的比例来看，其粉丝数量还是很多的。因此，粉丝数有了，再考虑到其粉丝较优质的消费能力，显而易见，该目标分析人物的商业价值还是相当可观的。

图 1-10 所示为"算数·吴××"系列报告的有关节目的粉丝期许分析。由图 1-10 分析得出，这一目标分析人物的粉丝表现出有较大偏向的节目期许，即希望这一知名艺人出演由王家卫先生执导的古装类、关于爱情的影片。而这一结果在一定程度上将影响目标分析人物在影视节目角色方面的选择。

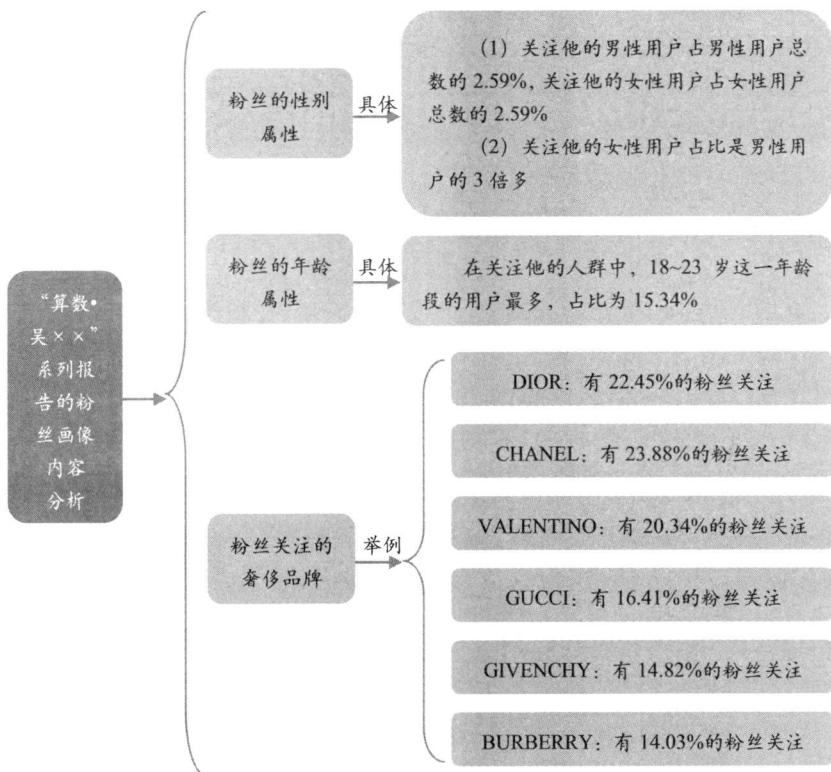

◆ 图1-9　今日头条"算数·吴××"系列报告的粉丝画像内容分析

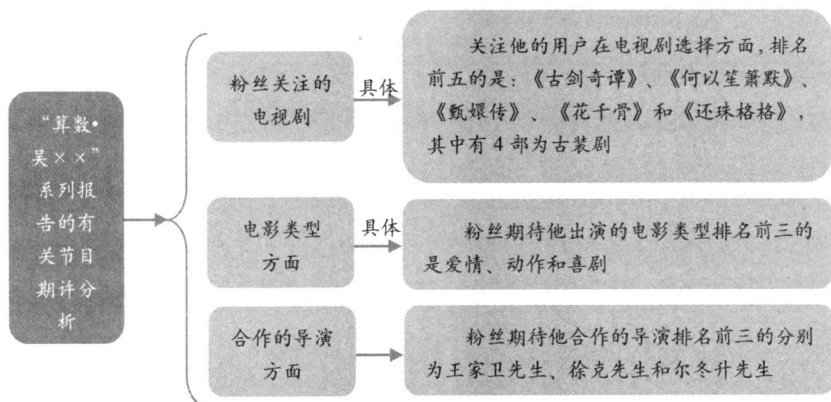

◆ 图1-10　今日头条"算数·吴××"系列报告的有关节目的粉丝期许分析

1.2.4　精准辟谣：高效识别虚假信息

随着网络的普及，人们越来越趋向于通过它来查询信息，但是同时又有一个顾虑，那就是网络上有太多的虚假信息混杂其中，人们难以分辨，此时人们就迫切希望有能识别网络虚假信息的功能。

而今日头条就针对用户的这一需要，推出了精准辟谣功能。关于这一功能的应用，其关键在两个方面，即用户反馈和机器算法。

其中，用户反馈包括两个途径，一是有众多用户在账号推送的内容评论中反映是"假信息""假新闻"等，二是有众多用户通过平台的"举报"按钮反馈某一篇内容推广的是虚假信息，如图 1-11 所示。

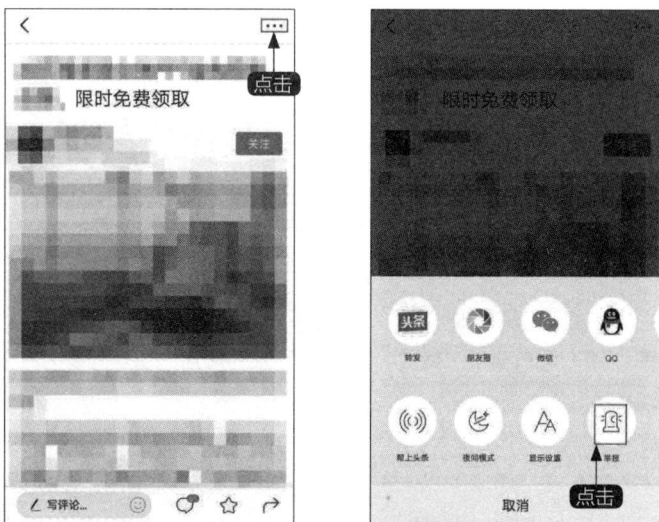

◆ 图 1-11　用户举报虚假信息的操作

而通过内容评论区进行的用户反馈是没有直达今日头条平台系统的，此时就需要用到机器算法——平台可以通过分布在评论内容中的"假信息""假新闻"等关键词来自动识别。在用户反馈完成之后，接下来的精准辟谣功能的完成就会完全转移到今日头条平台上，其流程如图 1-12 所示。

有人不禁会问：如果用户已经阅读过该虚假信息，但是后期又没有继续跟进关注，而是把内容直接分享给了其他用户，也是会导致虚假信息的二次传播的，那么，其结果也是会有不良影响的，此时应该如何解决呢？

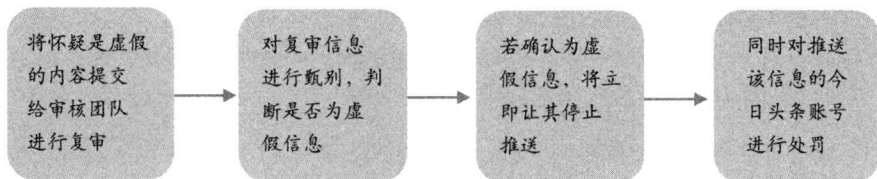

◆ 图1-12 用户举报虚假信息的操作

其实，用户一点都不需要担心你阅读过虚假信息而最终却不知是虚假信息的情况出现，因为今日头条的辟谣功能还有一个让用户满意的服务，那就是在完成图1-12所示的操作后，今日头条平台还有一项工作，那就是它会识别出阅读过该虚假信息的用户，发送通知进行定向辟谣，这样不仅可以让阅读过的用户不会被虚假信息欺骗，还能提升用户的阅读体验，增加用户黏性。

1.3 账号注册：其实很简单，分分钟搞定

在对今日头条的发展和功能有了大致了解后，如果原创作者想要在今日头条平台上进行内容的推广，那么首先就要注册一个头条号。本节就围绕头条号注册这一中心，介绍账号定位、准备资料、注册方法和详细流程以及注册后相关的一些问题。

1.3.1 账号定位：对账号有很明确的定位

在进行头条号注册与运营之前，运营者还需要对账号的发展有一个清晰的定位，这样才能为后续的吸粉引流和商业变现打下良好的基础。

❶ 三大流程，完成读者定位

目标读者定位主要是做两件事，一是了解自己的目标读者是谁，二是了解这些目标群体的主要特征。如果企业能够摸透弄懂这两件事，那么对后面的内容定位和服务定位都会大有好处，而且最重要的是，对平台的吸粉引流能够起到很大的帮助。

目标读者定位的流程，通常来说分为3个步骤，具体内容如下：

▶收集信息：通过多种方式收集用户的信息，然后将这些信息制成表格，根

据表格数据来分析用户的基本属性；

► 分类：根据用户的信息分析出用户的基本属性，将用户分成几大类，然后给这些已分类的用户贴上标签；

► 实现定位：在收集了用户信息、把用户分好类之后，就要对目标用户群体进行全方位的用户画像描述，实现定位。

❷ 选择形式，做好内容定位

营销要求内容为王，不管是以前的网络营销，还是现在的新媒体营销，这都是一个永恒不变的真理，如果说读者定位是用来明确粉丝目标，为引流打基础的，那么内容定位就是用来稳固粉丝，为后期的营销变现打基础的，因此在实现营销变现之前，运营者要为平台进行内容定位。

今日头条作为一种新的信息传播媒介，它对平台内容的定位要求是很严格的，内容不仅要包罗万象，还要通过多种信息载体和多种媒体形式来传达所要表达的意思。在今日头条平台上，企业展示内容的方式包括文本、图片、视频和音频等。

但很多企业不知道如何给平台的内容进行定位，也不知道要放什么样的内容才能吸引用户，下面笔者为大家介绍今日头条平台内容定位的方式。

企业想要做好平台内容的定位，就必须对内容的表现形式进行选择，目前，单用文本、图片和视频等方式展示内容是完全不够的，想要通过更独特的方式去展示完美的内容，就要对平台的内容表现拓展形式有一定了解。

❸ 打造特色，进行服务定位

众所周知，在不同行业里，不同的产品其经营方式有很大的不同，因此达到的吸粉引流的效果也不同，因此做好产品服务特色定位也是至关重要的一环。

想要投身到今日头条营销中，就必须深入地了解自己的产业特色、服务特色，有针对性地进行产品服务定位。比如手机生产商，就应该根据手机的功能，锁定不同年龄层次的用户，进行一对一宣传，这样才能吸引到粉丝，为平台导入一定的粉丝量。

就拿小米手机来说，它和其他手机品牌的"广撒网"方式不同，它巧妙地避开了与同行的竞争劣势，精准地定位了自己的客户群——将目标瞄准到年轻一族的身上，把握住年轻人的心理特征，然后打造出属于自己的产品服务特色，从而吸引了一大群忠实的粉丝。

如今，头条号已经成为非常火热的营销工具之一，想要抢占今日头条营销高地，最终脱颖而出，就必须打造出独具特色的平台。那怎么打造特色化的平台呢？企业可以对自己的平台进行差异化的产品和服务定位。差异化的产品和服务定位首先需要对竞争对手有一定了解，然后分析自己与竞争对手之间的差异和优势，最终分析出属于自己企业的特色服务。

除了从竞争对手角度出发之外，还要从目标用户的角度提炼用户喜爱的差异化的服务，如果企业的差异化服务不是用户所需要的，那么即使提炼出来了，也不会有任何意义。

1.3.2 准备好材料：不同类型，需提交不同材料

运营者在入驻今日头条平台前，需要先弄清楚注册该平台所需要的资料，并将这些资料准备好。

在今日头条平台，共有两大类型的头条号注册，即个人类头条号和机构类头条号，而其中的机构类头条号又可分为 5 类，即群媒体、新闻媒体、国家机构、企业和其他组织。下面笔者将按照"个人"和"机构"两大类来进行介绍。

❶ 个人类型头条号注册资料

根据今日头条平台要求，运营者如果要注册个人类型的头条号，需要准备以下几种资料，具体介绍如图 1-13 所示。

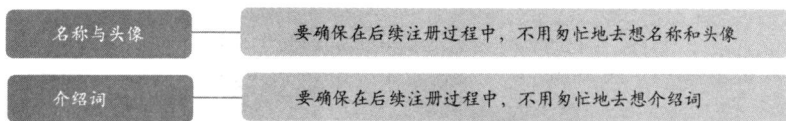

名称与头像	要确保在后续注册过程中，不用匆忙地去想名称和头像
介绍词	要确保在后续注册过程中，不用匆忙地去想介绍词

◆ 图 1-13　个人类型头条号注册需要准备的资料

专家提醒

需要注意的是，如果运营者注册的是健康、财经等领域的个人头条号，还需要上传专业资质的证明材料。

❷ 机构类型头条号注册资料

运营者注册机构类型的头条号所需的资料，同样需要上述个人类型的资料，

笔者在这里不再重复，但是该类型的头条号还需要准备以下几种资料，即组织名称、组织机构代码证／营业执照、确认书扫描件、所在地和联系邮箱。当然，运营者如果想要完善资料，还可以在注册时加入其他资质、辅助材料、网站和身份信息等材料。

1.3.3　手机端注册：5 种方式，一键登录

在移动互联网时代，智能手机的应用已经非常普遍，而通过"今日头条"APP注册头条号的用户更是不少。一般来说，利用手机端注册有 5 种注册方式，即手机号、微信、QQ、天翼账号和邮箱。

想进驻头条号的创作者们，可以通过手机端注册——这是一种更方便的注册方式。在此就以通过手机号注册为例，介绍其具体操作步骤。

步骤 01 运营者下载"今日头条"APP，下载完成后，进入该 APP 首页；❶点击页面左上角的"头像"按钮，如图 1-14 所示。进入相应页面，❷点击手机号注册按钮，如图 1-15 所示。

步骤 02 执行操作后，进入账号登录页面，如图 1-16 所示，❶点击"账号注册"按钮；进入账号注册页面，如图 1-17 所示。❷输入未注册过头条号的手机号和获取的验证码；❸勾选"我已阅读并同意'用户协议和隐私条款'"选项；❹点击"注册"按钮。

◆ 图 1-14　点击"头像"按钮　　◆ 图 1-15　点击手机号注册按钮

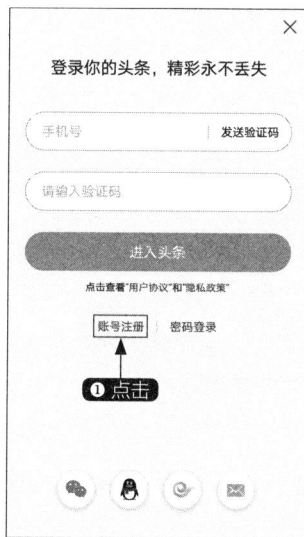

◆ 图 1-16　点击账号注册按钮

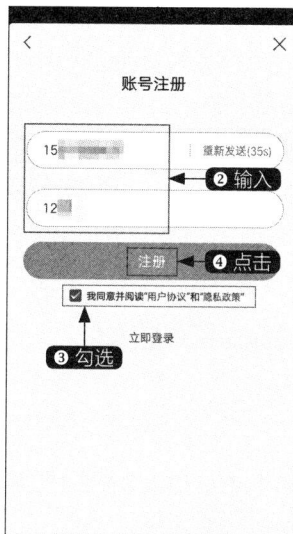

◆ 图 1-17　进入账号注册页面

步骤 03 执行操作后，即可完成通过手机号注册头条号的操作，运营者注册完成之后，其资料是不完整的，运营者可以在"编辑资料"页面进行设置。

专家提醒

在手机端，通过手机号进行注册与登录页面的内容是相似的，且未注册的手机号可直接输入手机号和进行验证后自动登录。不同的是，已经注册了的头条号，可以点击图1-16所示页面的"密码登录"按钮进行登录，而不一定要获取验证码。

1.3.4　电脑端注册：通过审核后即可开通头条号

除了手机端这一比较简便的方法外，还可以在电脑端注册，且随着头条号注册流程的简化，即使是在电脑端，人们想要开通头条号的过程也是非常简单的，下面以注册个人头条号为例进行介绍，其注册流程如下：

步骤 01 运营者需要进入今日头条官网首页（http://www.toutiao.com/），然后❶单击首页右上角的"头条产品"按钮；❷在弹出的下拉列表中选择"头条号"选项，如图 1-18 所示。进入"头条号"页面，❸然后单击该页面上的"注册"按钮，如图 1-19 所示。

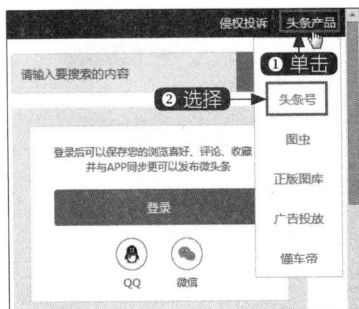

◆ 图 1-18　进入今日头条官网

◆ 图 1-19　单击"注册"按钮

　　步骤 02　执行操作后，即可进入"注册"页面，在该页面运营者需要选择注册方式，在此笔者选择使用手机号注册，❶填写注册的手机号和图片验证码，如图 1-20 所示。❷单击"获取验证码"按钮，把获取的验证码输入左侧的文本框中。❸单击"注册"按钮，如图 1-21 所示。

◆ 图 1-20　填写注册手机号和验证码

　　步骤 03　执行操作后，进入"选择类型"页面，运营者需要在该页面中单击个人类型头条号下方的"选择"按钮，如图 1-22 所示。

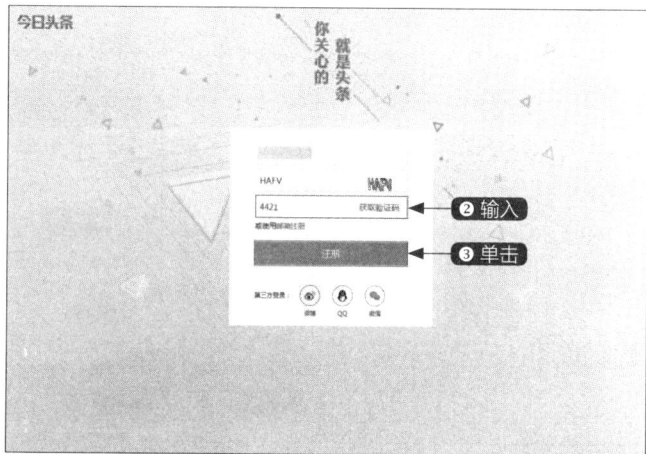

◆ 图1-21 获取验证码并单击"注册"按钮

◆ 图1-22 单击个人类型头条号下方的"选择"按钮

  步骤 04 执行操作后，即可进入"表单页"页面，❶运营者需要按照要求，将之前准备好的资料填写、上传到该页面上相对应的地方；❷选中"请同意头条号用户注册协议"选项；❸单击"提交"按钮，如图1-23所示。

  步骤 05 执行操作后，即可完成个人类型的头条号的注册，此时运营者即可在平台上发送文章了。

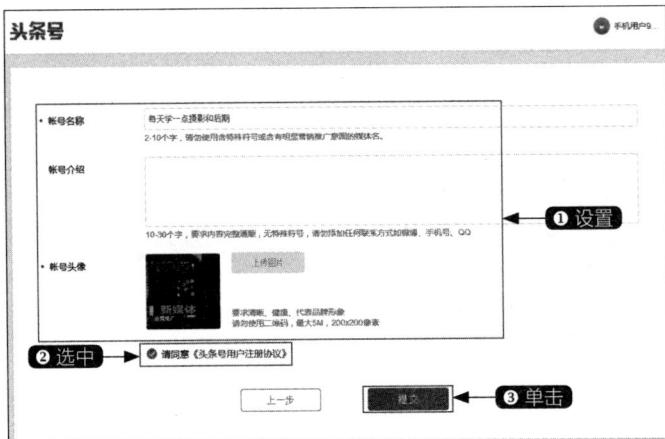

◆ 图1-23 单击"提交"按钮

1.3.5 实名认证：让你借鉴一下，少走弯路

所谓"实名认证"，就是把头条号与自身的真实身份关联起来，以确定头条号运营者的身份。特别是在简化了头条号的注册流程之后，实名认证更是显得尤为重要。只有完成了实名认证，头条号才能开通提现、资质认证和其他的一些功能权限。关于实名认证的过程，具体步骤如下。

运营者登录头条号后台主页，进入"账号权限"页面，可以看到该页面显示了4项权限功能，在"实名认证"一栏中，单击"前往认证"按钮，如图1-24所示。执行操作后，即可进入相应网页，该网页用视频展示了实名认证的过程。运营者只要按照相应操作即可完成实名认证。

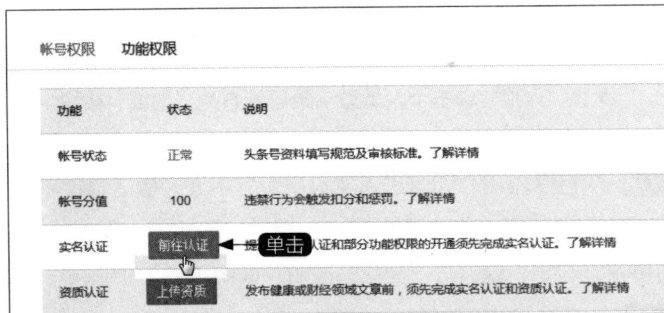

◆ 图1-24 单击"前往认证"按钮

步骤 01 进入今日头条客户端，进入头条号主页，❶点击"实名认证"按钮，如图 1-25 所示。❷进入"实名认证"页面，在"身份认证"操作页面，点击 + 按钮，按照提示拍摄有效二代身份证的正反面，如图 1-26 所示。

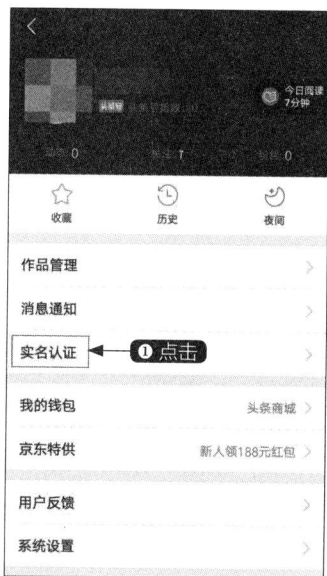

◆ 图 1-25　点击"实名认证"按钮　　◆ 图 1-26　拍摄身份证

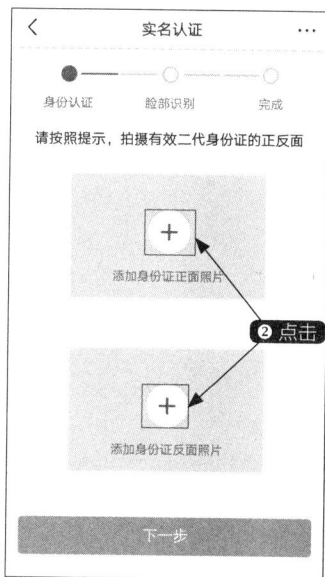

步骤 02 全部拍摄完成后，❶点击"下一步"按钮，如图 1-27 所示。❷进入相应页面，该页面显示了所提交身份证的"姓名"与"证件号"信息，确认无误后，点击"确认并提交"按钮，如图 1-28 所示。

步骤 03 执行操作后，进入"脸部识别"操作页面，显示进行脸部识别操作的要求和注意事项，❶点击"确认本人，开始"按钮，如图 1-29 所示。❷弹出信息提示框，点击"开始拍摄"按钮，如图 1-30 所示。

步骤 04 执行操作后，开始进行拍摄，视频拍摄完成并检测成功后，进入"完成"操作页面，该页面会显示实名认证已通过的信息，并有"头条号审核结果会在 1 天内通知"的信息提示，如图 1-31 所示。然后返回头条号主页，该页面会在"消息通知"一栏显示有一条未阅读的通知，进入"消息"页面，该页面显示一条系统通知，如图 1-32 所示。

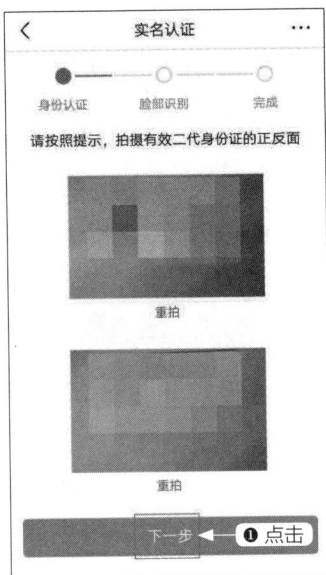

◆ 图1-27 点击"下一步"按钮

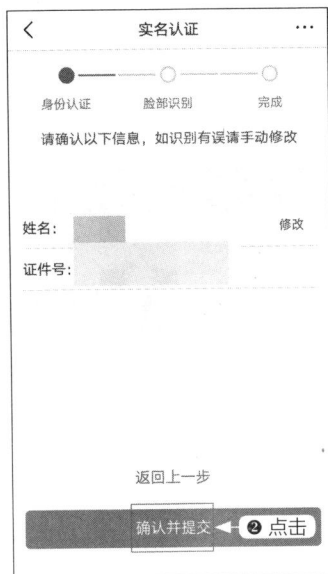

◆ 图1-28 单击"确认并提交"按钮

◆ 图1-29 点击"确认本人，开始"按钮

◆ 图1-30 点击"开始拍摄"

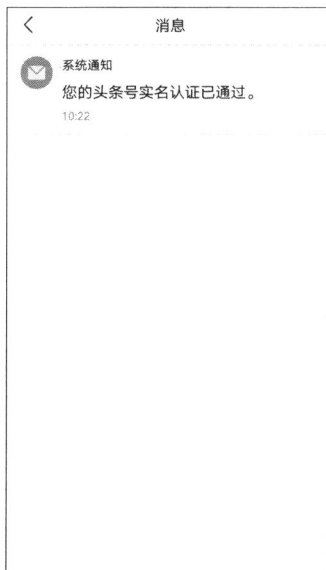

◆ 图 1-31 实名认证成功的信息显示　　◆ 图 1-32 "消息"页面的系统通知显示

1.3.6 登录问题：如何更换密码和登录方式

头条号注册之后，在进行运营的过程中需要经常登录来完成头条号管理的操作。对于通过手机号注册的用户来说，通过电脑端登录一般有两种方式，一是通过账号密码登录，二是通过验证码登录。在此以通过电脑端用账号密码登录为例进行介绍，具体操作如下。

进入"头条号"页面，❶单击"登录"按钮，如图 1-33 所示。进入"登录"页面，❷输入手机号、密码和验证码信息，❸单击"登录"按钮，即可完成登录，如图 1-34 所示。

专家提醒

如果用户忘记了登录密码，这时可以通过单击"登录"页面的"找回密码"按钮来重新设置密码。

◆ 图 1-33 单击"登录"按钮

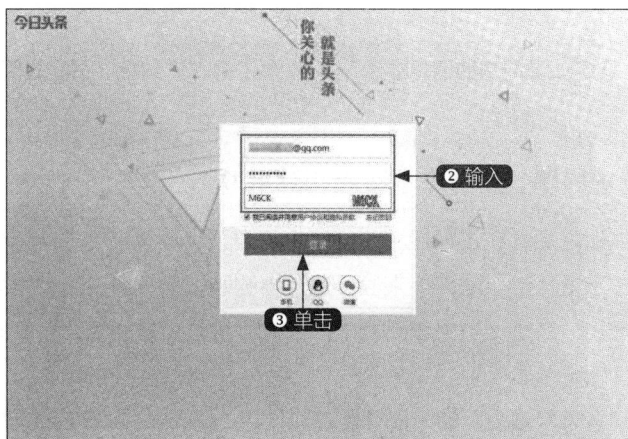

◆ 图 1-34 填写登录信息

其实，除了手机号登录外，还有多种方式可以完成登录操作，如图 1-34 中
"登录"页面下方的邮箱、QQ 和微信等都可完成此操作。而在今日头条客户端，
还有另一种登录方式——天翼账号登录，其具体操作如下：

运营者进入"登录"页面，❶点击页面下方的"天翼账号"按钮❷，进入"账
号密码登录"页面；❷输入账号和密码；❸点击"登录"按钮，即可完成登录，
如图 1-35 所示。

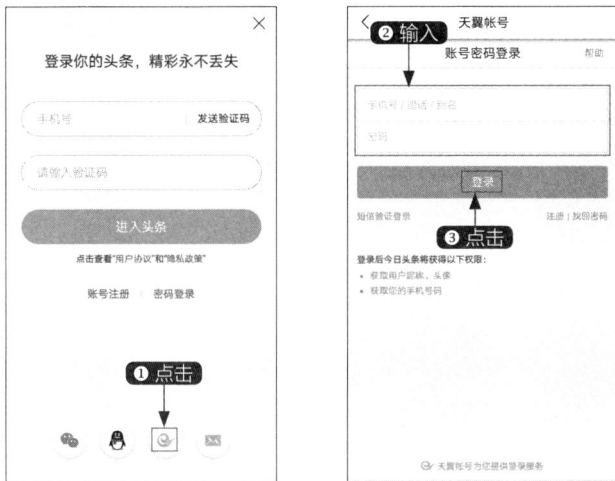

◆ 图 1-35 通过"天翼账号"登录操作

　　说到密码修改，上面提及的"找回密码"设置，其本质就是一种修改密码的方式。其实，关于头条号密码的修改，在今日头条客户端可以非常容易地完成这一操作，而且在这一操作中，只要头条号绑定了手机号，无论是通过哪种方式注册和登录的，都可通过手机验证码来实现修改。具体修改操作如下：

　　步骤 01 进入头条号主页，❶点击"系统设置"按钮；进入"设置"页面，❷点击"账号和隐私设置"按钮，如图 1-36 所示。

◆ 图 1-36 进入"修改密码"页面的操作

步骤 02 执行操作后，进入"账号和绑定设置"页面，❶点击"修改密码"按钮；弹出"修改登录密码"信息提示框，如果运营者确定修改，❷即可点击"确定"按钮；进入"修改密码"页面，❸输入系统向绑定手机发送的验证码和新设置的密码；❹点击"确定修改"按钮，如图 1-37 所示。就会显示密码修改成功，表示此时修改密码操作已完成。

◆ 图 1-37　完成修改密码的操作

1.3.7　如何注销：准备好材料申请注销账号

关于头条号，在 2018 年发生了很多大的改变，其中"账号注销"功能的出现就是其中之一，这对于一些想要注销今日头条平台上那些不常用账号的运营者来说是一项很大的福利，特别是有些用户用手机注册了今日头条账号，但这样的账号不利于内容推广，因此想要注册今日头条平台其他产品的账号。又因为一个手机号在今日头条平台上只能注册一次，而运营者本身所拥有的手机号有限，此时就需要注销原有的今日头条账号。

有些用户的手机号并不是新号，有人曾经利用它注册过今日头条账号，出于安全考虑，此时也需要先注销原有账号。

那么，运营者应该如何注销呢？关于今日头条账号的注销，本小节将从注销的条件和流程进行介绍，具体内容如下。

❶ 今日头条账号注销的条件

运营者想要注销今日头条账号，并不是可以随意操作的，而是需要具备一定的条件才能实现，具体来说，主要表现在 5 个方面，如图 1-38 所示。

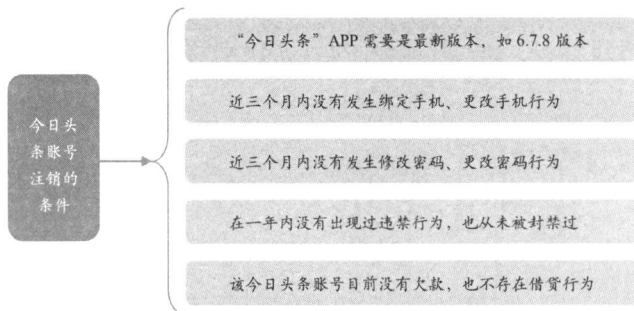

今日头条账号注销的条件

- "今日头条" APP 需要是最新版本，如 6.7.8 版本
- 近三个月内没有发生绑定手机、更改手机行为
- 近三个月内没有发生修改密码、更改密码行为
- 在一年内没有出现过违禁行为，也从未被封禁过
- 该今日头条账号目前没有欠款，也不存在借贷行为

◆ 图 1-38　今日头条账号注销的条件

❷ 今日头条账号注销的流程

运营者如果想要注销今日头条账号，其具体流程如下。

步骤 01 进入今日头条客户端，进入今日头条账号个人主页，❶点击"系统设置"按钮，如图 1-39 所示。进入"设置"页面，❷点击"账号和隐私设置"按钮，如图 1-40 所示。

◆ 图 1-39　点击"系统设置"按钮　　◆ 图 1-40　点击"账号和隐私设置"按钮

步骤 02 执行操作后，进入"账号和绑定设置"页面，❶在该页面下方有一个"账号注销"按钮，点击该按钮，如图 1-41 所示。进入"审核申请"页面，在该页面上列出了申请今日头条账号注销的条件，若运营者确认符合申请注销的条件，❷即可点击"下一步"按钮，如图 1-42 所示。

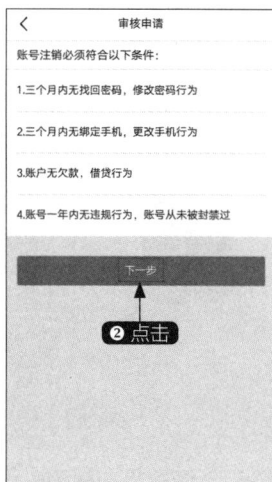

◆ 图 1-41　点击"账号注销"按钮　　　◆ 图 1-42　"审核申请"页面

步骤 03　执行操作后，进入"验证身份"页面，❶在该页面点击"发送验证码"按钮并输入获取的验证码，❷点击"下一步"按钮，如图 1-43 所示。进入"审核申请"页面，如图 1-44 所示。该页面会显示"申请已提交，请等待我们工作人员审核"字样，如果审核通过，即可下载并填写《注销申请函》，并把填写好的申请函成功发送至邮箱，即可注销账号。

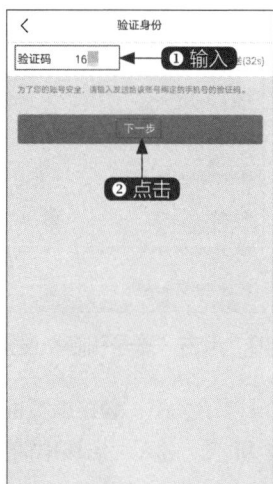

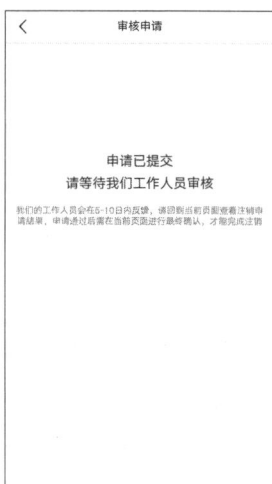

◆ 图 1-43　"验证身份"页面　　　◆ 图 1-44　显示等待审核信息

账号运营：成为优秀的头条号运营人

新媒体运营实战
从入门到精通

头条号开通后，想要成为优秀的头条号运营人，就必须在多个方面加以努力和注意，特别是在后台的管理和设置以及运营过程中的规范遵守方面，更是要仔细斟酌和谨慎操作。本章就从账号的基本权限、账号信息、自定义菜单、原创维权和账号规范等方面进行介绍。

◇ 基本权限：清楚你的账号都能干什么

◇ 账号信息：如何修改头条号和手机号

◇ 设置自定义菜单：提高头条号的服务能力

◇ 原创维权：不再被侵权、抄袭行为困扰

◇ 其他问题：遵守规范，保护好你的账号

2.1 基本权限：清楚你的账号都能干什么

进入头条号后台，单击页面右上角的账号头像，在弹出的下拉列表中选择"账号权限"选项，如图2-1所示。即可进入"账号权限"页面。此时可以看到，该页面上呈现出两大权限，即"账号权限"和"功能权限"，它们为创作者和运营者提供了多种宣传推广和变现的实用功能，本节将进行具体介绍。

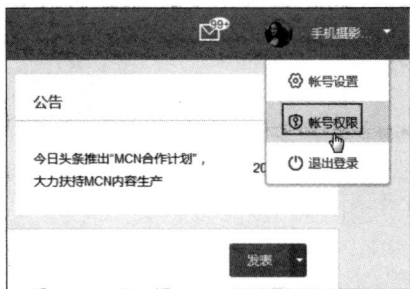

◆ 图2-1 选择"账号权限"选项

2.1.1 账号权限：了解账号的功能、状态和说明

图2-2所示为头条号后台的"账号权限"页面。

◆ 图2-2 "账号权限"页面

从图2-2可以看出，该页面上提供了5大账号权限功能，即"账号状态"、"账号分值"、"实名认证"、"资质认证"和"图文商品分佣比例"。这些功能，无一

不与头条号账号等级相关。

其中"账号状态"和"账号分值"两项，只要完成了账号注册，就会分别显示为"正常"和"100"，当然，如果在运营过程中出现了某些违禁行为，"状态"一栏会发生变化。

而关于其他账号权限功能的具体内容，将在后面的内容中陆续进行介绍，这里不再赘述。

另外，从图 2-1 中可以看到，在每一项功能的末尾，都有蓝色字样"了解详情"，单击相应功能的"了解详情"文字链接，即可进入相应页面查看其具体内容。

2.1.2 功能权限：看看账号还有哪些功能没开通

图 2-3 所示为头条号后台的"功能权限"页面。

◆ 图 2-3 "功能权限"页面

从图 2-3 可以看出，该页面上提供了 12 大功能权限，即"头条广告"、"自营广告"、"图文原创"、"视频原创"、"双标题 / 双封面"、"千人万元"、"优化助手"、"加 V 认证"、"商品"、"外图封面"、"创作实验室"和"评论保护"。这些功能权限是头条号扩展运营渠道的重要条件。因此，运营者要时刻关注并针对每一项功能权限开通的条件，有目的的加速开通步骤。

由于篇幅所限，且在后文中可能会陆续提到，因此在这里就不再对其一一进行详细介绍，笔者在此只针对其与"账号权限"关联的两个方面进行介绍。

第一，"功能权限"页面相较于"账号权限"页面来说，在栏目设置上是存在差别的，除了"功能"和"状态"两项外，"账号权限"页面的"说明"一栏和"了解详情"文字链接在"功能权限"页面是没有的，取而代之的是"申请条件"和"功能说明"两栏内容。

第二，"功能权限"页面的"商品"功能与"账号权限"页面的"图文商品分佣比例"功能息息相关。如果"功能权限"页面的"商品"功能没有开通的话，那么在"账号权限"页面是没有"图文商品分佣比例"功能的。

图2-4和图2-5所示分别为没有开通"商品"功能的"功能权限"页面及与之对应的"账号权限"页面。

◆ 图2-4　没有开通"商品"功能的"功能权限"页面

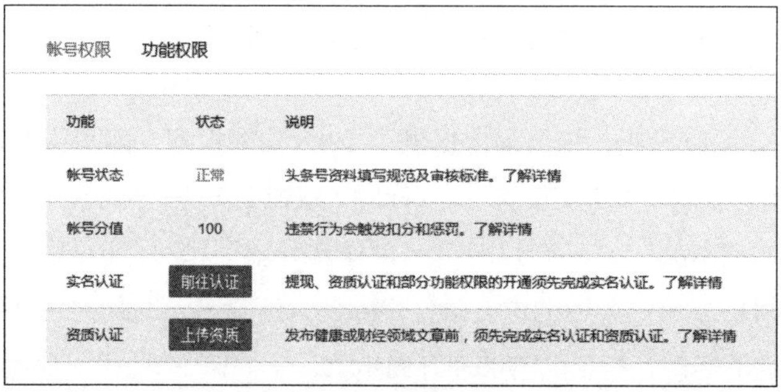

◆ 图2-5　与没有开通"商品"功能相对应的"账号权限"页面

2.2 账号信息：如何修改头条号和手机号

运营者登录头条号，通过选择图 2-1 中的"账号设置"选项进入相应页面，就会发现该页面上包含 5 个选项，即"账号信息"、"账号设置"、"黑名单"、"手机换绑申诉"和"修改账号类型"，选择选项可以进入相应的页面并进行账号信息的操作，本节就分别对这些操作进行介绍。

2.2.1 账号信息：哪些基本的信息可修改

个人、企业或商家注册一个头条号后，基于一定的原因，需要对一些账号信息进行修改，这一要求还是可以满足和实现的。那么，具体哪些基本的账号信息是可以修改的呢？运营者可以选择"账号信息"选项进行查看并进行修改。图 2-6 所示为"账号信息"页面。

◆ 图 2-6 "账号信息"页面

从图 2-6 中可以看出，有 4 处内容可修改，分别为"头条号名称"、"头条号介绍"、"头条号头像"和"联系邮箱"。在这些可修改的信息中，其修改方式是存在差异的，具体如下：

（1）"单击 + 直接输入"方式：这一方式指的是通过单击"编辑"按钮 ✐，就会在原来的内容处显示可修改的文本框，运营者直接输入修改的内容以替换原来的内容即可完成修改。利用这一方式完成修改的有"头条号名称"、"头条号介绍"和"联系邮箱"3 项。

（2）"单击 + 选择"方式：这一方式指的是通过单击相应按钮，进入相应对话框，在其中选择相应的选项即可完成修改。利用这一方式完成修改的内容有"头条号头像"。"头条号头像"修改的方法为：单击"上传"按钮后，即可连接到头条号平台以外的文件夹中，然后在其中选取图片即可。

运营者按照上述方法完成头条号修改后，单击"账号信息"页面下方的"提交"按钮即可完成操作。

专家提醒

其实，"账号信息"页面中的"绑定手机"也是可以修改的，只是不同于上面提及的 4 项内容可以在该页面直接修改，修改"绑定手机"需要进入"手机换绑申诉"页面进行相关操作或在手机客户端完成修改操作，这将在后面内容中进行详细介绍，在此不再赘述。

2.2.2 账号设置：设置绑定手机和图片水印

选择"账号信息"右侧的"账号设置"选项，进入相应页面，可以查看"绑定手机"和"图片水印"状态，如图 2-7 所示。

从图 2-7 中可以看出，该头条号是已经绑定手机和没有添加图片水印的。如果运营者要想改变这一状态，即可按照下面的方法进行操作：

▶ 添加水印：如果用户想进行添加水印的操作，可以单击"添加水印"按钮，然后单击"保存"按钮即可；

▶ 更改绑定的手机：如果用户想要了解如何更改绑定的手机，可以单击"如何更换绑定手机号？"文字链接，即可进入相应网页了解详细的操作方法。

◆ 图2-7 "账号设置"页面

2.2.3 黑名单：今日头条黑名单使用的方法

黑名单，最初是英国剑桥大学在黑皮书上对越轨行为学生的姓名和行为列案的记录，后来演变为商人和各行各业对那些不受他们欢迎或有着抵制心理的人在黑皮书上的记录。面对如今发展迅速的互联网和移动互联网环境，黑名单也扮演着它们应有的角色——搜索引擎或诸多平台对那些网络信息垃圾制造者进行封杀或抵制。

关于"黑名单"的设置，在很多平台和应用中都有它的身影，如大家熟悉的微信公众号，而本书要讲述的头条号同样设置了黑名单。运营者可以在"账号信息"页面选择"黑名单"选项进行查看，如图2-8所示。

◆ 图2-8 "黑名单"页面

出现在"黑名单"页面的那些名单是怎么添加的呢？在此将进行详细介绍。

步骤 **01** 在"今日头条"APP中，❶点击想要加入黑名单的用户头像，如图2-9所示。进入用户的账号主页，❷点击右上角的 **···** 按钮，如图2-10所示。

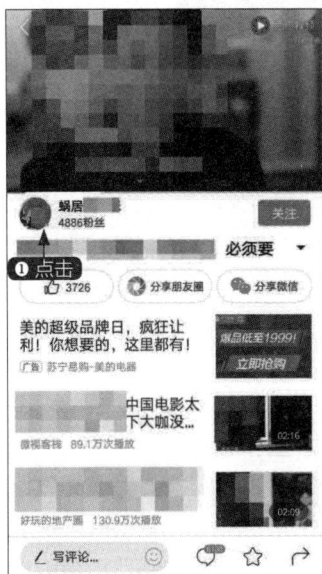

◆ 图2-9　点击头条号头像

◆ 图2-10　点击 **···** 按钮

步骤 **02** 执行操作后，在主页下方弹出相应页面，❶点击该页面上的"拉黑"按钮，如图2-11所示。弹出"确定拉黑用户？"对话框，❷点击"确定"按钮，如图2-12所示。当页面显示"拉黑成功"字样，就表示已将该用户加入黑名单了。

专家提醒

从"确定拉黑该用户？"对话框中可以看出，执行拉黑操作后，不仅用户不能向头条号发送消息，被拉黑的用户也不能接受头条号推送的消息，这与头条号的广泛推广目标是背道而驰的。因此，在执行这一操作时要慎重。

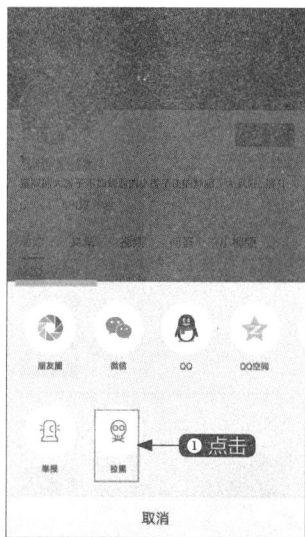

◆ 图 2-11 点击"拉黑"按钮   ◆ 图 2-12 "确定拉黑该用户？"对话框

按照上述步骤拉黑用户后，就会返回用户主页，此时会在右侧出现一个"解除拉黑"按钮，点击该按钮，如图 2-13 所示。即可把该用户从黑名单中移除。另外，点击图 2-8 所示的"黑名单"页面中的"解除"按钮 ∞ 解除 ，同样可以把用户从黑名单中移除。

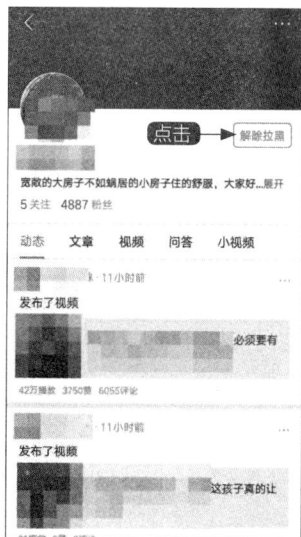

◆ 图 2-13 点击"解除拉黑"按钮

专家提醒

无论是因为觉得"推荐"页面中某些头条号推送的信息或广告不喜欢，还是因为觉得某一用户经常在自身推送信息中留下一些不合时宜的、不文明评论或无故贬低的评论，对运营者来说，想要加入黑名单，都可以通过上述方法来完成操作。

2.2.4 手机换绑申诉：如何更换绑定手机号

上面已经两次提及了关于头条号的更改绑定手机的内容，只是没有对其具体操作进行介绍，在此就针对这一问题，给出有需要的读者详细的答案，其具体操作将在如图 2-14 所示的"手机换绑申诉"页面中完成。

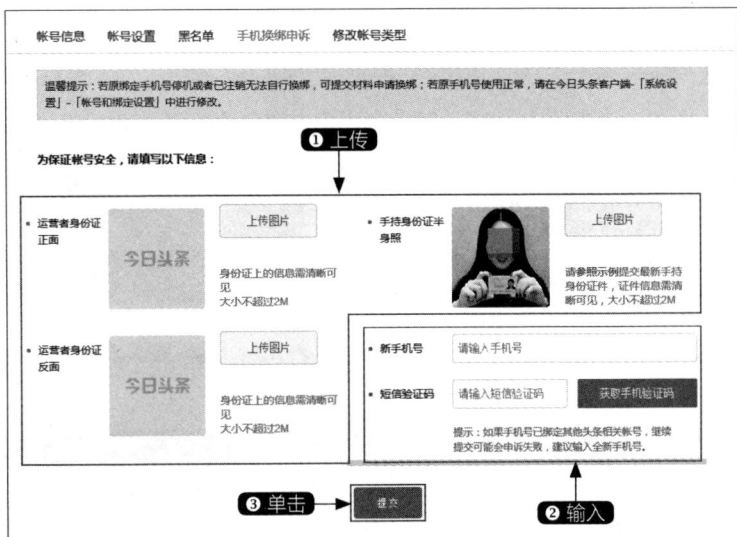

◆ 图 2-14 "手机换绑申诉"页面

从图 2-14 可以看出，运营者要想完成手机换绑，❶首先需要上传 3 张图片，即"运营者身份证正面"、"运营者身份证反面"和"手持身份证半身照"；❷然后输入新手机号，并获取和输入短信验证码；❸最后单击"提交"按钮，此时手机换绑申诉已经完成，接下来就是等待申诉成功并进行换绑了。

专家提醒

在此要提醒读者注意的是，图 2-14 所示的"手机换绑申诉"页面中有灰色字体提示——"温馨提示：若原绑定手机号停机或者已注销无法自行换绑，可提交材料申请换绑；若原手机号使用正常，请在今日头条客户端—「系统设置」—「账号和绑定设置」中进行修改。"

可见，要进行"手机换绑申诉"操作的是那些原来绑定的手机号已经停机或注销，无法通过今日头条客户端来完成换绑操作的头条号。而通过手机客户端修改绑定的手机号操作如下：

进入头条号主页，❶点击"系统设置"按钮，进入"设置"页面；❷点击"账号和隐私设置"按钮，进入"账号和绑定设置"页面；❸点击"手机号"按钮，进入"更改手机号"页面后，按照页面提示进行操作即可完成绑定手机号的修改，如图2-15所示。

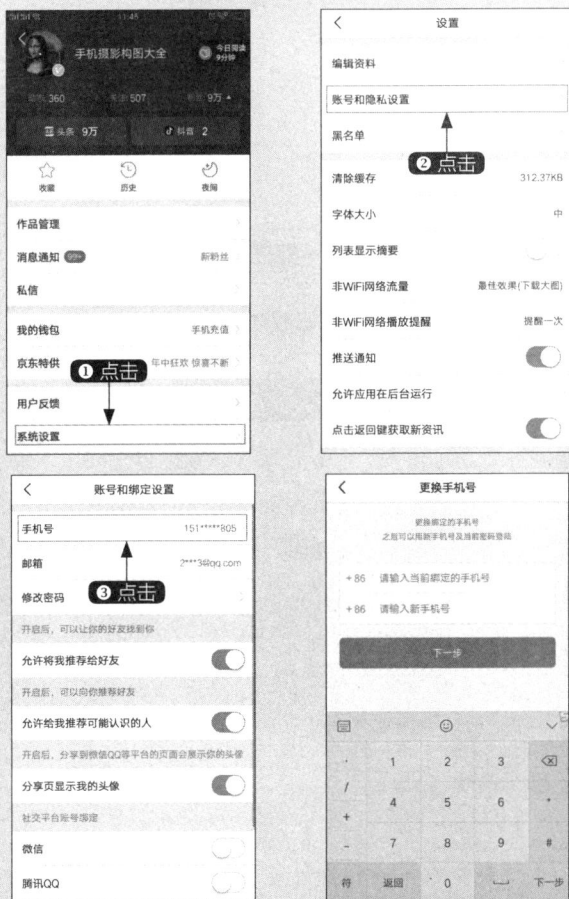

◆ 图2-15　手机客户端的修改绑定手机号操作入口

2.2.5 修改账号类型：不同类型如何相互变更

在头条号 PC 端后台的"修改账号类型"页面，如图 2-16 所示。❶在"为保证账号安全，请填写以下信息："区域完成资料的填写和手机验证；❷单击"提交"按钮即可完成修改申请的提交。

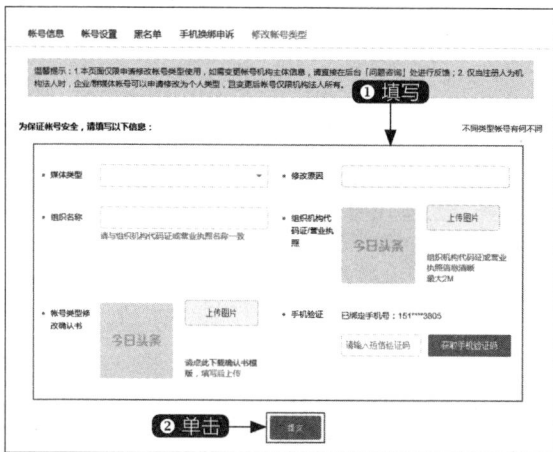

◆ 图 2-16 "修改账号类型"页面

专家提醒

当然，在提交申请前要注意以下 4 个问题：

（1）应该了解不同类型账号的基本情况，然后再决定修改方向，这可以通过单击图 2-16 中右侧的"不同类型账号有何不同"文字链接，进入相应网页了解。

（2）应该知晓哪些账号是可以修改的，哪些账号是不可以修改的。如那些注册人不是单位法人的企业或媒体账号，就不能修改为个人账号。

（3）避开提现特殊时间：今日头条平台的提现，发生在每月的1~4 日，因此在这段时间内，今日头条是不支持账号类型修改申请的。

（4）最好提交前要确保资质是完全正确的，因为如果一旦提交申请成功，或是申请审核并通过，那么此时是无法再次申请审核的。

2.3 设置自定义菜单：提高头条号的服务能力

在微信公众号的设置中，大多公众号是设置了自定义菜单的。而头条号中设置了自定义菜单的却比较少见。其实，在头条号后台同样是可以设置自定义菜单的。本节就介绍有关自定义菜单设置的相关知识。

2.3.1 设置规范：牢记规范，才能更快通过

在设置头条号自定义菜单时，不是可以胡乱进行的，而是应该遵循一定的规范。具体来说主要包括 4 个方面，内容如下。

❶ "三五规则"限制菜单数量

与公众号一样，头条号的自定义菜单在数目上也做出了同样的规定：一级菜单最多只能设置 3 个，每个一级菜单下的二级菜单最多只能设置 5 个。因此，运营者在设置时要注意分好类和做好内容的取舍。

❷ 名称最多不能超过 8 个字符

基于客户端页面的内容显示，头条号对每一级的菜单名称的长短也做出了规范，即不能超过 4 个汉字（也就是 8 个字符）。因此，运营者在为菜单设置名称时要注意信息内容的概括，务必做到简短精练。

❸ 链接规范管理菜单内容

由于头条号设置的自定义菜单的内容都是链接的可以跳转的网页。因此，在链接方面尤其要加以注意。图 2-17 所示为头条号菜单链接的规范。

❹ 添加的菜单必须是规范的

在设置菜单时，其操作也要规范，只有符合规范的操作才能审核通过。规范操作的具体表现为：不能恶意操作，也不能多次提交违规内容，否则就有可能出现关闭菜单权限、处罚、封号等。

◆ 图 2-17　头条号菜单链接的规范

2.3.2　"一级菜单"：设置时考虑是否添加网址

上面介绍了自定义菜单设置的规范，从中可知"一级菜单"最多可以有 3 个，在此，笔者介绍设置一级菜单的操作方法。

步骤 01 进入头条号后台主页，❶单击"自定义菜单"按钮，进入"自定义菜单"页面；❷单击"菜单管理"右侧的"增加新菜单"按钮 ➕，如图 2-18 所示。

◆ 图 2-18　单击"增加新菜单"按钮 ➕

步骤 02 执行操作后，弹出"请输入菜单名称"对话框，❶在文本框中输入菜单名称；❷单击"确认"按钮，如图2-19所示。

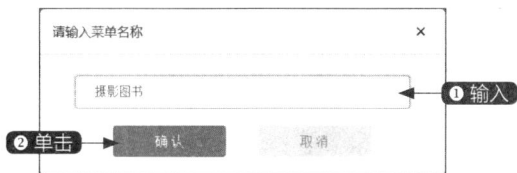

◆ 图2-19 "请输入菜单名称"对话框

步骤 03 执行操作后，返回"自定义菜单"页面，在新增的自定义菜单右侧的"设置动作(请选择菜单动作)"一栏下方，单击"添加网页"按钮，如图2-20所示。

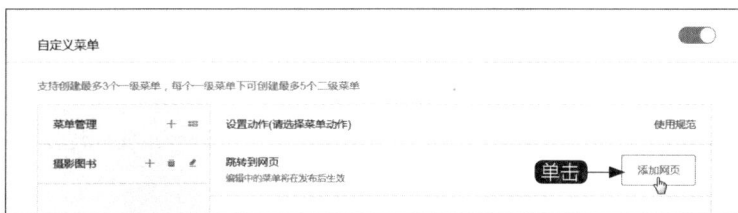

◆ 图2-20 单击"添加网页"按钮

步骤 04 ❶在"页面网址"右侧的文本框中输入要跳转的网址；❷单击"保存"按钮，如图2-21所示。执行操作后，添加的网址会在页面上显示出来，表示添加一个一级菜单的操作完成。

◆ 图2-21 添加和保存跳转的网址操作

运营者可以按照上述方法设置其他一级菜单——"构图技巧"和"直播教程"，此时表示一级菜单设置完成。

专家提醒

运营者要注意，若想在某一个一级菜单下设置二级菜单，那么这一个一级菜单就不能设置动作，也就是说不能添加跳转的网址。否则就无法进行二级菜单的设置。

2.3.3 "二级菜单"：设置时要选择最精华内容

在设置菜单时，有时候光有一级菜单是不够的，还需要设置下一个级别的菜单安排精华内容的展示。其方法与设置一级菜单的类似，在此以在"直播教程"一级菜单下设置二级菜单为例进行介绍。此时，"直播教程"菜单是没有设置跳转网址的。

步骤 01 在"自定义菜单"页面，单击"直播教程"菜单右侧的"增加子菜单"按钮 ＋，如图 2-22 所示。

◆ 图 2-22 单击"增加子菜单"按钮 ＋

步骤 02 然后，按照添加一级菜单中的步骤 02 和步骤 03 设置菜单名称和跳转的网址，依次添加"京东直播"和"千聊微课"两个二级菜单，设置完成后的效果如图 2-23 所示。

运营者在设置并确认一级菜单和二级菜单后，单击页面下方的"发布"按钮，当审核通过后，添加的一级菜单和二级菜单就会在客户端显示出来。

◆ 图 2-23 "请输入菜单名称"对话框

2.4 原创维权：不再被侵权、抄袭行为困扰

在互联网和移动互联网时代，有着前所未有的快速传播、信息分享的发展盛况，然而在这一情形下，基于各种原因，侵权、抄袭行为也屡见不鲜，这对维护著作者的个人合法权益产生非常大的影响。因此，很多平台都开始重视起原创作者的维权问题，并采取相应措施来完成原创维权任务。

2.4.1 维权功能：3 大功能全面维护作者权益

在今日头条平台上，单击"原创保护"按钮即可进入"原创维权"页面，通过该页面的相关操作可以保护自身原创作品的版权。关于今日头条平台的原创维权，其升级和优势主要表现在 3 个方面，具体介绍如下。

❶ "全网监测"功能——创造更好的维权效果

在头条号"原创保护"功能推出之前，所有平台进行的一系列原创保护措施都是在平台内部操作的，而不是基于互联网和移动互联网这一大环境，因此，只能实现自纠自查、局部维权。

而自从头条号"原创保护"功能推出之后,作者维权的方式和范围发生了巨大变化,具体如下:

▶ 从方式上来看,从自纠自查转变为抄袭发生 6 小时内监测抓取;

▶ 从范围上来看,从局部、个别平台维权转变为跨平台全网维权。

从此在作者维权方面,对相关的平台和众多原创作者而言,明显更省时省力,而且它是依靠先进的信息监测技术来完成的,自然使得版权维护在效果上也有了显著提高。

❷ "快速删文"功能——避免在更大范围内传播

在"全网监测"功能基础上,作者的权益将会怎样维护呢?一般来说,首先就应该让侵权的文章快速消失,以避免在更大范围内传播侵权文章,这在今日头条平台上可以利用"快速删文"功能来实现。

所谓"快速删文",即头条号与专业第三方维权机构(如中国版权保护中心、维权骑士等)合作,在抄袭文章被抓取后,最快情况下,可在 24 小时内删除抄袭的文章,还原创作者一片晴朗的创作天地。

❸ "维权赔付"功能——平台免费维护作者权益

今日头条这一内容平台,通过版权维权可为原创作者赢得收益,这是通过其"维权赔付"功能来实现的。

所谓"维权赔付",即原创文章作者在与平台授权签约的情况下,与今日头条合作的"快版权"这一第三方维权机构会追溯侵权的文章,并与侵权方沟通赔付事宜,在沟通失败的情况下,甚至提起诉讼。在这一过程中,尤其受原创作者关注的是,"侵权赔付"行为是免费的,不需要原创作者负担费用。

那么,在"维权赔付"中,原创作者究竟可获得多少赔付款呢?这可以分为两个部分来说明,具体如图 2-24 所示。

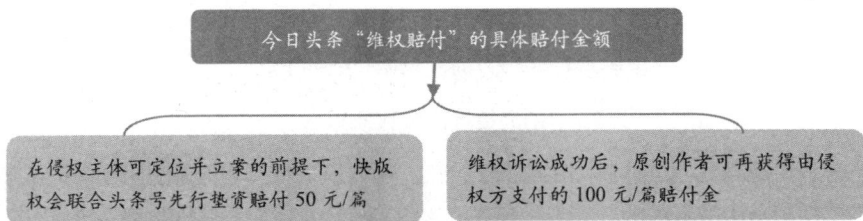

今日头条"维权赔付"的具体赔付金额

在侵权主体可定位并立案的前提下,快版权会联合头条号先行垫资赔付 50 元/篇

维权诉讼成功后,原创作者可再获得由侵权方支付的 100 元/篇赔付金

◆ 图 2-24 今日头条"维权赔付"的具体赔付金额

2.4.2 授权流程：让"原创保护"功能落到实处

上面已经介绍了今日头条"原创保护"提供的众多功能，但是这些功能能否发挥真正的作用，还是需要运营者进行设置的，只有与平台授权签约，才能把这一功能落到实处。接下来将介绍授权签约的基本操作。

步骤 01 在头条号后台首页，❶单击"原创保护"按钮，进入"原创维权"页面；❷单击"马上签约"按钮，如图 2-25 所示。

◆ 图 2-25 "原创维权"页面

步骤 02 执行操作后，弹出"作者授权须知"对话框，运营者阅读完材料后，❶按要求填写相关资料和上传图片；❷单击"提交"按钮，如图 2-26 所示。

步骤 03 执行操作后，平台会马上审核提交的资料，如果符合要求就会显示已经提交成功，签约会在 24 小时内完成，返回"原创维权"页面，如图 2-27 所示。签约成功后，会在"维权页面"显示"快速删文"和"维权赔付"两项功能的信息，如图 2-28 所示。

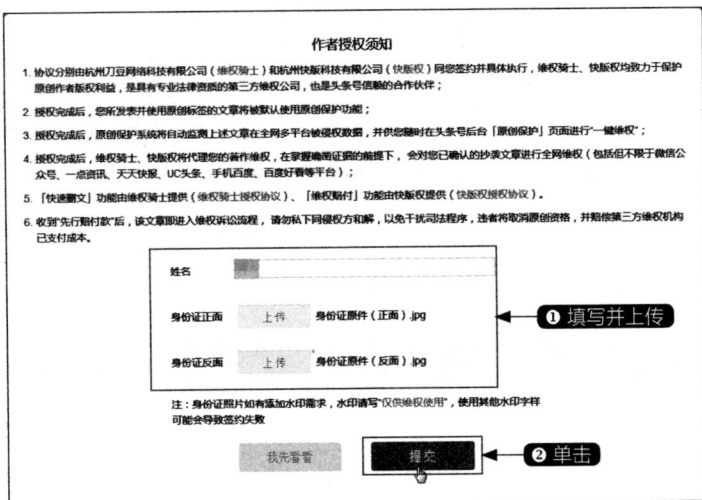

作者授权须知

1. 协议分别由杭州刀豆网络科技有限公司（维权骑士）和杭州快版科技有限公司（快版权）同您签约并具体执行，维权骑士、快版权均致力于保护原创作者版权权益，是具有专业法律资质的第三方维权公司，也是头条号信赖的合作伙伴；

2. 授权完成后，您所发表并使用原创标签的文章将被默认使用原创保护功能；

3. 授权完成后，原创保护系统将自动监测全网多平台被侵权数据，并供您随时在头条号后台「原创保护」页面进行"一键维权"；

4. 授权完成后，维权骑士、快版权将代理您的著作权，在拿握确凿证据的前提下，会对您已确认的抄袭文章进行全网维权（包括但不限于微信公众号、一点资讯、天天快报、UC头条、手机百度、百度好看等平台）；

5. 「快速删文」功能由维权骑士提供（维权骑士授权协议）、「维权赔付」功能由快版权提供（快版权授权协议）。

6. 收到「先行赔付款」后，该文章即进入维权诉讼流程，请勿私下同侵权方和解，以免干扰司法程序，违者将被消原创资格，并赔偿第三方维权机构已支付成本。

◆ 图2-26 "作者授权须知"对话框

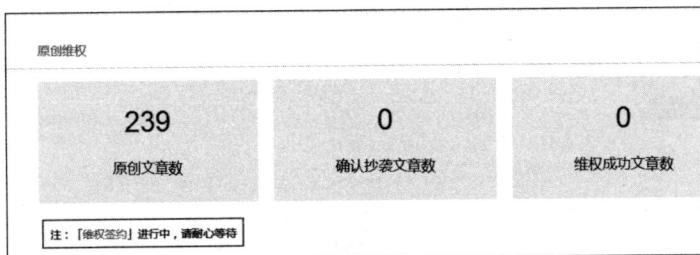

◆ 图2-27 显示签约进行中

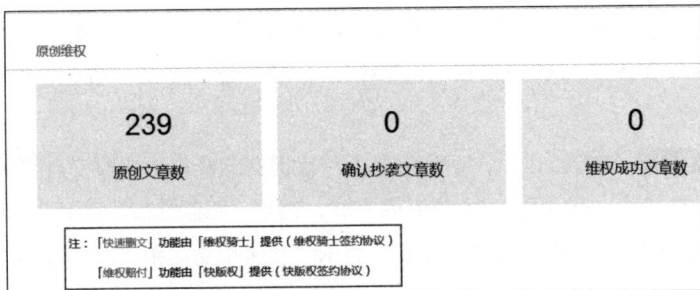

◆ 图2-28 签约成功后的"原创维权"页面

　　当然，也可能出现提交资料不符合要求的情况，此时会在"作者授权须知"对话框下方显示"请再次确认提交信息无误并点击「提交」按钮，需等待2秒避免网络延迟，如再次点击「提交」后依然无反应，请添加头条号维权官方微信号toutiaohao-weiquan联系我们。"字样，如图2-29所示，运营者此时可以按照提示操作解决问题，然后再次单击"提交"按钮即可。

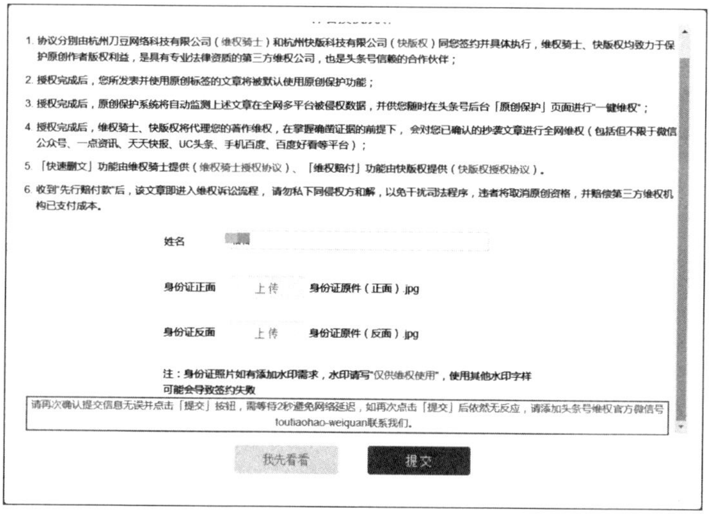

◆ 图2-29　提交不成功后的提示信息

专家提醒

　　在阅读"作者授权须知"内容时，会发现有两处链接文字，对此运营者不能忽略。从中可知，上面提及的"快速删文"功能是由维权骑士这一专业的第三方维权机构提供的，并提供了"维权骑士授权协议"链接文件——《"维权骑士"维权代理协议》；而"维权赔付"功能是由快版权提供的，也同时提供了"快版权授权协议"链接文件——《信息网络传播权维权授权协议》，如图2-30所示。

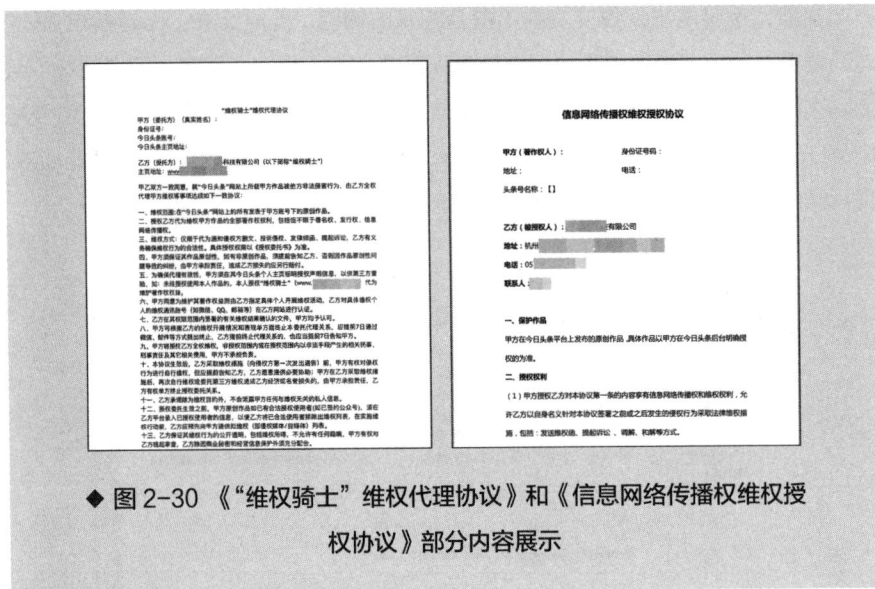

◆ 图 2-30 《"维权骑士"维权代理协议》和《信息网络传播权维权授权协议》部分内容展示

　　另外，在进行"维权签约"操作过程中，有时提交不成功并不是因为提交的资料出现了问题，有可能是某一时间网络出现了问题。此时，运营者可选择隔一段时间再尝试进行提交，也可以加"作者授权须知"对话框提供的微信号联系，查找具体原因。

2.4.3　维权方法：疑似抄袭文章时如何进行维权

　　"维权签约"完成后，今日头条文章就会针对抄袭文章进行维权，假如存在疑似抄袭的文章，就会在"文章列表"中显示出来，如图 2-31 所示。

◆ 图 2-31　"文章列表"页面的疑似抄袭文章显示

此时，在授权签约的情况下，应该如何维权呢？在此笔者将介绍在头条号后台进行维权的具体操作。

单击图 2-31 中"查看"栏下方的"详情"按钮，进入相应页面，如果头条号创作者或运营者确认了该篇文章在站内或站外存在抄袭的情况，即可单击"操作"栏下方的"举报删除"按钮删除相应平台上相应账号抄袭的文章，如图 2-32 所示。

◆ 图 2-32 单击"举报删除"按钮删除文章

当然，在维权过程中，除了删除抄袭的文章外，还有一个步骤，那就是实现赔付。这一过程相对来说就比较复杂，有多种情况存在，读者如果想了解具体的流程，可单击上图 2-32 中的"赔付状态"按钮，进入"今日头条全网维权"页面查看，如图 2-33 所示。

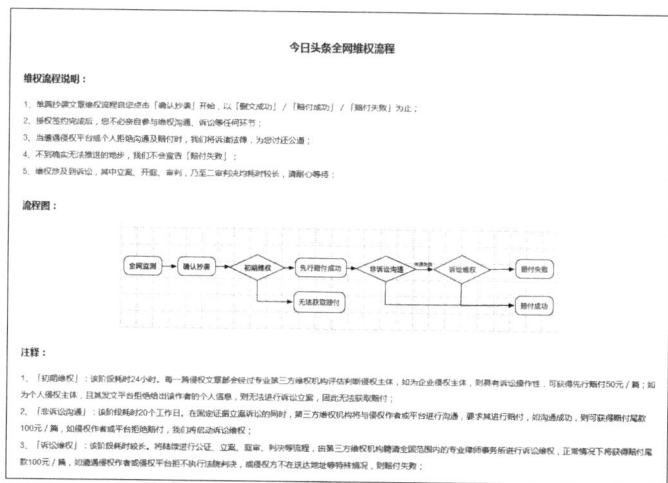

◆ 图 2-33 "今日头条全网维权"页面

2.5 其他问题：遵守规范，保护好你的账号

在今日头条平台上进行运营，账号的保护很重要，因为只有处于健康运营状态的账号，才能取得好的运营效果。特别是代表账号运营状态的分值与很多功能挂钩，如平台上举办的一些活动，是要求分值为 100 分的。基于此，本节将从 3 个方面介绍有关账号保护方面的内容，从而让读者在遵守规范的基础上更好地运营头条号。

2.5.1 注意侵权投诉：抄袭三次将会永久封号

今日头条平台为了更好地保护原创作者的合法权益，提供了侵权投诉的功能和途径，如上文中介绍的"原创维权"就是其中之一。另外，在今日头条首页，单击右上角的"更多"按钮，即可进入相应页面，在该页面的右上角有一个"侵权投诉"按钮，单击该按钮，即可进入"投诉指引"页面，如图 2-34 所示。

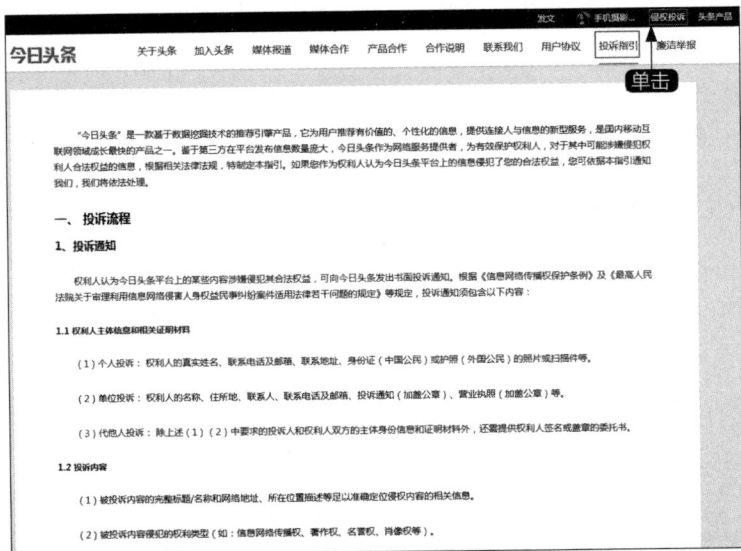

◆ 图 2-34 "侵权投诉"的"投诉指引"页面

该页面详细介绍了"侵权投诉"的相关知识，在最后有一个"申请侵权投诉"按钮，如图 2-35 所示。单击该按钮，即可进入侵权投诉系统进行投诉。

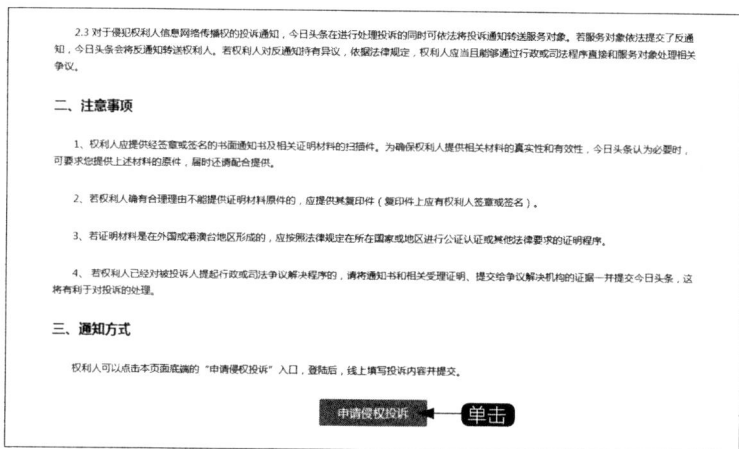

2.3 对于侵犯权利人信息网络传播权的投诉通知，今日头条在进行处理投诉的同时可依法将投诉通知的送服务对象。若服务对象依法提交了反通知，今日头条会将反通知转送权利人。若权利人对反通知持有异议，依照法律规定，权利人应当自能够通过行政或司法程序直接和服务对象处理相关争议。

二、注意事项

1、权利人应提供轻签章或签名的书面通知书及相关证明材料的扫描件。为确保权利人提供相关材料的真实性和有效性，今日头条认为必要时，可要求您提供上述材料的原件，届时请配合提供。

2、若权利人确有合理理由不能提供证明材料原件的，应提供其复印件（复印件上应有权利人签章或签名）。

3、若证明材料是在外国或者港台地区形成的，应按照法律规定在所在国家或地区进行公证认证或其他法律要求的证明程序。

4、若权利人已经对被投诉人提起行政或司法争议解决程序的，请将通知书和相关证明、提交给争议解决机构的证据一并提交今日头条，这将有利于对投诉的处理。

三、通知方式

权利人可以点击本页面底端的"申请侵权投诉"入口，登陆后，线上填写投诉内容并提交。

申请侵权投诉 ◄───── 单击

◆ **图 2-35　单击"申请侵权投诉"按钮**

当然，头条号运营者在保护自身账号时，除了要维护自身的权益外，还应该维护他人的权益，这就需要头条号创作者撰写原创文章，而不是抄袭和搬运他人的作品。因为抄袭别人的作品，不仅是侵犯他人权益的行为，同时也将受到来自今日头条平台的严厉打击和惩罚，并且规定，一旦因为文章抄袭而引起的侵权得到确认，当次数等于或大于 3 次时，该头条号将会被永久封号。

2.5.2　处罚 & 封禁：构建一个健康的内容创作生态

在今日头条平台上运营头条号和发布内容是有诸多规范和限制的，除了文章审核时要遵守的细则和规范（这将在第 6 章中介绍到）外，还有一个更广层面的头条号运营中出现的违规行为和对应的处罚分值。当然，二者在内容上有些方面还是相似的，但为了帮助读者更全面地了解，在此将全部列举上去。

表 2-1 所示为头条号运营中可能出现的违规行为及对应的处罚分值。

表2-1　头条号运营中可能出现的违规行为及对应的处罚分值一览表

违规行为	处罚分值
经举报，文章确认是抄袭和构成侵权的	扣40分
扭曲事实、恶意发布他人/机构的负面信息	扣40分
发布与色情、低俗等相关方面的内容的	扣20分
内容来源是非法的或内容违反法律法规的	扣20分
存在虚假宣传或欺诈消费者的行为	扣20分
发布的各种信息与事实不符的行为	扣20分
违反原创规定却进行了声明原创的行为	扣20分
发布的内容侵犯了他人的人身权的行为	扣10分
发布有关广告或其他营销推广信息的行为	扣10分
在设置发布内容的标题时太夸张	扣10分
设置的标题与发布的正文内容不相符	扣10分
设置的标题中出现了错别字的行为	扣10分
发布的视频内容是低质的行为	扣10分
纯粹为了吸睛而设置与正文无关的封面	扣10分

从表2-1中可以得知，其处罚分值与内容息息相关，因此，在运营过程中要时刻注意内容的健康性，从而构建出一个健康的内容创作生态，为头条号更顺利、更好地运营提供内容基础。

另外，既然有了表2-1中的违规行为和对应的处罚分值，那么，其被处罚的分值并不只是一个单纯的处罚事实，而是有一定的行为后果需要承担，也就是说，需要被处罚分值的头条号承担一定的处罚。根据2017年2月13日起实行的处罚规定，可以分为多种情况来进行介绍，如表2-2所示。

表2-2　头条号运营过程中被扣分值与相应处罚的关系一览表

被扣分值	相应处罚
新增被扣分值＜30分	扣除违规项目对应的分值，并禁发文、微信同步和RSS接入
新增被扣分值≥30分	扣除最近一次违规项目对应的分值并禁言，其中，禁言天数的计算公式为：2017年1月11日之后的累计新增扣分÷10
新增被扣分值≥30分后，每新增扣分10分	扣除违规项目对应的分值，并且处罚禁言1天

续上表

被扣分值	相应处罚
账号被扣分值 ≥ 50 分	将会关闭头条广告和自营广告的权限
账号被扣分值 ≥ 100 分	账号将被永久封禁，也就是说不能再恢复运营

关于头条号的运营，除了因为表 2-1 中所示的违规行为最终使得账号分值为 0 时而导致账号被封外，还有其他一些损害用户阅读体验、危害平台生态的严重违规行为，也会导致账号被封，如图 2-36 所示。

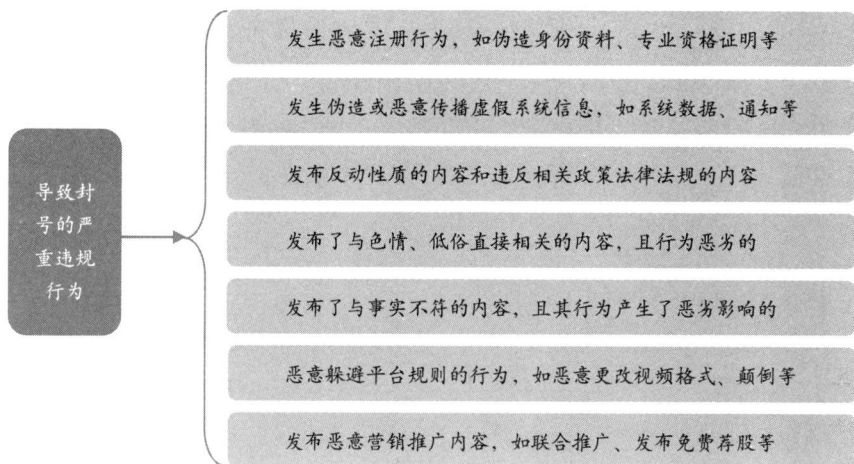

导致封号的严重违规行为

- 发生恶意注册行为，如伪造身份资料、专业资格证明等
- 发生伪造或恶意传播虚假系统信息，如系统数据、通知等
- 发布反动性质的内容和违反相关政策法律法规的内容
- 发布了与色情、低俗直接相关的内容，且行为恶劣的
- 发布了与事实不符的内容，且其行为产生了恶劣影响的
- 恶意躲避平台规则的行为，如恶意更改视频格式、颠倒等
- 发布恶意营销推广内容，如联合推广、发布免费荐股等

◆ 图 2-36　导致封号的严重违规行为

专家提醒

头条号被处罚禁言，其中的禁言时间并不是按照工作日来算的，而是按照自然日计算的，也就是说，如果禁言 1 天，那么所指的时间就是从被处罚禁言的那一刻开始算起，往后的 24 小时就是禁言期限；如果在星期五 14:00 被处罚禁言，并禁言 4 天，那么，其禁言期限就是星期五 14:00~ 下一周周三 14:00。

2.5.3 扣分后恢复：考察期和恢复期要重点注意

在运营头条号时，有人不禁要问，如果不小心被扣分了，那么是不是就表示自身账号的分值将一直是这样的呢？其实不然，只要账号没有被封禁，那么被扣的分值还是可以通过自身后期的运营行为来恢复的。

一般来说，当头条号账号的分值还没有全部扣除，也就是其当前账号分值＞0时，头条号只要过了考察期，被扣的分值是完全有可能逐渐恢复的。其中，平台设置的考察期一般为期7天。

但运营者需要注意，这里的7天时间，其起始时间并不是与上面禁言处罚的起始时间一样，是从被扣分那一刻开始算起的，而是从被扣分当天的24时开始算起，也就是说，如果你6月4日发生了扣分，那么，无论是凌晨1时还是夜晚23时，那么考察期都是从6月4日24时开始算起。

如果把6月4日24时作为考察期的起始时间，那么，其考察期就是6月4日24时~6月11日24时，而头条号每两天才能恢复1分，那么，直到6月13日24时才会恢复1分，如图2-37所示。

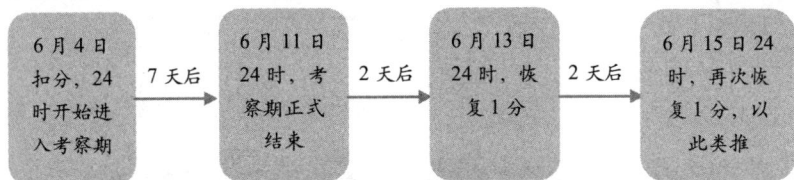

◆ 图2-37　头条号考察期和分值恢复计算介绍

当然，图2-36所示的是在考察期间和扣分恢复期间没有再发生违禁行为的情况。如果在7天考察期内和扣分还没有全部恢复期内，再次发生违禁行为，那么其考察期将会相应后延。下面以6月4日为扣分当日，分别介绍在考察期间和扣分恢复期间再次扣分的情况，如图2-38和图2-39所示。

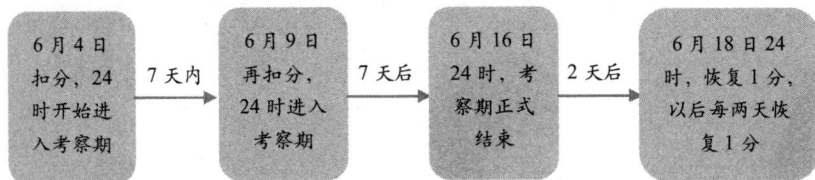

◆ 图2-38　头条号考察期内再次扣分的考察期和分值恢复计算介绍

| 6月4日扣分，24时开始进入考察期 | →7天后→ | 6月11日24时，考察期正式结束 | →2天后→ | 6月13日24时，恢复1分 | →9天后→ | 6月23日再次扣分，被扣分没有全部恢复，当日24时重新进入考察期，按照前面方法从头算起 |

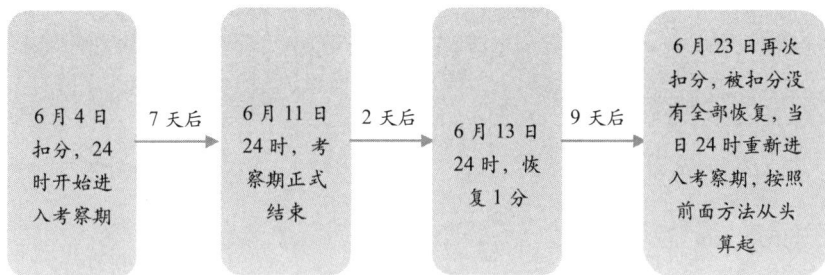

◆ 图2-39　头条号分值恢复期内再次扣分的考察期和分值恢复计算介绍

专家提醒

　　头条号的被扣分值一般都是10分的倍数，因此，以最少的10分来说，如果要想恢复被扣的分值，最少也需要27天，也就是差不多一个月的时间，这还是在考察期和分值恢复期内没有任何违禁行为的情况下。因此，头条号运营者在运营过程中要读懂和清楚了解平台的运营规则，尽量不要发生违禁行为，否则要想恢复分值还是需要一定时间和精力的。

3 CHAPTER

图文内容：创作 100 000+ 爆款文案

新媒体运营实战
从入门到精通

古往今来，图文内容一直在传播文化的过程中有着举足轻重的地位，虽然随着互联网的发展和影视行业的发展，图文内容的地位有所下降，但它仍作为一种极为重要的传播方式而存在，今日头条平台也是如此。本章就为大家详细介绍如何打造爆款图文内容。

◇ 图文内容运营：不要偷懒，每天坚持
◇ 图文内容创作：吸引用户、提高阅读量

3.1 图文内容运营：不要偷懒，每天坚持

在新媒体平台上进行运营，要想获得更多的关注和增加用户黏性，就不能"三天打鱼，两天晒网"，而是应该每天坚持在平台上进行活动。特别是在今日头条平台上，用户如果是专注于图文内容的运营，要想每天坚持住还是不太难的。

即使是面对内容推送方面，运营者也是可以选择的：如果有时间，就可以撰写比较长的头条文章；如果时间稍微紧张，也可以发一发图集内容或是发一下微头条，这些都是比较容易的。

那么，头条号图文内容具体是如何进行运营的呢？接下来本节将为大家进行详细讲解。

3.1.1 图文主页：查看基本数据和全部图文内容

进入头条号后台，单击"图文"右侧的下三角按钮 ▼，单击"图文主页"按钮即可进入"图文主页"页面，如图3-1所示。

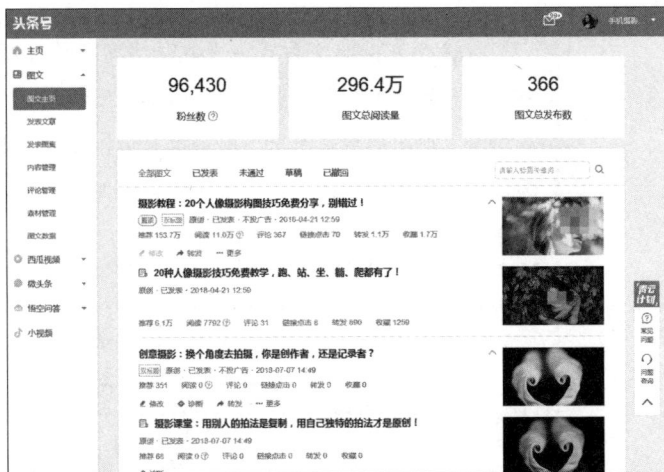

◆ 图3-1　头条号"图文主页"页面

由图 3-1 可知，"图文主页"页面大体包含两个方面的内容，一是显示出来的各项数据，二是显示全部图文内容。

首先，从数据方面来看，该页面涉及的数据主要包括两大块，一是页面上方的头条号总的图文数据，包括头条号粉丝数、图文总阅读量和图文总发布数。这有助于运营者从总体上了解头条号运营的数据发展情况。二是每篇图文内容标题下方的单篇图文数据，包括推荐量、阅读量、评论量、链接点击量、转发量和收藏量。这些数据都是对单篇文章的运营情况的反映。

其次，从图文内容来看，在该页面上可以查看所有的图文内容。当然，查看时运营者也可以根据图文内容上方的"全部图文""已发表""未通过""草稿"和"已撤回"选项进行选择：如果选择"全部图文"选项，那么显示出来的就是目前头条号推送的全部内容，包括已经被运营者撤回的内容；如果选择"已撤回"选项，那么显示的就是运营者因为某一原因而进行撤回操作的内容。

专家提醒

可能大家还注意到了，在图文内容的数据下方，还有其他一些内容，如"修改""转发""更多"等，有时还会出现"诊断"按钮，这些都是运营者发布图文后可进行的操作。

以"诊断"按钮而言，如果推送的图文内容出现某一方面的原因而导致推荐量少、阅读量少、阅读完成度低等问题，系统就会显示"诊断"按钮，运营者可以单击该按钮进行查看并想办法解决。图 3-2 所示就是一篇显示"诊断"按钮的文章诊断页面的部分内容展示。

从该页面上用户可以比较详细地了解这一篇内容目前的运营情况和存在的问题，"文章状态"一栏显示的是"可以补救"，因此，运营者可以根据平台指出的问题和提出的建议进行修改。

◆ 图 3-2　一篇文章的诊断页面的部分内容展示

3.1.2　发表文章：了解头条号作者基本发文规范

俗话说："没有规矩不成方圆"。其实，今日头条的内容推送也是如此，它是有着一定的规范，不能任由账号管理者和运营者随意操作。且只有符合平台制定规范的内容，才能保证其质量并推广开来，而不符合规范的推送内容，是不能通过审核或被推荐的，甚至还可能因为严重违规而被封禁。

基于此，运营者在今日头条平台上发文时，会发现图文编辑页面右上角有一个"发文规范"按钮，单击进入相应页面，在该页面显示了在平台上发文的格式和内容方面的规范，如图 3-3 所示。告诉运营者应该怎样发文。

由图 3-3 可知，发布头条号内容应该注意两个方面的规范，具体内容如下。

❶ 格式正确：文章完美布局的基础

运营者在今日头条平台上发文，注意格式的正确性尤其重要，尤其是在移动互联网时代，平台后台排版最初的效果与显示在手机终端屏幕上的效果是完全不同的，在这样的情况下，如果在格式不正确的情况下推送出去，如在段落上划分不明确、缺少标点等，就有可能完全改变了文章布局。

◆ 图 3-3　头条号作者发文规范部分内容展示

（1）标题格式规范要点

人们常说，"眼睛是心灵的窗户"，标题就如同文章的眼睛。通过标题，读者可以清楚地感知文章的内涵和作者所要表达的意思，因此，在撰写标题时要格外注意。当然，这里说的是基本格式上的问题，而不是说标题应该如何出彩。从格式上来说，今日头条平台上推送内容的标题，应该注意以下 5 个问题，如图 3-4 所示。

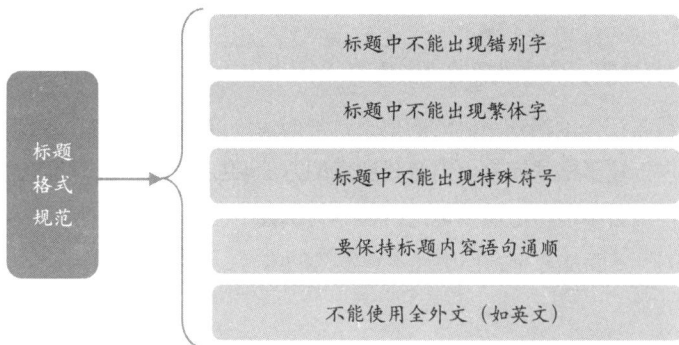

◆ 图 3-4　标题的格式规范要点

（2）正文段落格式不能出现的情况

头条号发文的段落格式，在这里主要介绍 3 种不能出现的情况，如图 3-5 所示。

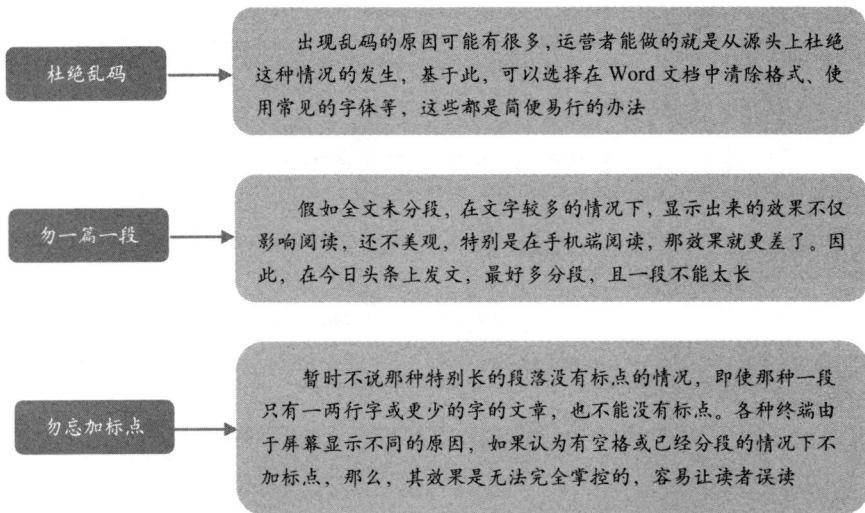

杜绝乱码 → 出现乱码的原因可能有很多，运营者能做的就是从源头上杜绝这种情况的发生，基于此，可以选择在 Word 文档中清除格式、使用常见的字体等，这些都是简便易行的办法

勿一篇一段 → 假如全文未分段，在文字较多的情况下，显示出来的效果不仅影响阅读，还不美观，特别是在手机端阅读，那效果就更差了。因此，在今日头条上发文，最好多分段，且一段不能太长

勿忘加标点 → 暂时不说那种特别长的段落没有标点的情况，即使那种一段只有一两行字或更少的字的文章，也不能没有标点。各种终端由于屏幕显示不同的原因，如果认为有空格或已经分段的情况下不加标点，那么，其效果是无法完全掌控的、容易让读者误读

◆ 图 3-5　今日头条平台文章的段落格式要注意的问题

（2）正文文字格式额外要注意的问题

在正文文字格式方面，与标题中的部分内容相似，如全部内容使用繁体字、外文文字（如英语）和少数民族文字等，这种情况是不允许的。当然，这里的内容包括视频内容，且在视频内容中，除了上述情况外，还不能出现没有翻译成汉字的字幕。

❷ 内容规范：成功推送的必备要素

当运营者在保证格式正确的前提下，进而保证推送内容在内容上的规范更是重中之重。相较于格式而言，内容要注意的方面明显更多，要想把这些规范熟练掌握，并在运营中能得心应手地进行操作，掌握一定的方法和更加具体的内容是很有必要的。下面从 8 个方面讲述不宜发送的内容，如图 3-6 所示。

一忌发标题党内容	标题党内容包括两种：一是题文不符，二是过度夸张，它们都是从吸引读者点击的目的出发而出现的不当的发文行为
二忌色情低俗内容	通过各式内容对性部位和性行为进行表述、展示，或者低俗下流的艺术、声乐作品，都应该避免在内容中出现和涉及
三忌广告信息内容	在今日头条平台上，发布广告信息是正文内容要避开的一大行为，特别是与个人相关的各种关联账号信息、商品信息等
四忌旧闻、重复内容	如果运营者发布的是具有时效性的内容，它们或是已经由进行时、未来时变成了过去时，或是已经废止，因此不应该出现在内容中； 　即使那些还有一定意义的其他方面的已经发生了的消息内容，其发布方式也不能随意选择，最主要的是不能把它当作新近发生的来写； 　然而无论是哪一种，都应该避免重复发布
五忌不真实内容	这里的不真实不单单是指那些与现实生活的真实事件不符的，还包括那些不符合生活常识和科学常理的、随意捏造的内容，这也是头条号作者要注意避开的
六忌低质量内容	与优质相关，这里的低质涉及文章、视频和图片等，一是在数量上，内容上或是篇幅太短（文字内容）、图片太少（图片或图集内容），二是内容本身表达效果不佳，如视频内容声画方面（不清晰、不同步等）、图集内容主题方面（不清晰）
七忌违背现行政策与法律法规内容	作为一个公民，人们的行为应该合理合法，而头条号发文行为也是其中一种，运营者必须保证发文的内容是在现行政策、法律法规允许范围之内的
八忌超范围内容	今日头条平台上的内容并不是包含所有领域的，如社会评论和评论性文章、时政类文章，以及其他一些与国家政府机关事务相关的内容

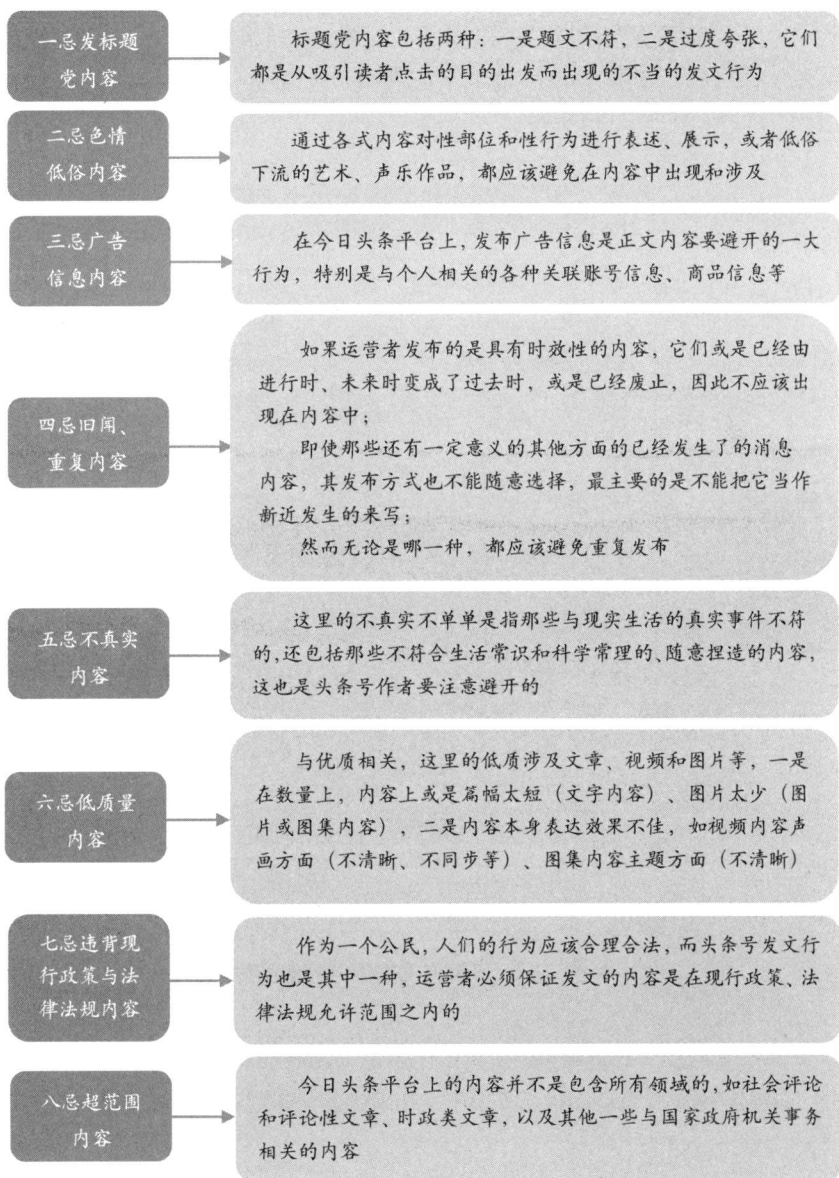

◆ 图 3-6　今日头条号作者在发文内容方面的规范介绍

3.1.3　发表图集：图片是文章信息的主要载体

在今日头条平台的图文内容产品中，除了图文相结合的内容，还有一种由多张图片组成的图集内容。在这些推送内容中，图片作为推送内容的构成主体，是有一定质量和内容范围要求的，要注意不能发送有违规内容的图片或其本身明显不合格的图片，如图 3-7 所示。

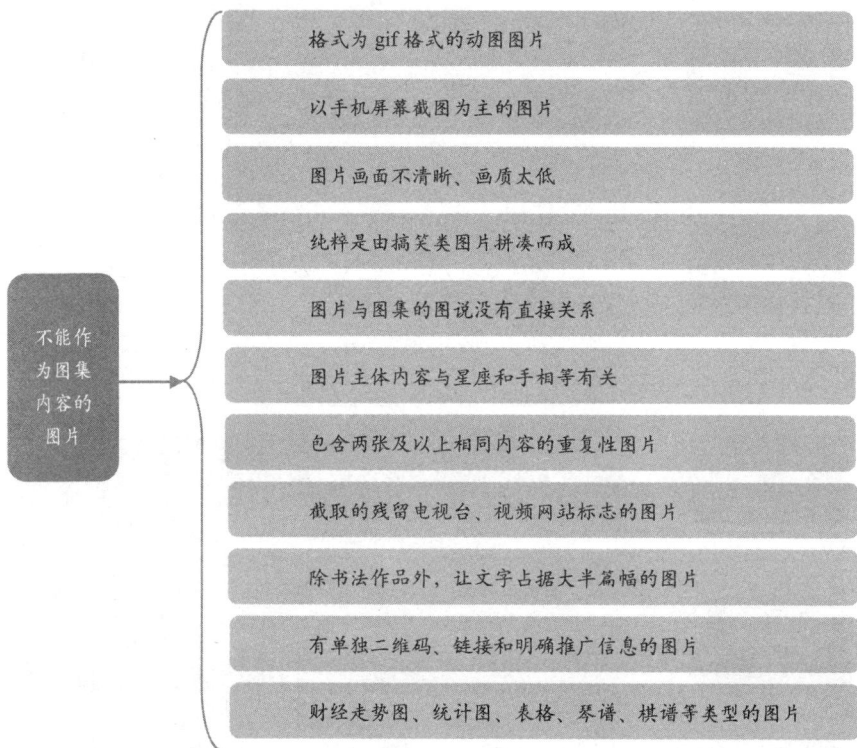

格式为 gif 格式的动图图片

以手机屏幕截图为主的图片

图片画面不清晰、画质太低

纯粹是由搞笑类图片拼凑而成

不能作为图集内容的图片 → 图片与图集的图说没有直接关系

图片主体内容与星座和手相等有关

包含两张及以上相同内容的重复性图片

截取的残留电视台、视频网站标志的图片

除书法作品外，让文字占据大半篇幅的图片

有单独二维码、链接和明确推广信息的图片

财经走势图、统计图、表格、琴谱、棋谱等类型的图片

◆ 图 3-7　不能作为图集内容的图片

如果运营者发布的图集中包括图 3-7 所示的违规内容，那么是会受到平台处罚的，轻则将图集文章退回且当天由于发布限额使得运营者不能再发布其他文章，重则将被禁言或封号。

在具体运营工作中，头条号图集内容的发布应该如何操作呢？其具体操作如下：

步骤 01　进入头条号后台，展开"图文"菜单，❶单击"发表图集"按钮，进入相应页面；在该页面上提供了"选择图片"和"免费正版图集"两种方式，❷在此笔者选择单击"选择图片"按钮来发表图集，如图 3-8 所示。

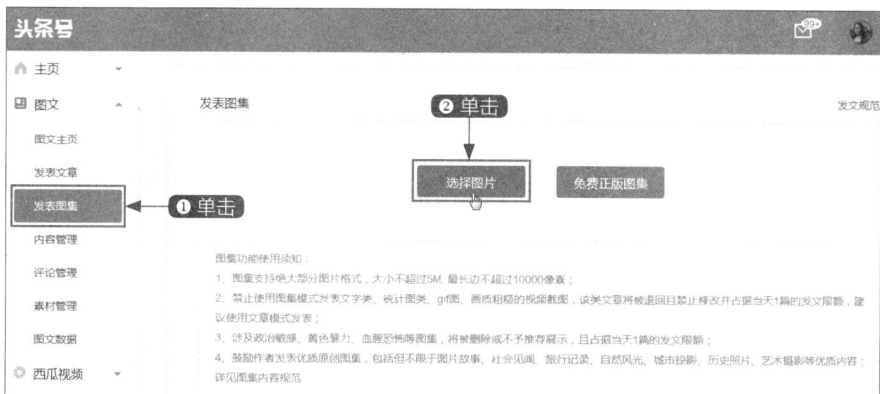

◆ 图 3-8　单击"选择图片"按钮

步骤 02 执行操作后，弹出相应对话框，在该对话框中平台提供了 4 种图片选择方式，❶在此笔者选择"国风图库"选项，切换到相应页面；❷运营者在搜索框中输入关键词进行搜索；❸在搜索结果中选择需要的图片；❹单击"确定"按钮，如图 3-9 所示。

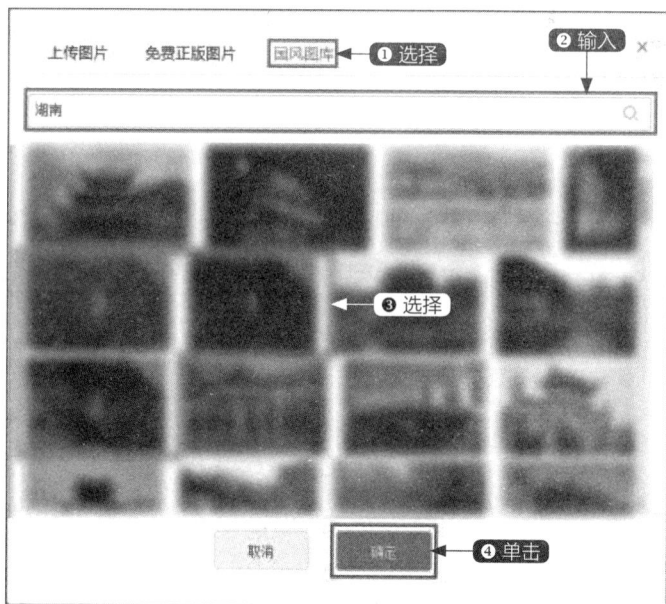

◆ 图 3-9　选择图集图片的操作

步骤 03 执行操作后，返回"发表图集"页面，❶在该页面上运营者可以对图集内容进行编辑，如设置标题和封面、添加图片、插入商品和设置广告投放方式等；❷单击"发表"按钮即可发表图集，如图3-10所示。

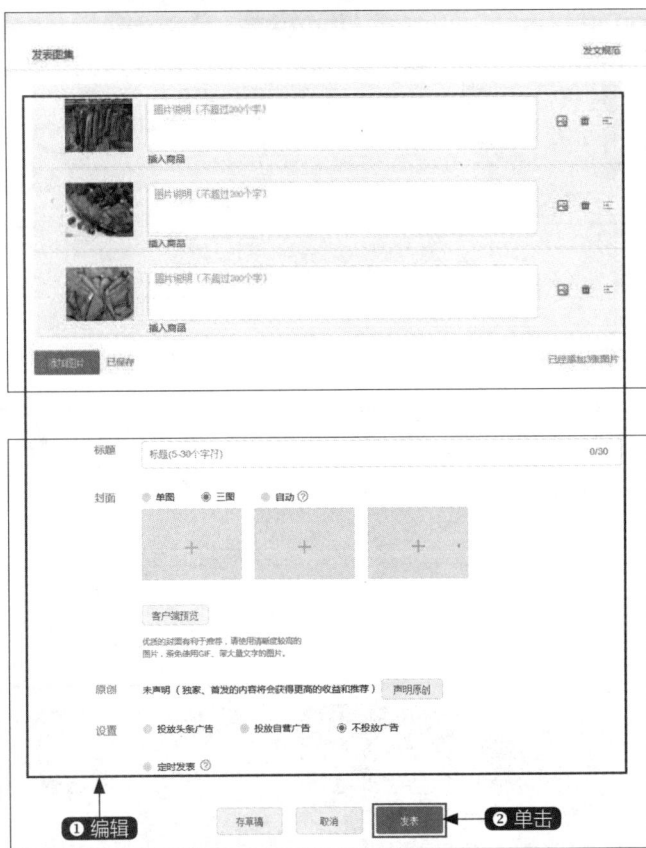

◆ 图3-10 "发表图集"内容编辑页面

专家提醒

　　如果运营者对所选择的图片不满意或需要进行调整，可以通过所添加图片区域右侧的"更换图片""删除图片"和"拖动排序"来完成。

3.1.4 发布微头条：分享你身边有趣的新鲜事

相对于其他内容产品而言，微头条的互动性明显更强，它可以随时随地把运营者身边的有趣的新鲜事分享给用户，完成与他们的互动，且这些分享是不占用头条号的正常发文篇数的。因此，运营者可以利用微头条产品功能来吸引粉丝关注，提升用户黏性，为成功打造爆款提供更好的粉丝基础。

那么，微头条的发布具体应该如何操作呢？其具体操作如下：

进入头条号后台，❶单击"微头条"按钮，进入"微头条主页"页面；❷在该页面上的文本框中输入文字；❸单击"图片"按钮🖼上传图片；完成图与文的编辑后，❹单击"发布"按钮即可发布微头条，如图 3-11 所示。

◆ 图 3-11 发布"微头条"的基本操作

除此之外，在 PC 端上，运营者还可以在头条号主页，❶单击"发布微头条"按钮，如图 3-12 所示。弹出"发布图文"对话框，❷编辑微头条内容；❸单击"发布"按钮，如图 3-13 所示。也可以完成微头条的发布。

◆ 图 3-12 单击"发布微头条"按钮

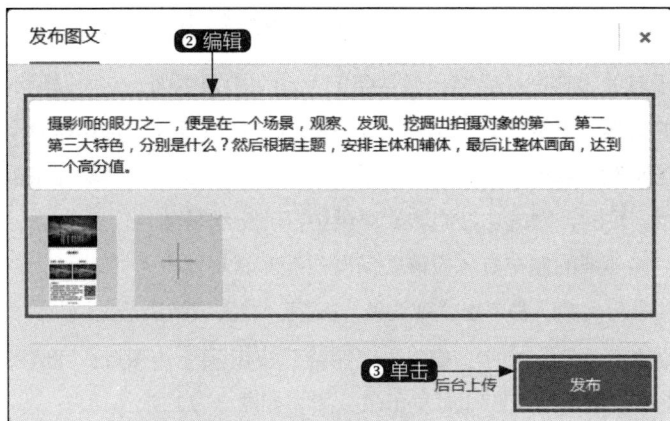

◆ 图 3-13 "发布图文"对话框

专 家 提 醒

在进行微头条内容产品运营时，运营者要注意和了解微头条的一些特点，这样才能有利于顺利且有效地管理微头条。具体来说，微头条的特点主要表现在 6 个方面，如图 3-14 所示。

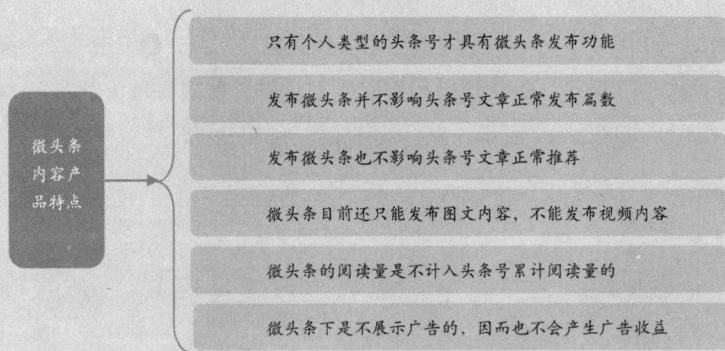

◆ 图 3-14 微头条内容产品的特点

3.1.5 内容管理：修改和删除头条号图文内容

在头条号后台的"图文"菜单下，有一个"内容管理"按钮，单击该按钮进入相应页面，可以对头条号内容进行管理，如图 3-15 所示。

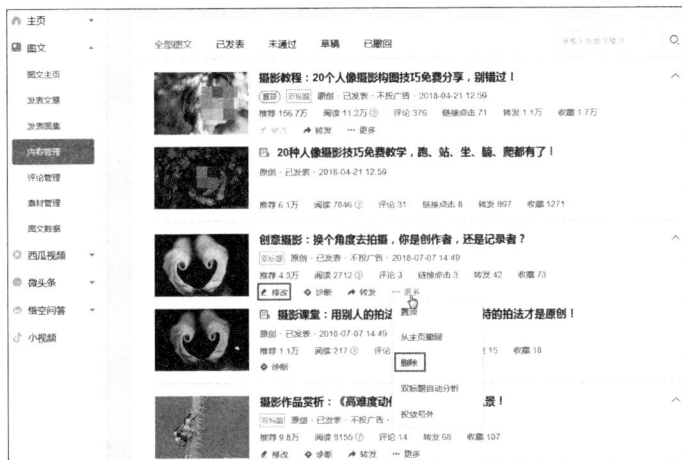

◆ 图 3-15 "内容管理"页面

在前文中介绍图文主页时，曾提及了 4 个大方向上的图文内容发布后的操作，并对其中的"诊断"进行了比较详细地介绍，在此笔者将为大家介绍"修改"和"删除"操作。

单击图 3-15 中的"修改"按钮，将会弹出"温馨提示"对话框，如图 3-16 所示。如果运营者确认要进行修改，即可单击"确认"按钮进入图文编辑页面进行修改；如果运营者认为不进行修改也不影响阅读体验，那么最好还是保持原样为好，因为进行修改还是会影响图文内容的推荐效果，此时可以单击"取消"按钮返回"内容管理"页面。

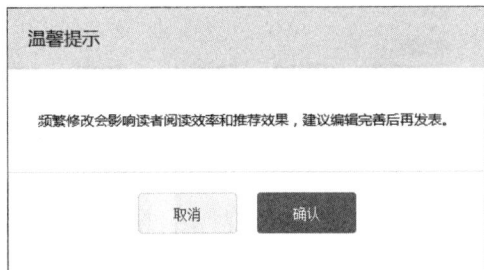

◆ 图 3-16 "温馨提示"对话框

单击图 3-15 中的"更多"按钮，在弹出的下拉列表框中选择"删除"选项，即可删除发布的头条号图文内容，删除后该内容将不会显示在头条号图文内容主页中，且不可恢复。

专家提醒

　　大家可能注意到了，在"删除"选项的上方还有一个"从主页撤回"按钮，虽然它们都可达到让内容从主页中消失的效果，但二者之间还是有着很大的不同——选择"从主页撤回"选项后，该文章将会显示在"已撤回"内容页面中，如果用户此时再单击"更多"按钮，然后选择"恢复到主页"选项，即可重新在主页中显示该内容。

3.1.6　素材管理：获取并运营好高推荐的素材

在头条号运营过程中，为了获得更高的推荐量和阅读量，好的素材（特别是吸睛而又优质的图片）很重要。为此今日头条平台专门安排了"素材管理"功能，帮助运营者获取和收藏好的图片素材。

那么，关于"素材管理"功能，运营者应该如何运用才能实现高效管理呢？下面笔者将为大家进行介绍。

首先介绍如何上传图片至"图片管理"页面。❶运营者可以在"图片管理"页面单击"上传图片"按钮，如图 3-17 所示。在弹出的"打开"对话框中，❷选择图片。❸然后单击"打开"按钮即可上传图片，如图 3-18 所示。图片上传成功后，作为素材的图片将显示在"图片管理"页面中。

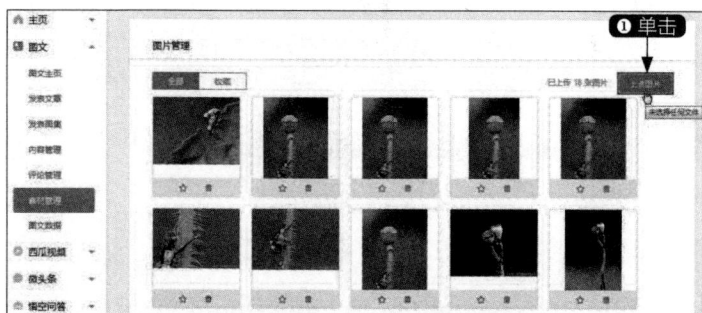

◆ 图 3-17　单击"上传图片"按钮

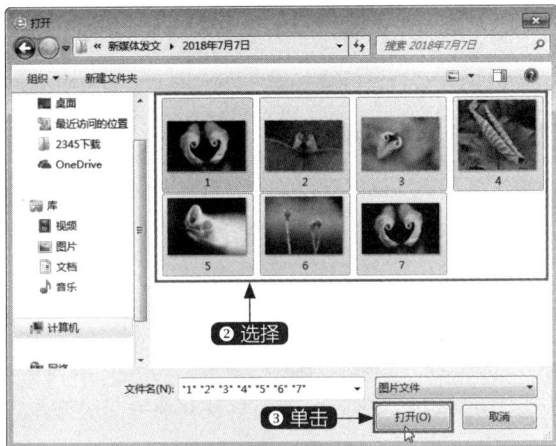

◆ 图 3-18 "打开"对话框

有人会问，如果图片素材积累过多，想要找一个需要的图片总要耗费很多时间，应该怎么才能实现图片素材的有序管理呢？此时，运营者可以通过"删除"按钮和"收藏"按钮来对其进行整理。

如果运营者认为该图片是有用的，后续的运营工作中可能会用到，那么可以单击图片下方的"收藏"按钮☆对图片进行收藏；如果运营者认为该图片以后不会用到或没有太大意义，那么就可以单击"删除"按钮把图片从"图片管理"页面中移除。图 3-19 所示为进行"收藏"操作后显示在"收藏"页面中的图片内容。

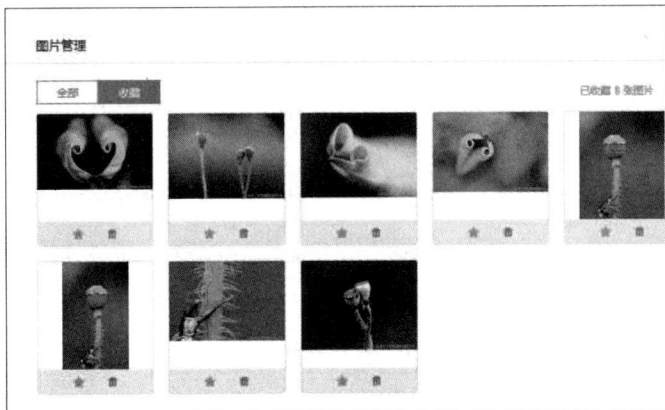

◆ 图 3-19 "收藏"页面

3.2 图文内容创作：吸引用户、提高阅读量

其实，运营者在进行内容运营之前，首先是要进行内容创作的，而这一工作的要求，其目的在于吸引用户提高、提高阅读量，那么，运营者应该从哪些方面入手才能打造吸引用户的图文内容呢？下面将从 9 个方面进行介绍。

3.2.1 把握心理，给读者点击的理由

运营者在进行头条号内容运营时，一个打通与用户联系、获取用户关注的关键点就是必须能够满足读者的需求，只有满足了用户的需求才能吸引用户关注。在此笔者总结了用户的 8 种心理，也就是用户的 8 种需求，告诉大家该如何进行内容运营，如图 3-20 所示。

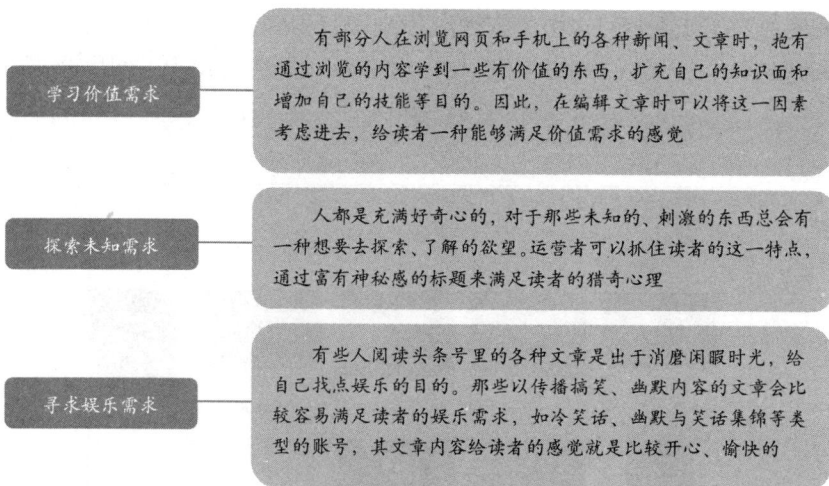

学习价值需求	有部分人在浏览网页和手机上的各种新闻、文章时，抱有通过浏览的内容学到一些有价值的东西，扩充自己的知识面和增加自己的技能等目的。因此，在编辑文章时可以将这一因素考虑进去，给读者一种能够满足价值需求的感觉
探索未知需求	人都是充满好奇心的，对于那些未知的、刺激的东西总会有一种想要去探索、了解的欲望。运营者可以抓住读者的这一特点，通过富有神秘感的标题来满足读者的猎奇心理
寻求娱乐需求	有些人阅读头条里的各种文章是出于消磨闲暇时光，给自己找点娱乐的目的。那些以传播搞笑、幽默内容的文章会比较容易满足读者的娱乐需求，如冷笑话、幽默与笑话集锦等类型的账号，其文章内容给读者的感觉就是比较开心、愉快的

◆ 图 3-20 用户的 8 种心理介绍

窥探秘密需求	人们有时候会很矛盾，不想要让自己的秘密、隐私被人知晓，但是又会有窥探他人或者其他事物的秘密的欲望。因此，在编写文章标题时可以适当地利用人们的这种欲望，写出能够满足读者窥探秘密需求的内容，从而吸引读者阅读
情感感性需求	大部分人都是感性的，易被情感左右，也很容易感动，这种感性不仅仅体现在真实的生活中，还体现在看见的倾注了感情的文章中。一篇成功的文章就需要做到能满足读者的情感需求，打动读者，引起读者的共鸣
往昔追忆需求	很多人都有怀旧情结，对于以往的岁月都会去追忆一下。人们对于那些追忆过往的文章也会禁不住想要点开去看一眼，所以今日头条号运营者可以写一些这种能引起人们追忆往昔情怀的内容，满足读者的怀旧需求
寻求安慰需求	很多人养成了从文字中寻求关注与安慰的习惯，当他们看见那些传递温暖、含有关怀意蕴的文章时，都会忍不住去阅读。因此，在写标题时便可多用一些能够温暖人心、给人关注与关怀的词语，满足读者的寻求安慰的心理需求
私心利益需求	人们总是会对与自己有关的事情多上点心，对关系到自己利益的消息多注点意。文章内容满足读者私心需求其实指的就是满足读者的关注与自己相关事情的行为

◆ 图 3-20　用户的 8 种心理介绍（续）

专家提醒

　　能够满足读者被关注需求的文章的标题，应是真正发自肺腑的情感传递。最好文章内容也充满关怀，这样才能让读者不会感觉被欺骗。

3.2.2　重视标题，标题影响打开率

　　要做好今日头条号运营，学会拟写文章标题是非常必要的，有吸引力的文章标题才会给头条号带来更多的读者和流量。经典头条号标题有以下几种类型，现在笔者就为大家详细介绍一下，如图 3-21 所示。

如何体：一眼判定内容是否需要

如何体的头条号文章标题是指在文章标题上会有如何的字样出现，这种标题能让读者一眼就能分辨出文章内容是否是自己想要的，从而决定是否继续阅读该文章

福利体：传递"阅读即赚到"的感觉

福利体标题是指在文章标题上向读者传递一种阅读这篇文章你就赚到了的感觉，让读者自然而然地想要去阅读文章

借势型：传播范围更广，更易被搜索

借势型标题是指在文章标题上借助一些事实热点、新闻的相关词汇来给文章造势，增加点击量。事实热点拥有一大批关注者，而且传播的范围也会非常广，头条号文章标题借助这些热点可以让读者轻易地搜索到该篇文章，从而吸引读者去阅读

合集式：总结分类和数字带来冲击感

合集式标题是指在标题上对文章所涉及的内容进行总结分类，并直接写出分类后的具体数字。文章标题看起来比较集中，能给读者带来较强的视觉冲击感，在阅读时会感觉比较值

速成型：让人更有动力去阅读文章

速成型标题是指从标题上给读者传递一种只要阅读本篇文章之后就可以掌握某些技巧或者知识的信心。读者在看见这种标题时会更有动力去阅读文章里面的内容，因为他会觉得学会这个技能很简单，不用花费过多的时间和精力

专业化：更大专业价值精准吸粉

专业性标题是指在标题中嵌入某个方面的专业词语，让文章看起来更加专业，传递专业价值。这种标题能吸引那些跟专业相关的读者，从而达到精准吸粉的目的，这样的读者群能给头条号带来很大的价值，而且他们的追随度会比其他粉丝更高

本地化：利用地域优势吸引关注

本地化标题是指在标题写作时，带入当地的地名或者一些大都市的名称，这样就能吸引更多的读者去浏览

趣味型：营造一个愉悦的阅读氛围

趣味性的标题是指在标题中使用一些有趣、可爱的词语，让整个标题给人的感觉是一种轻松、欢快的。这种充满趣味性的标题会给读者营造一个愉悦的阅读氛围，因此就算文章中的内容是产品宣传的广告，也不会让读者很反感

揭露式：揭露隐藏秘密传递兴奋感

揭露式标题是指为读者揭露某件事物或隐藏的不为人知的秘密的一种标题。大部分人都会有一种好奇心跟八卦心理，而这种标题则恰好可以抓住读者的这种心理。这种标题能给读者传递一种莫名的兴奋感，能充分引起读者的兴趣

◆ 图 3-21　今日头条号文章标题举例介绍

3.2.3　吸引点击，图片要亮丽吸引人

图片是商家进行头条号运营时的有力武器，一张合适的图片有时能胜过千言万语。图片能给头条号的读者带来视觉效果，也能为平台上的文章锦上添花。下面笔者为大家介绍文章图片需要注意的一些技巧。

❶ 封面：漂亮、清晰，才能提升点击率

文章封面设置得好坏会影响到读者点开文章阅读的概率，漂亮、清晰的封面图片能瞬间吸引读者的眼球，从而让读者有兴趣进一步阅读。而衡量文章封面图片是否合格，可以从其清晰度、辨识度去判断。

❷ PS：精心"化妆"，让图片更有特色

给图片 PS 其实就是给图片化个妆。企业、个人在进行头条号运营时是离不开图片的，图片是让文章内容变得生动的一个重要武器，会影响到文章的点击率。因此，企业或者个人在进行使用图片给头条号增色时也可以通过一些方法给图片"化妆"，让图片更加有特色，吸引到更多的读者。

给自己的图片"化妆"，可以让原本单调的图片，通过多种方式变得更加鲜活起来。要给图片"化妆"可以通过两个方法进行，一是拍摄过程中需注意拍照技巧的运营、以及拍摄场地布局、照片比例布局等，二是可以根据自己的实际技能水平选择图片后期软件，通过软件让图片变得更加夺人眼球。

❸ 色彩：尽量要鲜亮，营造轻松氛围

运营者想要让自己的头条号图片吸引读者的眼球，所选的图片颜色搭配要好看，尽量给人一种顺眼、耐看的感觉。在没有特殊的情况下，图片要尽量选择色彩明亮的，因为这样的图片能给头条号带来更多的点击量。

很多读者在阅读文章的时候希望能有一个轻松、愉快的氛围，不愿在压抑的环境下阅读，而色彩明亮的图片就不会给读者一种压抑、沉闷的感觉，恰好能给读者带来这样的阅读感受。

❹ 内容：选择应景图片，直观反映消息

这里的直观反映消息的内容，是指图片要和标题一样，让人扫一眼就知道文章讲的是什么内容，例如你写了一篇讲述狗狗的文章，那么你就不能放一张猫的照片上去，这样就会让人看得云里雾里，不明就里。

尤其是封面图片，一定要鲜明地表示出文章的中心内容，不要内容讲"东"，

图片却讲"西"，所以为了提高读者的阅读体验，应景的图片非常重要。

3.2.4　正版图片：海量的优秀视觉素材

今日头条平台是一个支持原创的资讯平台。因此，对头条号运营者而言，提供原创内容很重要，其中，文字的创作还是比较容易的，而图片由于运营者摄影技术、PS 技术等方面的原因和美观度的影响，不得不慎重考虑，有时不得不借助外力来完成图片素材的准备，那么，此时应该去哪里寻找呢？

在头条号后台主页，有一个名为"功能实验室"的模块，该模块中包含 4 个方面的内容，其中就有"免费正版图集"和"正版图库"两项与图片相关的内容。在此，笔者将针对"正版图库"进行介绍。

运营者单击"正版图库"右侧的"前往"按钮，即可进入"图虫·创意"首页。"图虫·创意"是一个全球领先的正版素材平台，具有多个方面的优势，具体如图 3-22 所示。

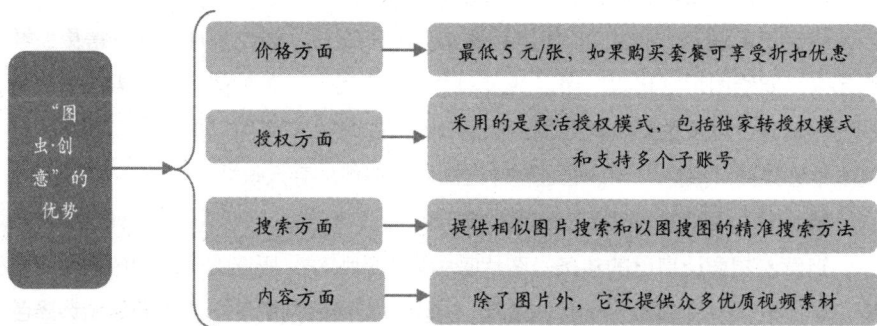

◆ 图 3-22　"图虫·创意"平台的优势

除图 3-22 中所示的优势外，在"图虫·创意"平台上寻找正版图片素材，其寻找途径也是受到运营者欢迎的：除了常规的通过输入关键词搜索外，还可以通过"专题精选"和"分类精选"来搜索图片素材，如图 3-23 所示。

从图 3-23 可以看出，在"图虫·创意"网页上，用户既可以根据页面提供的与热点大势、社会流行时尚有关的专题寻找图片素材，这有助于运营者打造借势型的图文内容；还可以根据头条号推送的垂直领域的内容来分类搜索，有助于运营者系统、精准地找到众多图片素材。

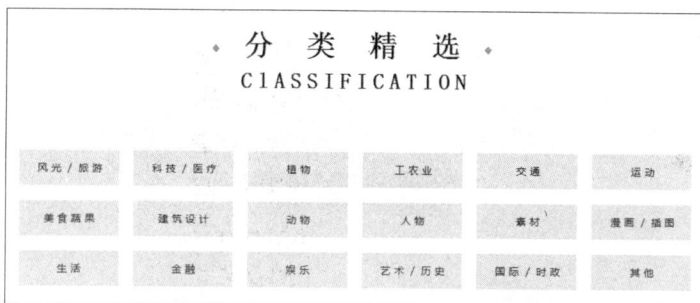

◆ 图 3-23 "图虫·创意"搜索图片素材的方法举例

3.2.5 正版图集：丰富的版权图集素材

在 3.2.4 节中曾提及"免费正版图集"，它与"懂车帝"、"正版图库"和"热词分析"共同构成"功能实验室"模块的 4 大内容。利用"免费正版图集"中的素材，头条号作者可以不再发愁原创内容的图片——可以直接根据图集素材信息来进行资料的查询和整合，撰写出一篇有图片有文字说明的头条号文章。

运营者如果想要利用"免费正版图集"中的素材进行内容创作，只要单击其右侧"前往"按钮即可进入相应页面，如图 3-24 所示。然后选择图集并单击"去创作"按钮，即可进入编辑页面进行图集内容的创作和发表。

◆ 图3-24 "免费正版图集"页面

运营者根据所选择的图集添加文字说明并发表后，此时"免费正版图集"页面上将不会再显示该图集，与之对应的是，对头条号后台的"图文"内容产品中的"内容管理"进行查看。而用户则可以通过头条号搜索页面下方的"图集"标签阅读头条号发表的图集内容。

专家提醒

运营者利用"免费正版图集"页面上的图集素材发布内容后，原有的图集将立即下线，这一功能对头条号运营者的宣传和推广来说是非常有效的——使得头条号成为名副其实的该图集素材的独家原创作者。

而且，除此之外，利用"免费正版图集"页面上的图集素材发布内容，还有两个方面的优势：

（1）每天是没有篇数限制的，因此，头条号运营者可以根据运营者能力合理安排内容，多发几篇也未尝不可，这也是推广自身头条号的好方法。

（2）"免费正版图集"页面上的图集素材其本身就具有极大的优势，其关键就在于可以紧追热点和打造优质内容，这是由来源于全球优质媒体的图片和图集实时更新决定的。

图 3-25 所示就是一个头条号利用"免费正版图集"中的图集素材发表的部分内容展示。

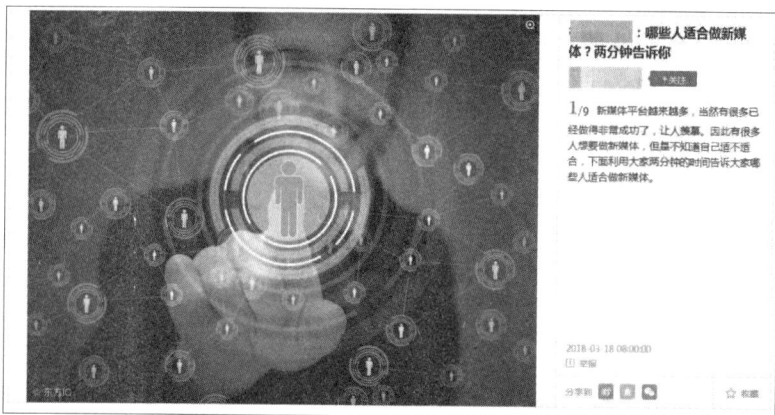

◆ 图 3-25 利用"免费正版图集"中的图集素材发表的部分内容展示

专家提醒

不知大家注意到没有，图 3-25 中利用"免费正版图集"中的图集素材发表的内容，其左下角有一个特殊标志，显示一个无法取消的"@ 东方 IC"水印，这是用来说明图片提供方的。

3.2.6 创造黏性，平台内容编辑要点

很多企业在今日头条号运营过程中都会碰到一个棘手的问题，那就是今日头条号内容。究竟什么样的内容比较容易吸引用户呢？当然是那些在把握用户心理并付诸文章的内容更加吸引人的眼球。除此之外，运营者还应该通过内容积极建立起用户对头条号的黏性。在此笔者介绍提升粉丝黏性的几个要点。

❶ 内容特色：3 大要求助你吸引用户眼球

今日头条号的正文想要吸引住用户的眼球，就需要有一定的内容要点，如何让一篇文章从众多的推送内容中脱颖而出？站在用户的立场，对方第一要关注的就是运营者推送的消息和自己切身利益是否相关。也就是说，商家抓住了受众的需求，也就是吸引了受众的眼球。接下来，笔者将从以下几个方面阐述吸引受众眼球的内容要求。

（1）具有实用价值

从实用性的角度提供价值就是指商家为用户提供对他们日常生活有帮助的内容。例如途牛旅游网为用户推出的机票、火车票、汽车票、酒店预订等功能服务，就是一些非常实用的服务功能。

（2）具有趣味性

受众都是喜欢有趣信息的，头条号如果能做到这点，对宣传效果必定大有裨益。对商家而言，将内容娱乐化是抓住用户百试不爽的方法，具体的做法就是将内容转化为用户喜欢的带有趣味性的形式，让用户在感受趣味性内容的同时，接受了企业的宣传信息。

（3）具有震撼性

商家在编写内容时做到意外性和稀缺性，能够提升内容的震撼性，什么是意外性和稀缺性？就是内容让人感到意外，同时题材也十分稀缺的内容。对于越是少见的内容，用户越是感兴趣，它的传播价值也就越大，所谓的独家新闻也就是这个道理，商家可以借鉴一二。

❷ 提前预告：做用户期待内容实现有效推广

对于好的内容，运营者一定要提前对内容进行预告，这就像每部电影前的宣传手段一样，通过提前预告的方式让用户对内容有一定的期待性，而且微信运营的提前预告无须成本，是非常有效的一种推广运营方式。下面笔者为大家介绍一下提前预告的几个注意事项，如图 3-26 所示。

预告时间安排 —— 今日头条的内容预告最好提前 3 天发布

预告了就要做到 —— 发布头条号文章要守时，就像"周一见"这样的形式一样，说到做到，说什么时候发布就什么时候发布

使用频率上要少用 —— 不要动不动就来一次下期内容预告，因为预告是对于那种内容尤其优秀、话题尤其重磅的内容而言的，而且运用这种方式进行下期内容的推广，也带有一种神秘的感觉在其中，一旦用的次数多了，就没有神秘和新鲜感了

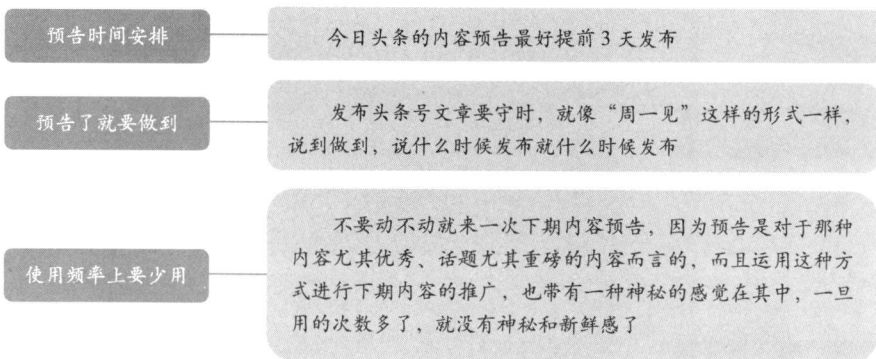

◆ 图 3-26　提前预告的注意事项

❸ 排版布局：舒适阅读才能让用户看下去

如果说文章中的内容是让作者与读者之间产生思想碰撞或共鸣的武器，那么作者对文章格式的布局与排版就是给读者提供一种视觉上的享受。排版对每篇文章都有很重要的作用，它决定了读者是否能够舒适地看完整篇文章，这种重要程度对微信公众平台上以电子文档形式传播的文章来说更是如此。

因此，运营者在给读者提供好内容的同时也要注意文章内容的排版，从而让读者拥有一种精神与视觉的双重优质体验。图 3-27 所示为今日头条号文章排版中应该注意的问题。

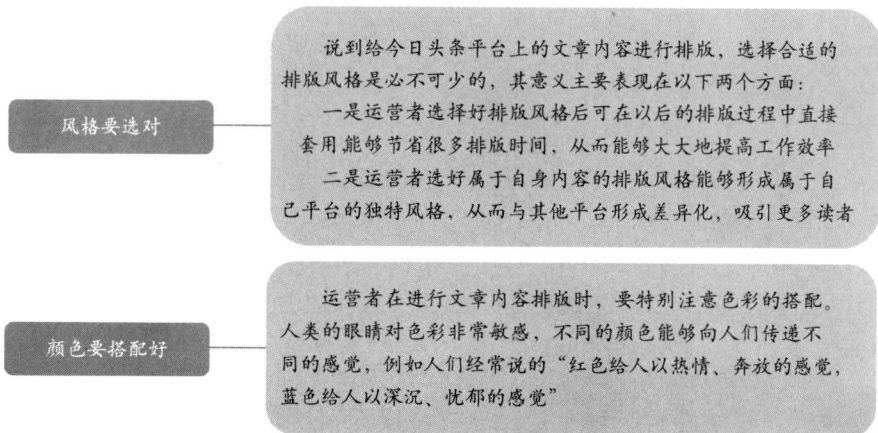

风格要选对 —— 说到给今日头条平台上的文章内容进行排版，选择合适的排版风格是必不可少的，其意义主要表现在以下两个方面：
一是运营者选择好排版风格后可在以后的排版过程中直接套用能够节省很多排版时间，从而能够大大地提高工作效率
二是运营者选好属于自身内容的排版风格能够形成属于自己平台的独特风格，从而与其他平台形成差异化，吸引更多读者

颜色要搭配好 —— 运营者在进行文章内容排版时，要特别注意色彩的搭配。人类的眼睛对色彩非常敏感，不同的颜色能够向人们传递不同的感觉，例如人们经常说的"红色给人以热情、奔放的感觉，蓝色给人以深沉、忧郁的感觉"

◆ 图 3-27　今日头条号文章排版中应注意的问题

间距要适宜	文章排版中，对文字之间间距多少的把握很重要，尤其是对用手机浏览文章的用户。 给文章的内容选择合适的字体大小，也是排版工作中需要考虑到的一个事项。合适的字体大小能让读者在阅读文章的时候不用将手机离自己的眼睛太近或太远，而且合适的字体大小能让版面看起来更加和谐
版面要简洁	版式多样是能够吸引到读者的，但是如果在同一篇文章中使用过多的排版方式就会使版面显得很杂乱，反而会让读者在阅读文章的时候产生不适感。因此，运营者在追求版式特色的同时也要注意版式的简洁，在一篇文章中不要使用太多的排版方式

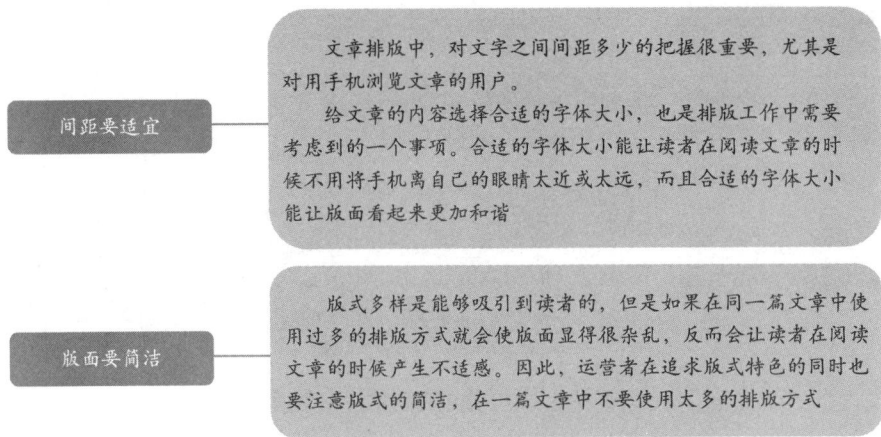

◆ 图3-27　今日头条号文章排版中应注意的问题（续）

3.2.7　打造创意，内容运营要有思路

在日常运营中，运营者要懂得创意内容的运营思路，例如利用连载的形式勾起读者的观看欲望、把热门事件插入故事中等，本小节笔者将为大家介绍内容运营的几点思路。

❶ 内容连载：系列推送引导用户长期关注

这里的连载并不是像小说那样，写很长的连载故事，而是指运营者可以围绕同一类话题进行写作，形成一系列的专题故事。

例如广东人的生活，可以从衣食住行、天气、风俗、交通、工作等方面进行介绍，每一期介绍其中一个方面，然后由此形成一系列的专门讲述广东人生活的专题故事，这样的创新手法，是一种吸引读者点击阅读的手段。

❷ 福利直白：激发好奇心让阅读量飞起来

做过运营的人都知道，很多时候将福利直白地说出来会比较好。今日头条号想要做活动，运营者可以在标题上将福利展现出来，也可以在图片上将福利展现出来，让读者一看就能知道福利是什么，例如"免费送××""买一送一""转发就送××"等，等到激发出读者的好奇心了，文章的阅读量就会上去了。

❸ 热门事件：凭借事件传播度提高点击量

一个有价值、有传播度的热门事件，在今日头条中的阅读量可能上百万，有时候，运营者在标题中嵌入热门词汇，就是为了提高用户的点击率，一条有热门词和一条没有热门词、普通的标题，对文章的推荐量的影响可能是几万、十几万甚至几十万的点击量的差距，由此可见，热门事件对于内容运营者来说是多么重要。

❹ 节日话题：让传播效果更好的有效途径

节日时，运营者发布与节日相关的话题是很有必要的，一方面可以烘托节日的气氛，另一方面是让读者感受到过节的氛围，在节日期间，发布与节日相关的内容往往要比其他的普通内容效果更好。

3.2.8 把握时机，内容发送时要注意

编辑完头条号内容之后，运营者面临的下一个难题就是把握信息发送的时间。在什么时候发送信息比较合适？哪个时间点的被阅读率最高？

众所周知，在今日头条平台上，无论哪一个频道的内容，都是时刻在更新的，而更新时间最近的信息总是会显示在最上方。因此，选择合适的发送时间对于微信、APP 和自媒体运营者来说，是非常重要的一件事。

那么推送的具体时间应该怎么确定呢？笔者总结出了几段最适合运营者推送信息的时间段，如图 3-28 所示。

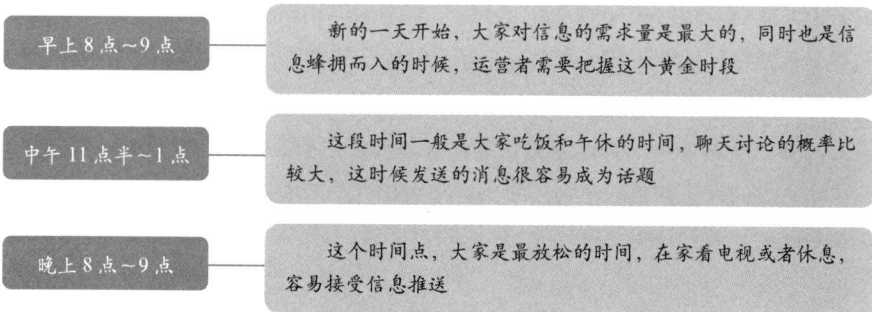

早上 8 点~9 点	新的一天开始，大家对信息的需求量是最大的，同时也是信息蜂拥而入的时候，运营者需要把握这个黄金时段
中午 11 点半~1 点	这段时间一般是大家吃饭和午休的时间，聊天讨论的概率比较大，这时候发送的消息很容易成为话题
晚上 8 点~9 点	这个时间点，大家是最放松的时间，在家看电视或者休息，容易接受信息推送

◆ 图 3-28 最适合运营者推送信息的时间段

在了解了最佳的信息推送时间段后，运营者首先要做的是选择一个时间点固定、准时推送信息，在这样的情况下，方便读者在"推荐"和"关注"频道阅读快速阅读文章，而不需要去花费时间滑动屏幕去寻找，也不需要时刻去查看该头

条号是否推送了信息，从而形成读者的阅读习惯，有利于保持粉丝的关注度和增强粉丝的黏度。

3.2.9 参与活动，曝光、获利两相宜

运营者在编辑和发表图文内容时会发现，在"发表文章"页面的下方，有一个"参与活动"设置区域，如图3-29所示。

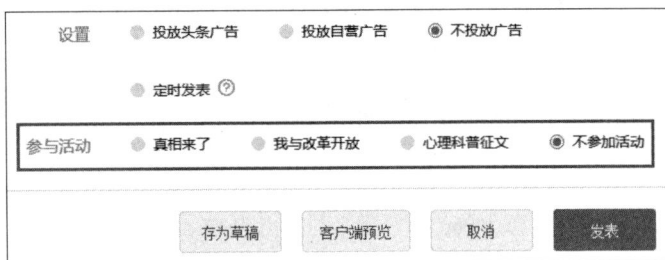

◆ 图3-29 "参与活动"设置区域

运营者单击活动名称，即可进入相应页面了解活动的内容，然后再决定是否参与活动或参与哪一个活动。例如，一个健康领域的头条号，那么它就可以选择名为"真相来了"的活动。只要你创作的内容足够优质，那么该内容就可以获取很多优先资格，如优先入选"青云计划"奖励榜单和年度签约机会，优先获得官方头条号转发。从中可知，参与这一活动的优质内容即可获得更多曝光机会，同时还能提高头条号的知名度和实实在在的利益（如"青云计划"奖金）。

当然，头条号参与其他活动也是可以获得相应奖励的，无论是哪一种活动，对于头条号而言，都是一个有助于内容推送和头条号推广的好机会，运营者应该积极创造相关内容参与活动。

专家提醒

其实，不仅图文内容有相应活动可供参与，头条号推送视频内容时，也是有很多活动能够让头条号既扬名又获利。图3-30所示为发表视频内容时显示的给各项活动内容。

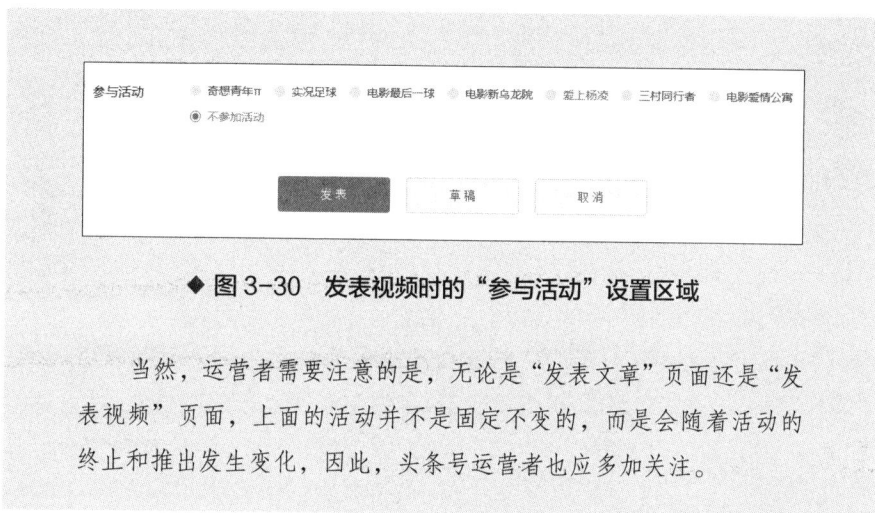

◆ 图3-30　发表视频时的"参与活动"设置区域

当然，运营者需要注意的是，无论是"发表文章"页面还是"发表视频"页面，上面的活动并不是固定不变的，而是会随着活动的终止和推出发生变化，因此，头条号运营者也应多加关注。

4
CHAPTER

视频内容：拍摄
100 000+ 爆款视频

新媒体运营实战
从入门到精通

对今日头条平台而言，支持短视频一直是它的一大亮点和优势。以 2016 年 12 月的数据为例，短视频的消费总时长为 726 亿分钟，是图文内容的 1.33 倍，可见，短视频正在成为一种更高效、准确的内容载体。本章将具体介绍短视频和视频的相关知识。

◇ 西瓜视频：让每个人都可以成为创作者

◇ 抖音短视频：专注新生代的音乐短视频社区

◇ 火山小视频：展示自我，获得粉丝，发现同好

4.1 西瓜视频：让每个人都可以成为创作者

西瓜视频既是一个视频平台，同时也可以看作是今日头条平台上的一个内容产品，其推荐机制与头条号的图文内容并无太大差别——都是基于机器推荐机制来实现的。通过西瓜视频平台，众多视频创作者可以轻松地向大家分享优质视频内容。

基于这一发展机遇，更多的人开始进驻西瓜视频平台或通过今日头条平台同步内容到西瓜视频平台上。本节就针对西瓜视频平台的内容创作和管理进行介绍。

4.1.1 首页功能：查看基本数据和全部视频内容

图 4-1 所示为头条号后台的西瓜视频首页。

◆ 图 4-1 头条号后台的西瓜视频首页

从图 4-1 中可以看出，该页面不仅提供了创作和编辑视频的入口，还提供了查看视频数据和内容的入口。

其中，"视频管理"和"合辑管理"都是关于西瓜视频内容管理的，进入这两个页面，可以查看头条号发布的全部视频内容。如果要查看该头条号与西瓜视频相关的数据，可以进入"内容分析"和"收益分析"页面进行查看。而关于这两个页面的具体数据分析，将在后面的第 7 章中详细介绍，这里不再进行具体讲述。

4.1.2　发表视频：上传视频和批量上传基本操作

头条号创作者如果想要把已经制作好的视频发表在今日头条平台上，应该如何操作呢？其实，在这一平台上，发表视频有多种方式，从大的方面来说，有"发表视频"和"发表合辑"两项；从小的方面来说，"发表视频"可分为"上传视频"和"批量上传"两项。在此，笔者分别介绍上传视频和批量上传发表视频的基本操作。

❶ 通过"上传视频"发表

这里的上传视频，指的是上传单一的视频，其基本操作如下：

步骤 **01** 在今日头条号后台的"西瓜视频"首页，❶单击"发表视频"按钮；❷进入相应页面，选择"上传视频"选项；❸单击"上传视频"按钮，如图 4-2 所示。

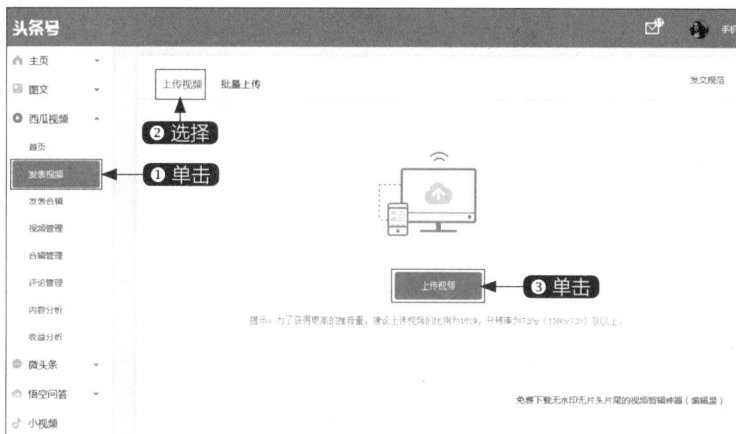

◆ 图 4-2　单击"上传视频"按钮

步骤 02 执行操作后，弹出"打开"对话框，❶选择需要上传的视频；❷单击"打开"按钮，如图4-3所示。即可完成上传操作。

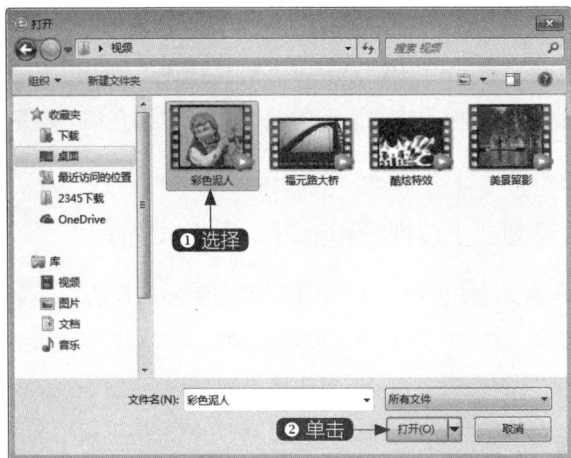

◆ 图4-3　完成视频的上传

步骤 03 返回"发表视频"页面，在该页面上显示了上传的视频。运营者只要按照该页面上的提示进行设置——其设置方法与图文内容有诸多相似之处，然后单击"发表"按钮，即可完成单个视频的发表操作，如图4-4所示。

◆ 图4-4　完成单个视频的发表

❷ 通过"批量上传"发表

通过"批量上传"来发表视频，可以一次发表多个视频，需要注意的是，选择的多个视频是可以一次添加的，其基本操作如下。

步骤 01 在今日头条号后台"西瓜视频"首页，❶单击"发表视频"按钮；❷进入相应页面，选择"批量上传"选项；❸单击"上传视频"按钮，如图 4-5 所示。

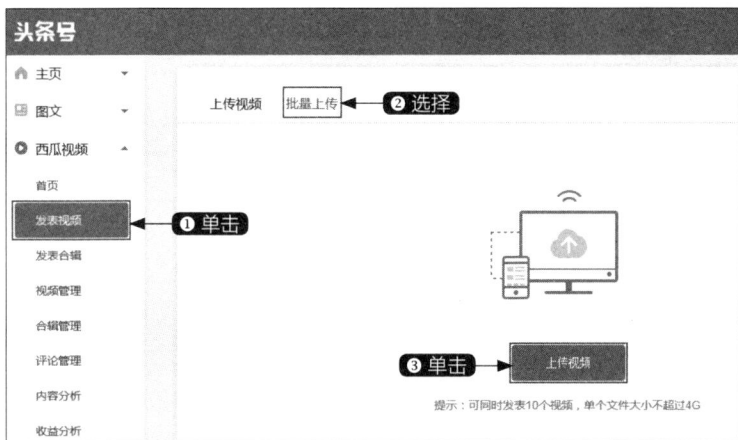

◆ 图 4-5 单击"上传视频"按钮

步骤 02 执行操作后，弹出"打开"对话框，❶选择需要上传的视频；❷单击"打开"按钮，如图 4-6 所示。即可完成上传操作。

◆ 图 4-6 完成视频的上传

专家提醒

运营者需要注意的是，批量上传视频时，其打开文件中所显示的视频文件格式不能是 MPG 格式，也就是说，MPG 格式的视频是不能进行批量上传的，能上传的一般为 MP4、WMV 格式等。

步骤 03 返回"发表视频"页面，在该页面上显示了上传的视频，如图 4-7 所示。运营者只要按照该页面上的提示进行设置——其设置方法与图文内容有诸多相似之处，然后单击"发表"按钮，即可完成单个视频的发表操作。

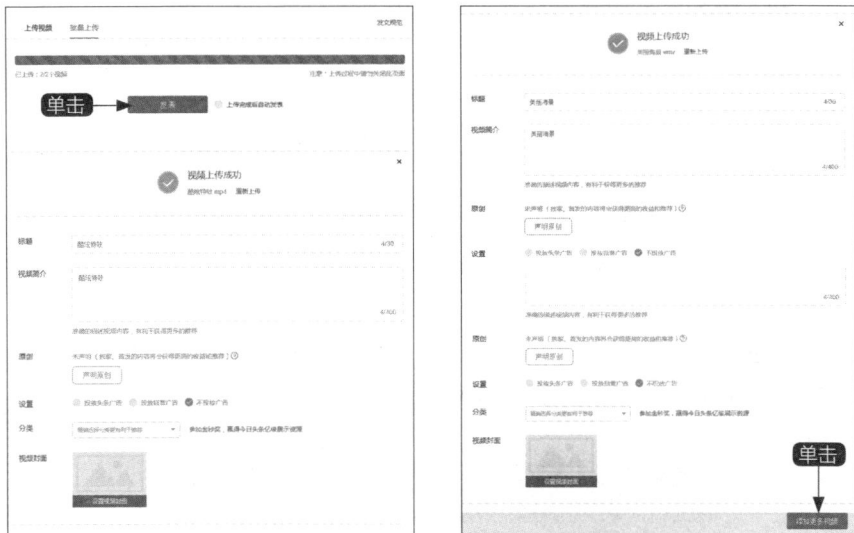

◆ 图 4-7　完成单个视频的发表

当然，运营者如果还想要上传视频，此时可以通过单击图 4-7 所示页面右下角的"添加更多视频"按钮来完成。

4.1.3　发表合辑：让用户看到同一主题的更多视频

上文中曾提及，今日头条除了可以发表视频外，还有"发表合辑"的功能，这是今日头条为适应视频内容的发展而在 2018 年推出的新功能。

这里的"合辑"指的是视频集合，当然，这种集合并不是简单地把多个视频组合在一起，而是需要运营者对已发表的视频内容进行重新组织和整理之后的集合，是具有自己思想的、有固定主题的视频集合的发表。发表合辑的基本操作与前面介绍的"发表视频"的操作差别很大，其具体操作如下。

步骤 01 在今日头条号后台"西瓜视频"首页，❶单击"发表合辑"按钮；❷进入相应页面，设置视频合辑的标题、简介和封面；❸单击"添加视频到该合辑"按钮，如图 4-8 所示。

◆ 图 4-8　设置视频合辑标题、简介和封面

步骤 02 执行操作后，弹出"将视频添加到该合辑中"对话框，在该对话框中有"已发表的视频"、"视频搜索"和"视频网址"3 个选项。在此笔者❶选择"视频搜索"选项；❷在搜索框中输入要搜索的视频标题关键词；❸单击搜索框右侧的"搜索"按钮 🔍；❹在显示的搜索结果中选择需要的视频；❺单击"添加视频"按钮，如图 4-9 所示。

步骤 03 执行操作后，返回"发表合辑"页面，在该页面显示了刚才添加的多个视频。视频添加完成后，单击"发表"按钮，如图 4-10 所示。即可完成视频合辑的发表操作。

专家提醒

在视频"合辑"功能中，所选择的视频既可以是自身头条号发表的视频，也可以是其他头条号发表的视频，还可以是已经在"西瓜视频"平台上发表的其他视频。但是无论运营者选择什么样的视频，都必须坚持一个原则，那就是所选择的视频必须要有一个中心主题。

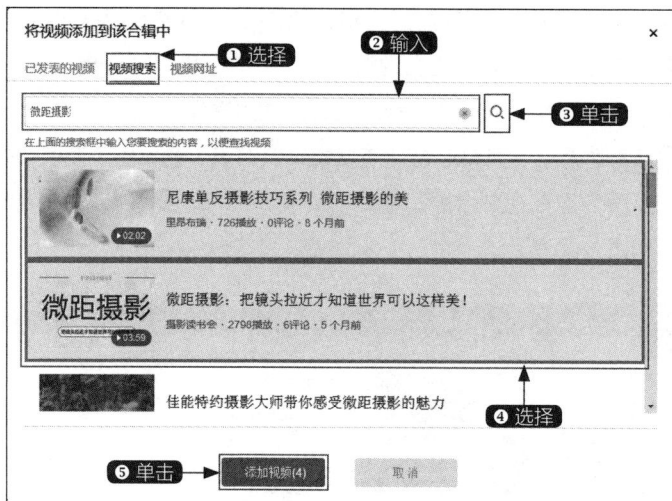

◆ 图 4-9 "将视频添加到该合辑中"对话框

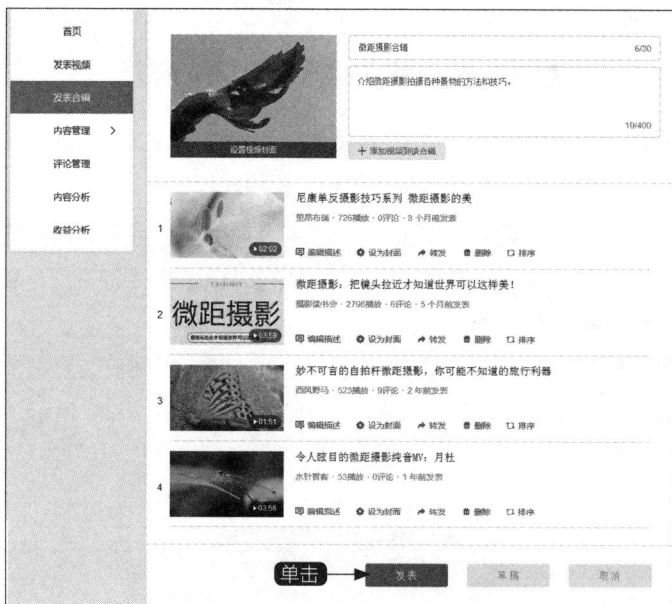

◆ 图 4-10 完成视频合辑的发表

4.1.4 视频管理：如何让你的视频收获更多流量

要想提升视频播放率和播放时长，就必须提升视频的质量，除了与图文内容一样，在标题和封面上下功夫之外，还可以通过基于头条号后台的"西瓜视频"页面来进行完善，具体操作如下。

❶"西瓜热点"——结合相关活动来创作视频

在"西瓜视频"首页的下方，有一个"西瓜热点"选项，在此展示了所有头条号能参与的各项与视频有关的活动，如图 4-11 所示。

◆ 图 4-11 "西瓜视频"的"西瓜热点"内容展示

头条号运营者如果创作和发表与之相关的视频，参与到活动和比赛中去，一方面可以证明自己在视频创作方面的能力，另一方面还可以让自身视频获得平台的认可，获得更多的曝光机会。

❷"进击课堂"——学习更多的视频创作技巧

与"西瓜热点"并列的还有一项，那就是"进击课堂"，在该页面显示了发表视频和创作视频的诸多技巧，如图 4-12 所示。运营者可以一一点击阅读并学习，从中汲取提升视频流量的技巧。

除了上述两个方面之外，运营者还可以通过"评论管理"和"内容分析"等来提升自身视频的流量，或者借助一些工具，比如单击图 4-2 中右下角的文字链接，即可跳转到相应页面下载无水印无片头片尾的视频剪辑神器——编辑星，对视频进行剪辑操作。

◆ 图4-12 "西瓜视频"的"进击课堂"内容展示

4.1.5　视频标签：以便内容推荐给最需要的人

在今日头条平台上，基于其推荐机制，不同的用户是有不同的匹配标签的，而这一推荐机制同样也被运用到西瓜视频的内容产品中。那么，头条号如果想要让自身发表的视频获得更多的推荐量和播放量，就应该在视频标签的设置上下功夫。

说到视频标签，可能大家还不能理解它究竟是什么。在此笔者举一个例子，如果用户经常关注与书法相关的视频，那么一定会发现，下次平台推送的内容一般也会多推送这方面的视频内容，这就表示头条号已经为你贴上了一个"书法"的标签，或是喜欢书法，或是准备学习书法。

如果头条号发布的内容与书法有关，在发布视频的时候再在"视频标签"一栏中添加"书法"一词，那么所发布的视频内容势必会被推送给有兴趣、有需要的读者，这样的话，其推荐量、播放量自然也就比较高。

那么，面对头条号这一拥有亿级用户流量的平台，头条号运营者应该如何选择和设置呢？就笔者来看，可以分成3个步骤，具体内容如下。

首先了解头条号用户的阅读标签，可以根据头条号公布的数据来获悉。表4-1所示为今日头条用户的男、女用户的阅读标签信息。

表 4-1　今日头条用户的男、女用户的阅读标签信息

用户性别	标签	所占比例	用户性别	标签	所占比例
男	社会	70.37%	女	娱乐	86.68%
	娱乐	53.14%		社会	68.98%
	本地	37.37%		时尚	51.72%
	汽车	34.20%		育儿	40.93%
	时政	30.70%		健康	35.27%
	世界	22.99%		本地	33.65%
	财经	21.09%		情感	23.98%
	教育	17.92%		美食	17.66%
	运动	16.01%		家居	16.21%
	军事	14.51%		养生	13.13%
	健康	14.36%		段子	12.33%
	科技	13.72%		世界	10.71%
	段子	13.14%		奇葩	7.34%
	历史	10.70%		历史	7.04%
	家居	7.87%		时政	6.79%

其次，在了解了今日头条各性别用户的阅读标签占比后，结合自身头条号发布的具体内容来选择不同的阅读标签，此时运营者可以多选择几个与内容相关的。

最后，在"粉丝画像"页面查看自身头条号的用户性别分布：在男女比例相差较大的情况下，如果男性用户较多，就从筛选出的几个阅读标签中选择一个男性用户占比明显偏多的标签；如果女性用户较多，就从筛选出的几个阅读标签中选择一个女性用户占比明显偏多的标签。在男女用户比例相差不大的情况下，可以选择双方都比较关注的阅读标签，这样的话，视频想获得高推荐量和高播放量自然也就不是难事了。

当然，运营者如果想要进行更加准确的阅读标签设置，还可以参考"用户画像"页面的"你的受众都喜欢哪些分类的内容？"和"你内容里的哪些关键词更受关注？"两项数据。

4.1.6　金秒奖：关联标杆事件，引爆传播裂变

在"今日头条"APP上选择"西瓜视频"栏目，会在页面上方的频道中发现有"金秒奖"一项，如图4-13所示。

◆ 图4-13　"西瓜视频"中的"金秒奖"频道

从图4-13可以看出，出现在"金秒奖"频道首页中的内容，都有着较高的流量，有些更是高达百万播放量，引发了传播裂变。即使参与评选之后，并没有获得相关奖项，也能通过与"金秒奖"这一短视频行业的标杆事件发生关联而增色不少。

例如，一个名为"乡村威哥"的头条号，虽然其粉丝数比较少——只有4万，但是其创作的短视频内容却通过参与金秒奖，实现了其视频播放量的激增，如图4-14所示。

由图4-14可知，该头条号通过把农村中的一些常见的、不常见的事情通过视频进行发布和分享，一方面充分证明了内容的真实性——真实再现农村日常生活场景，另一方面，在标题上利用直白的语言，陈述生活事实和视频内容，让读者一眼就能看懂。看到这样的视频内容，没在农村生活过的读者会感到很新奇，而在农村生活过的读者会有一种记忆中的美好生活的感觉，从而吸引大量用户阅读。

连续几天大雪，农村父女俩雪地里找鸡蛋，一窝土鸡蛋让人兴奋

72万次播放 01-29 16:27 ▶03:19

山里特色的美食，外面可值钱了，农村父女俩半小时搞了一背篓

37万次播放 04-21 20:55 ▶03:57

◆ 图 4-14　头条号"农村威哥"发布的金秒奖参赛作品的高流量显示

当然，头条号视频作者想要通过"金秒奖"这一标杆事件来形成运营过程中的传播裂变，首先就要保证视频的质量。这里的"质量"主要包括两个层面的内容，一是所呈现出来的视频内容的质量，二是拍摄、制作的视频在图像、音效和字幕等多个方面的质量。

4.2 抖音短视频：专注新生代的音乐短视频社区

在今日头条后台中，单击"小视频"内容产品可以看到页面上轮流放送"头条小视频"、"抖音短视频"和"火山小视频"的宣传信息。

其中，"抖音短视频"作为一个别具特色的短视频平台——专注新生代的音乐短视频社区，是与今日头条相关联的一个重要的视频平台，为了支持其发展，今日头条准备在第三阶段营销投资 20 亿元。

而抖音也利用其平台特色，曾连续 16 天占据苹果应用商店单日下载量第一的位置，并在 2018 年春节期间吸引了高达 6 000 万的用户关注。关于这样的一个拥有大流量的视频平台，运营者又怎能舍得放在一边呢？本节将对抖音短视频的一些基础知识和基本操作进行详细介绍。

4.2.1 抖音号管理：平台与用户，都不可忽视

关于抖音短视频平台，如果想要提升自身抖音号发表的视频的播放量，首先需要进行有效管理。一般来说，可从对内、对外两个方面来着手进行。

所谓对内方面，就是抖音号上的"我"页面管理。具体来说，除了视频内容外，主要还包括3个方面的内容，即账号管理、邀请好友和分享主页。

❶ 账号管理

在"我"页面，可以点击右上角的■■按钮，此时，在弹出的页面中包括了"编辑资料"、"钱包"和"设置"3个选项，选择相应选项即可进入相应页面，然后一一按照提示进行设置即可，如图4-15所示。

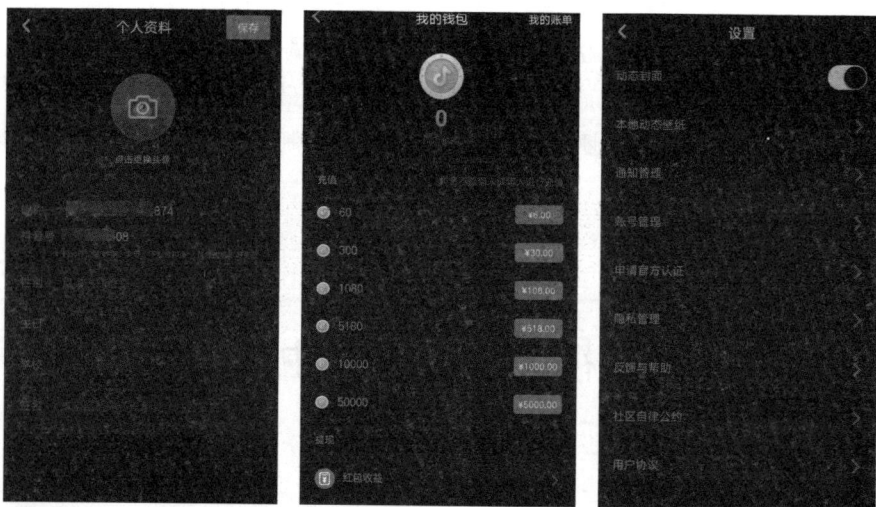

◆ 图4-15　抖音号的账号管理

在进行抖音号账号管理时，设置一个吸睛、好记的昵称、抖音号和签名以及积极完善个人资料设置，是非常有必要的。如果运营者在其他平台上还有账号在运营，那么也可以把昵称设置成一样的——有利于自身内容和品牌的推广。

专家提醒

在编辑"个人资料"时，运营者还可以直接在"我"页面点击抖音号下方的个人资料显示区域进行设置。

❷ 邀请好友

在"我"页面，点击右上角的 按钮，即可进入"邀请好友"界面，如图 4-16 所示。运营者可以在该页面上通过"从通讯录导入"、"邀请 QQ 好友"和"邀请微信好友"3 种方式邀请好友，完成邀请后，即可建立双方在抖音上的互动关系——查看对方发布的抖音作品和喜欢的视频。

同时，在"邀请好友"页面上，用户还可以根据自己的喜好和需要关注好友推荐的一些抖音号。

❸ 分享主页

在"我"页面，点击右上角的"分享主页"按钮，即可弹出相应页面，在该页面上用户可以选择主页分享的方式和位置，如图 4-17 所示。

◆ 图 4-16 "邀请好友"页面

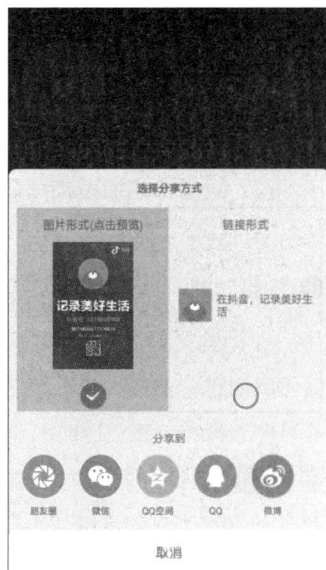

◆ 图 4-17 "分享主页"页面

从对外方面来说，对抖音号进行有效管理，做好平台的用户分析是关键，这是准确把握后期运营和推广方向的基础。图 4-18 所示为抖音短视频平台的用户分析内容介绍。

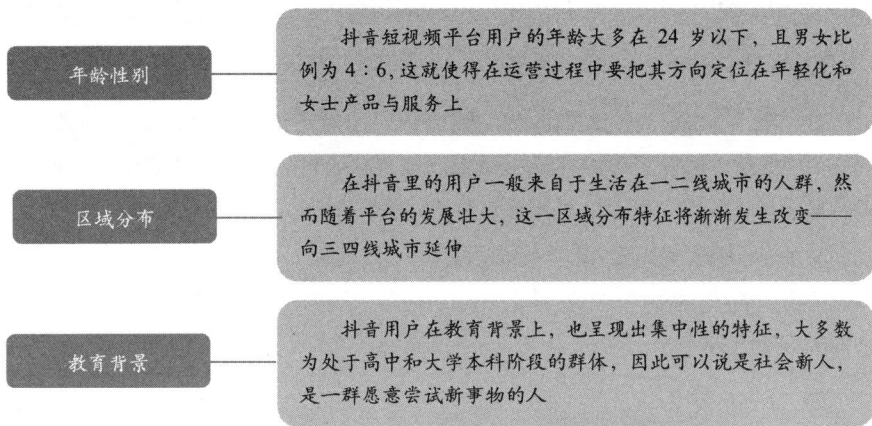

年龄性别	抖音短视频平台用户的年龄大多在 24 岁以下，且男女比例为 4：6，这就使得在运营过程中要把其方向定位在年轻化和女士产品与服务上
区域分布	在抖音里的用户一般来自于生活在一二线城市的人群，然而随着平台的发展壮大，这一区域分布特征将渐渐发生改变——向三四线城市延伸
教育背景	抖音用户在教育背景上，也呈现出集中性的特征，大多数为处于高中和大学本科阶段的群体，因此可以说是社会新人，是一群愿意尝试新事物的人

◆ 图 4-18　抖音短视频平台的用户分析介绍

4.2.2　发表视频：拍摄同款和选择音乐拍摄

作为一个音乐短视频平台，音乐是构成视频内容的重要方面，利用平台上的各式各样的音乐，抖音号运营者可以通过 4 种方式来拍摄视频，即拍摄同款、选择音乐拍摄、故事相机拍摄和抖音尬舞机拍摄。本小节以拍摄同款和选择音乐拍摄为例来进行介绍。

❶ 拍摄同款

用户在浏览抖音平台视频内容时，有时看到感兴趣的或有想法要表达的内容，就可以通过"拍摄同款"的方法来拍摄具有相同背景音乐的视频了。在此笔者就其具体的操作方法进行详细介绍，具体操作步骤如下。

步骤 01　进入"抖音短视频平台"APP 首页，选择感兴趣的视频进行观看，❶点击右下角的"原创背景音乐"按钮，如图 4-19 所示。❷进入相应页面，点击下方的"拍同款"按钮，如图 4-20 所示。

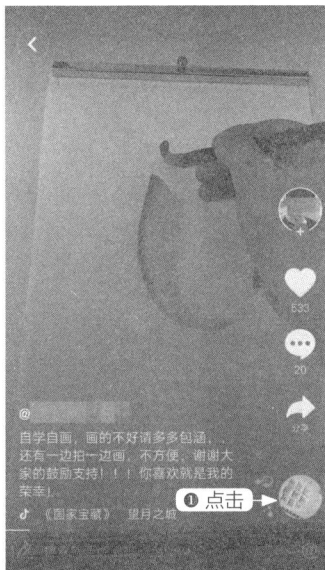

◆ 图 4-19 点击"原创背景音乐"按钮

◆ 图 4-20 点击"拍同款"按钮

步骤 **02** 执行操作后，进入视频拍摄页面，设置拍摄方式为"单击拍摄"，设置拍摄速度为"极快"，❶点击"单击拍摄"按钮进行拍摄，拍摄完成后，❷点击"下一步"按钮，如图 4-21 所示。

步骤 **03** 执行操作后，各段视频进行合成，然后进入视频编辑页面进行编辑，在该页面上可以对拍摄的视频进行"特效"、"选封面"、"滤镜"、"剪音乐"和"声音"等方面的编辑；编辑完成后，点击"下一步"按钮，如图 4-22 所示。

步骤 **04** 执行操作后，进入"发布"页面，❶设置发布视频的相关信息；❷然后点击"发布"按钮，即可完成视频的发布操作，如图 4-23 所示。

❷ 选择音乐拍摄

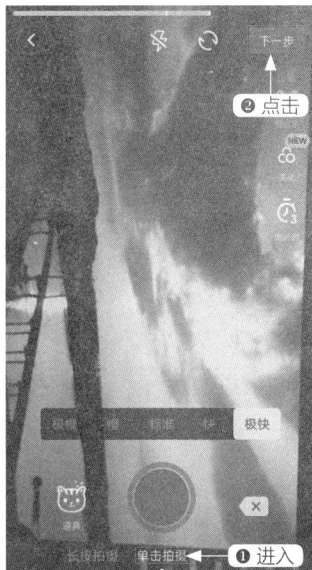

◆ 图 4-21 拍摄短视频页面

用户在抖音上拍摄视频时，还可以根据需要选择平台提供的背景音乐进行拍摄。在此笔者将介绍选择音乐拍摄的步骤，具体操作步骤如下。

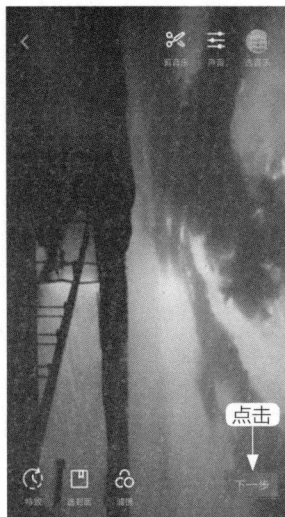

◆ 图 4-22　编辑视频页面

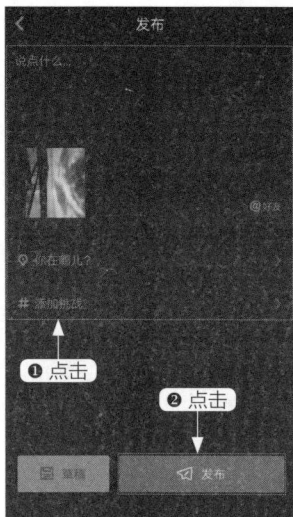

◆ 图 4-23　视频"发布"页面

步骤 01 进入"抖音短视频平台"APP 首页，如图 4-24 所示。❶点击下方中间的 + 按钮；进入"选择音乐"页面，在该页面上显示了不同的音乐类别和热门歌曲，❷还可以点击音乐类别区域右下角的 ••• 按钮，如图 4-25 所示。

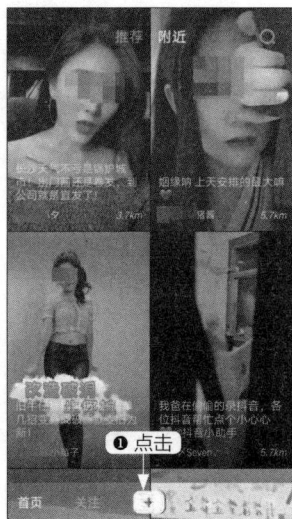

◆ 图 4-24　点击 + 按钮

◆ 图 4-25　点击 ••• 按钮

步骤 02 执行操作后，进入音乐类别页面，如图 4-26 所示。在其中选择一种类别进行点击，❶在此选择点击"国风"按钮；进入"国风"页面，❷选择需要的配乐，此时会出现"确定使用并开拍"按钮，❸点击该按钮，如图 4-27所示。

◆ 图 4-26 点击"国风"按钮　　◆ 图 4-27 点击"确定使用并开拍"按钮

专家提醒

从图 4-27 中大家可以看到，在每首歌的右侧，有一个 ☰ 按钮，点击该按钮，也可进入原创背景音乐页面拍摄同款视频。

步骤 03 执行操作后，即可进入拍摄视频页面，然后即可按照"拍摄同款"中的步骤 02~03 完成视频拍摄、编辑和发布。

4.2.3 获取素材：4 大途径轻松提供好看的素材

不少头条号创作者可能会觉得，在制作和发布视频时，要想设置一个点击量高的标题，还是可以通过学习他人经验来实现。而关于视频内容的创作和素材的获取，就感觉有点迷茫了——究竟可以通过哪些途径获取好的素材呢？笔者在此介绍 4 种获取视频素材的途径，具体如下。

❶ 搬运短视频 APP 内容

短视频内容是新媒体领域内的重要内容形式之一，随着短视频平台和关注用户的增多，各个短视频 APP 上的内容可以说是种类繁多，并涉及生活和工作中的各个方面，基本可以满足不同兴趣爱好用户的需求。而这些 APP 上的短视频是完全可以搬运过来作为视频素材的。当然，这样的视频是不能称之为原创的，但视频素材选择得好，还是可以起到吸粉引流的作用。

❷ 国内外视频网站内容

除了短视频 APP 以外，国内外的视频网站上也拥有大量的、不同类别的视频，如在我国知名的腾讯、优酷等视频网站上，就有几十种类型。图 4-28 所示为优酷网站上的视频类别展示。其中的视频内容都是可以作为视频创作者用来剪辑加工的视频素材的。

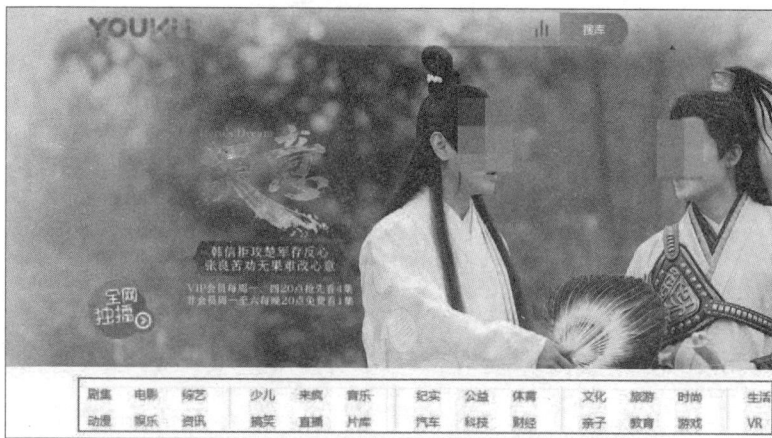

◆ 图 4-28　优酷视频网站的视频类别展示

而且，与直接从短视频 APP 上下载的素材不一样，利用从视频网站上下载而来的视频素材经过剪辑加工后还是可以申请原创的。因此，这不失为一种便捷的、优质的视频素材获取途径。

❸ 来源于经典电影片段

自从电影诞生以来，出现了众多的经典影片，其中必然有你喜欢的，且在看到影片中的某一片段时，还会有自身的一些感悟和观点。这些自身的感悟和观点，都是可以作为短视频素材来源内容的，把它们录制下来，再加上是经典影片片段，就很容易打造出一个受人喜欢又是原创的短视频。

需要注意的是，此时的经典片段选择是非常重要的，对运营者来说，首先就需要完全是你自己喜欢的，这样才能有比较深刻的理解和独到的观点，也只有这样，才不负经典影片，不负原创之名。

❹ 自身实践拍摄视频

除了上述 3 种方法可以获得视频素材之外，还可以通过自身拍摄视频来完成获取素材这一视频制作的准备工作。当然，要想自身实践拍摄视频，运营者在拍摄技能和视频处理水平上需要精通，这样才能保证发布出来的短视频的内容是优质的。

另外，自己拍摄视频，也不是可以随便拍摄和发布的，在拍摄题材和视频画面选取方面要注意。例如，如果头条号的定位是摄影类，那么在进行拍摄时就可以选择一个大家常见的却拍不好的场景，然后选取自身擅长的拍摄领域，如特写、微距、全景，进行拍摄技巧的讲解。一般来说，这样拍摄出来的视频会是非常好的，而且大多数是会吸引用户点击播放的。

4.2.4 爆款要点：好好把握，成为爆款不再是问题

大多抖音号运营者，特别是新手，会羡慕那些能打造出爆款短视频内容的抖音号，不禁自问："我什么时候才能打造出这样的爆款呢？"因而总是在发愁和思考一个问题——"如何才能打造爆款短视频？"

其实，要想实现这样的运营目标并不是无计可施的，而是有方法可以参考的。通过笔者的运营经验总结得出，一般的爆款短视频内容有 3 个方面的要点需要注意，只要在运营和创作短视频的过程中做到了这 3 点，那么，你的视频也会成为爆款的。打造爆款短视频内容的 3 个要点，具体介绍如下。

❶ "惊"到人

俗话说："物以稀为贵。"同样，在短视频领域，那些能让人一瞬间感到吃惊的视频，总是会吸引更多人点击播放。因为既然有"惊"，就表示视频内容已经在某一点上触动了用户，从而会想去探索和了解，进而发生点赞、评论和转发等行为也就顺理成章了。那么，什么样的内容会让人吃惊呢？一般来说，主要有 4 种情况，具体内容如图 4-29 所示。

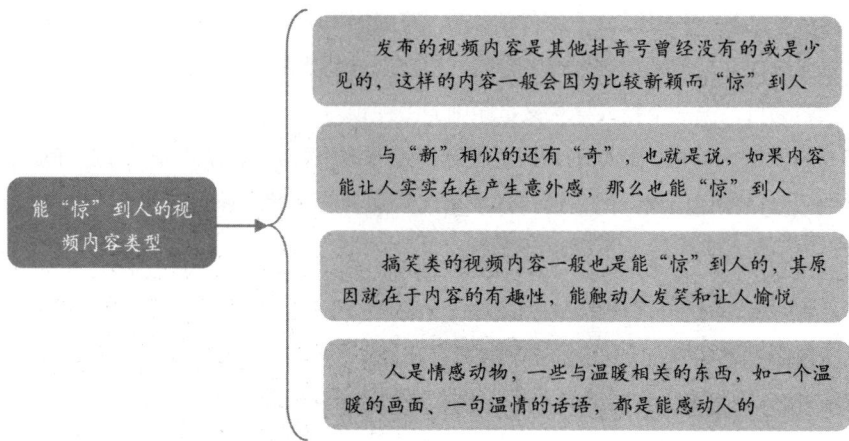

发布的视频内容是其他抖音号曾经没有的或是少见的，这样的内容一般会因为比较新颖而"惊"到人

与"新"相似的还有"奇"，也就是说，如果内容能让人实实在在产生意外感，那么也能"惊"到人

搞笑类的视频内容一般也是能"惊"到人的，其原因就在于内容的有趣性，能触动人发笑和让人愉悦

人是情感动物，一些与温暖相关的东西，如一个温暖的画面、一句温情的话语，都是能感动人的

能"惊"到人的视频内容类型

◆ 图4-29 能"惊"到人的视频内容类型

❷ "颜"动人

关于"颜值"的话题，从古至今，有众多与之相关的词语，如沉鱼落雁、闭月羞花、倾国倾城等，除了表示其漂亮外，还附加了一些漂亮所引发的效果在其中。可见，颜值高还是有着一定影响力的，有时甚至会起到决定作用。

这一现象同样适用于爆款短视频打造。当然，这里的颜值并不仅仅是指人，它还包括好看的事物、美景等。

从人的方面来说，除了先天条件外，想要提升颜值，有必要在自己所展现出来的形象和妆容上下功夫：让自己看起来更精神，有神采，而不是一副颓废的样子，这样也是能明显提升颜值的；先化一个精致的妆容后再进行拍摄，更是轻松提升颜值的便捷方法。

从事物、美景等方面来说，是完全可以通过其本身的美再加上高深的摄影技术来实现的，如精妙的画面布局、构图和特效等，就可以打造一个高推荐量、高播放量的短视频。图4-30所示为有着高颜值的美食、美景短视频内容。

❸ "萌"翻人

在互联网和移动互联网中，"萌"作为一个特定形象，奠定了其在用户中的重要的审美地位，同时也得到了很多用户的喜欢，无论男女老少群体，都有它的忠实粉丝。更不要说在短视频这一碎片化的视频内容中，瞬间的"萌态"和具有"萌态"的事物是能一秒吸睛的，"唯萌不破"说的就是如此。

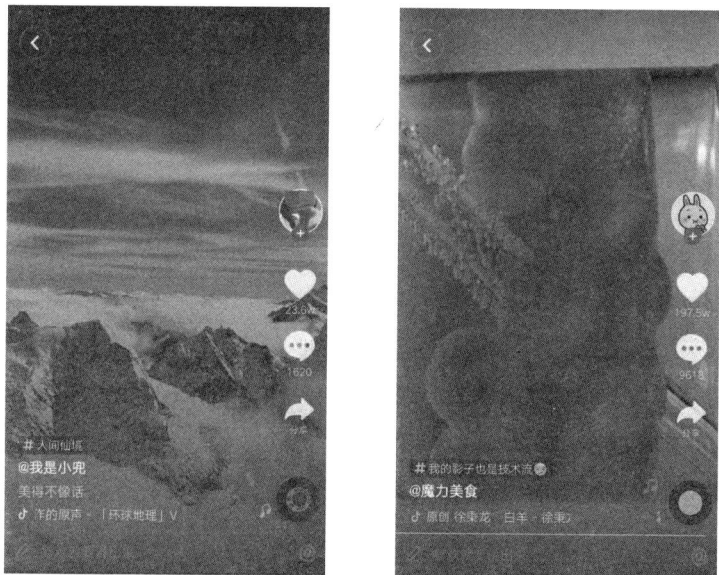

◆ 图 4-30　高颜值的美食、美景短视频内容展示

特别是在抖音平台上，以"萌"制胜的视频类型和内容不可谓不多。总体来说，包括两种，如图 4-31 所示。

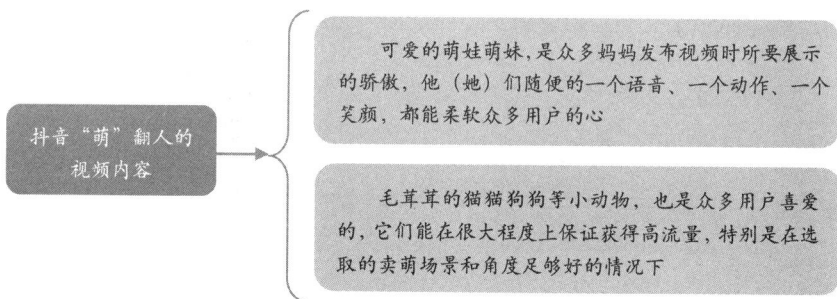

| 抖音"萌"翻人的视频内容 | 可爱的萌娃萌妹，是众多妈妈发布视频时所要展示的骄傲，他（她）们随便的一个语音、一个动作、一个笑颜，都能柔软众多用户的心 |
| 毛茸茸的猫猫狗狗等小动物，也是众多用户喜爱的，它们能在很大程度上保证获得高流量，特别是在选取的卖萌场景和角度足够好的情况下 |

◆ 图 4-31　常见的抖音"萌"翻人的视频内容类型介绍

当然，无论是哪一个要点，要想打造爆款，都有一个基本点，那就是视频要有用，或者是能让人感到愉悦，或是能让人感动，或是能带给人启发等，都是视频内容有用、有价值的表现。

4.2.5 创新玩法：发起挑战赛，可引发病毒式传播

在抖音短视频平台上，创意挑战赛早已不再是一个全新的话题和玩法，但是它又是支撑起抖音作为与营销平台合作的主要导流途径和短视频品牌营销特色。

在挑战赛的创新玩法中，不仅一些知名的电商品牌对其有了认可，如天猫国际的"喵舞有世界"、天猫女王节的"38 女王节，等你来战"、京东的"假装去上学"和寺库的"给你全世界的美好"等。图 4-32 所示为 @ 京东电器在抖音短视频平台上发起的 # 抖出你的家乡味 # 挑战赛页面。

还有许多的自媒体人、新媒体平台也纷纷加入其中，发起挑战，吸引了广泛的抖音用户参与到其中。图 4-33 所示为 @ 人民网在抖音短视频平台上发起的 # 高考加油！我等你来 # 挑战赛页面。

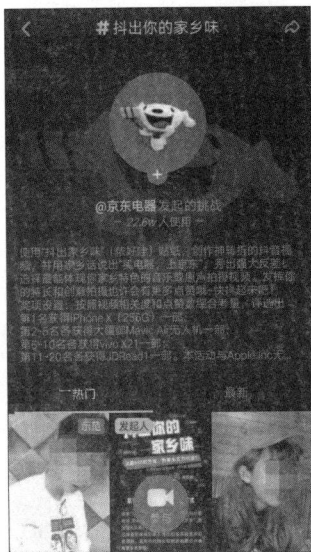

◆ 图 4-32 京东电器
抖出你的家乡味 # 挑战赛

◆ 图 4-33 人民网
高考加油！我等你来 # 挑战赛

其中，图 4-33 中展示的人民网发起的 # 高考加油！我等你来 # 挑战赛，在短短的两天之内就引发了用户关注和参与其中，有 16 万多抖音用户参与创作短视频，其中很多自发创作的短视频收获了高达几十万的点赞数。

那么，为什么抖音短视频平台的挑战赛创意玩法有这么多用户愿意关注和参

与呢？在笔者看来，主要原因如下。

挑战赛的创意玩法使抖音用户这一角色变得活跃和多样化。在主题挑战赛中，用户不再是单一的内容创作者或接受者，而是二者的结合体，用户之间通过抖音平台共处，一方面为活跃活动氛围努力——自发创作视频内容；另一方面又通过参与到挑战赛中而获得福利。

4.3 火山小视频：展示自我，获得粉丝，发现同好

火山小视频也是一个与今日头条关系密切的小视频平台，是今日头条小视频的"三驾马车"之一。因此，要想在头条号运营过程中取得好的成果，那么付出一定努力关注火山小视频是必不可少的。本节就介绍火山小视频的相关知识。

4.3.1　平台特点：了解"火山小视频"APP 特点

作为一个非常火爆的小视频平台，火山小视频有其独具的特色，主要包括 5个方面，如图 4-34 所示。

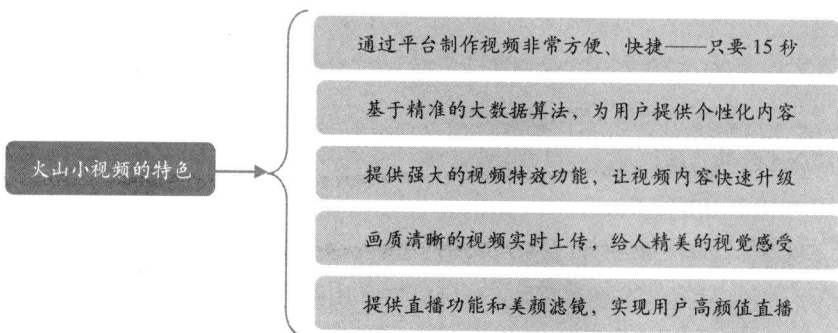

火山小视频的特色

- 通过平台制作视频非常方便、快捷——只要 15 秒
- 基于精准的大数据算法，为用户提供个性化内容
- 提供强大的视频特效功能，让视频内容快速升级
- 画质清晰的视频实时上传，给人精美的视觉感受
- 提供直播功能和美颜滤镜，实现用户高颜值直播

◆ 图 4-34　火山小视频的特色

4.3.2 账号管理：轻松玩转火山号

进入"火山小视频"APP 后台的"我"页面，可以对注册的火山号进行管理。与抖音号相比，它们都可以进行个人资料的编辑和管理、视频内容的管理、数据展示和钱包的管理等。图 4-35 所示为火山号管理页面及其视频内容管理页面。

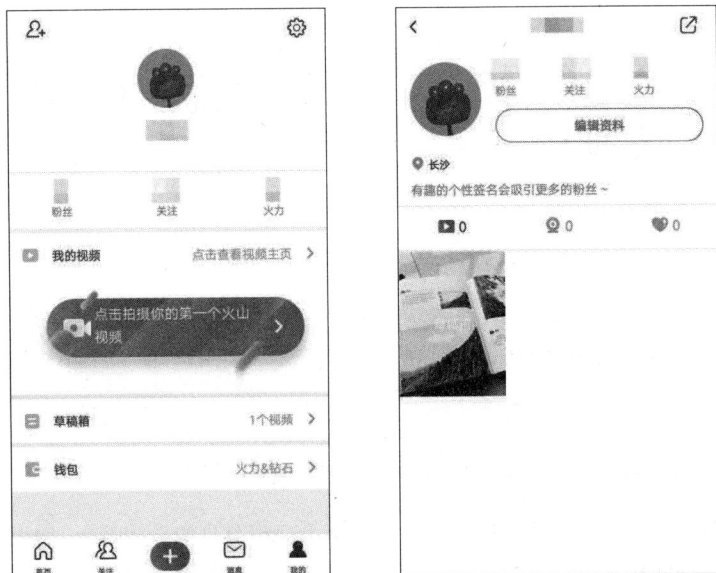

◆ 图 4-35　火山号管理页面及其视频内容管理页面

不同的是，火山号的钱包管理中，其内容明显更丰富，它包括"火力"页面和"钻石"页面，如图 4-36 所示。其中，"火力"页面显示了火山号主体所获得的火力和收益，用户可以通过该页面提现；"钻石"页面显示了火山号的账户余额和用户等级，用户可以通过该页面充值。

另外，通过"我"页面上的 按钮，可以进入"发现好友"页面，如图 4-37 所示。在该页面上，运营者可以查看好友在火山上的动态和系统推荐的用户；通过"我"页面上的 按钮可以进入"设置"页面，如图 4-38 所示。可以对有关账号运营的相关方面进行设置。

◆ 图 4-36　火山号的"钱包"管理

◆ 图 4-37　"发现好友"页面

◆ 图 4-38　"设置"页面

4.3.3 平台扶持：让用户引流又吸金

与今日头条平台一样，火山小视频为了加快发展，吸引更多人关注和参与，推出了一系列与小视频相关的扶持计划，如图4-39所示。

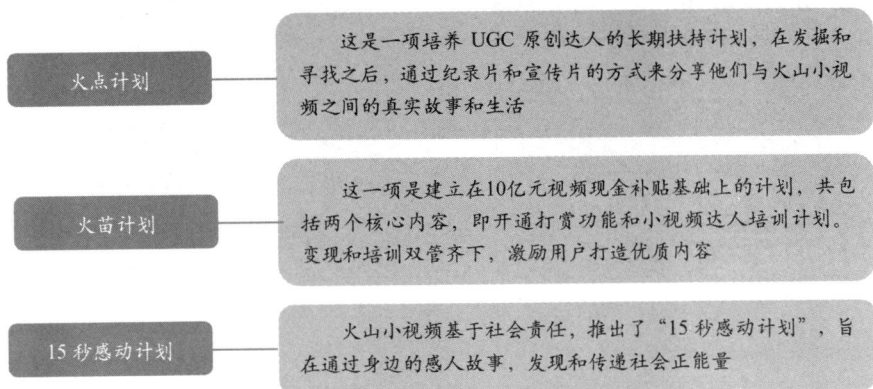

火点计划 —— 这是一项培养 UGC 原创达人的长期扶持计划，在发掘和寻找之后，通过纪录片和宣传片的方式来分享他们与火山小视频之间的真实故事和生活

火苗计划 —— 这一项是建立在10亿元视频现金补贴基础上的计划，共包括两个核心内容，即开通打赏功能和小视频达人培训计划。变现和培训双管齐下，激励用户打造优质内容

15秒感动计划 —— 火山小视频基于社会责任，推出了"15秒感动计划"，旨在通过身边的感人故事，发现和传递社会正能量

◆ 图4-39 火山小视频推出的平台扶持计划

4.3.4 发表小视频：用照片也可以合成小视频

在"火山小视频"APP上，发表小视频的方法同样有多种，除了大家熟悉的实时拍摄视频、上传视频和直播视频外，还可以通过拍摄的照片合成和制作小视频。本小节就介绍如何通过照片合成和制作小视频，具体操作如下。

步骤 **01** 运营者在"火山小视频"APP中，在"视频"页面，❶点击下方的 ➕ 按钮，如图4-40所示。进入视频拍摄页面，❷点击"相册"按钮，如图4-41所示。

步骤 **02** 执行操作后，进入"照片"页面 ❶选择需要的照片；❷点击"开始制作"按钮，平台开始根据选择的电影照片制作视频，如图4-42所示。稍等一会，进入视频编辑页面，在该页面上用户可以进行配乐、音量和滤镜等操作；编辑完成后，❸点击"下一步"按钮，如图4-43所示。

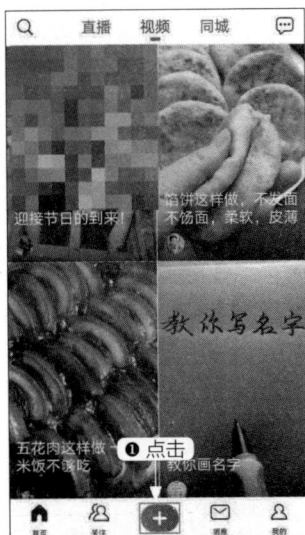

◆ 图4-40 点击 ➕ 按钮

◆ 图 4-41　点击"相册"按钮

◆ 图 4-42　选择照片并开始制作

步骤 03 执行操作后，进入"发布"页面，❶设置视频发布的相关信息——选择视频的封面、要发送的好友和添加话题，❷点击"发布"按钮即可完成视频的发布，如图 4-44 所示。

◆ 图 4-43　编辑视频页面

◆ 图 4-44　发布视频页面

4.3.5 视频选题：选题库＋选题筛选，要多加注意

发布火山小视频，首先还需要确定一个好的题材，这是打造爆款视频内容的重要基础。如果运营者不结合周围环境和自身条件来确定选题，而只是纯粹为了创造视频，那么，即使这个视频中表现出来的各种技巧再好、画面再完美，想要打造成爆款视频也不是易事。因此，对于火山号运营者而言，视频的选题很重要。

要做好视频选题方面的工作，需要从两个方面加以努力，具体如下：

❶ 创建、积累选题库

在今日头条平台上，更多的头条号追求推送原创内容，而要想拥有源源不断的原创内容，那么平时的积累非常重要，特别是视频内容，它是基于一定现实场景而制造的，不同于图文内容，可以用文字、图片来快速组织起来。因此，需要运营者在平时的工作和生活中收集选题和素材，并时刻为接下来的视频内容做准备，具体策略如图 4-45 所示。

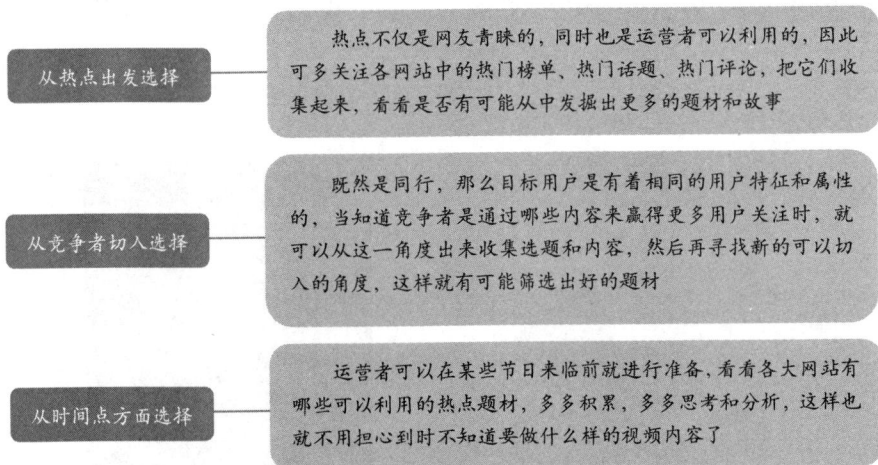

从热点出发选择	热点不仅是网友青睐的，同时也是运营者可以利用的，因此可多关注各网站中的热门榜单、热门话题、热门评论，把它们收集起来，看看是否有可能从中发掘出更多的题材和故事
从竞争者切入选择	既然是同行，那么目标用户是有着相同的用户特征和属性的，当知道竞争者是通过哪些内容来赢得更多用户关注时，就可以从这一角度出来收集选题和内容，然后再寻找新的可以切入的角度，这样就有可能筛选出好的题材
从时间点方面选择	运营者可以在某些节日来临前就进行准备，看看各大网站有哪些可以利用的热点题材，多多积累，多多思考和分析，这样也就不用担心到时不知道要做什么样的视频内容了

◆ 图 4-45　建立视频选题库的方法介绍

❷ 基于两个方面筛选选题

基于平时积累的选题库中的众多选题，运营者接下来要做的就是进行选题筛选，选择一个最有可能打造爆款内容的选题。在选择时，运营者还需要对两个方

面进行考虑，一是根据用户可能的心理确定内容方向，二是判断该内容方向的选题是否可行。

首先从内容方向上来说，要求运营者根据用户的心理需求来安排内容：选择什么内容和选择以何种方式表达内容。就以一个摄影类头条号来说，如果该头条号用户是那些喜欢摄影的人们，且致力于怎么更好地拍好照片，那么运营者就应该安排展现摄影技巧的视频内容，并把这些摄影技巧讲深、讲透；如果该头条号用户纯粹是爱好旅游、摄影并且只是停留在欣赏层面的，那么运营者就应该安排一些展示众多美景的视频内容。

其次从选题可行性方面来说，运营者需要对完成视频选题的 4 个方面做出判断，如图 4-46 所示。

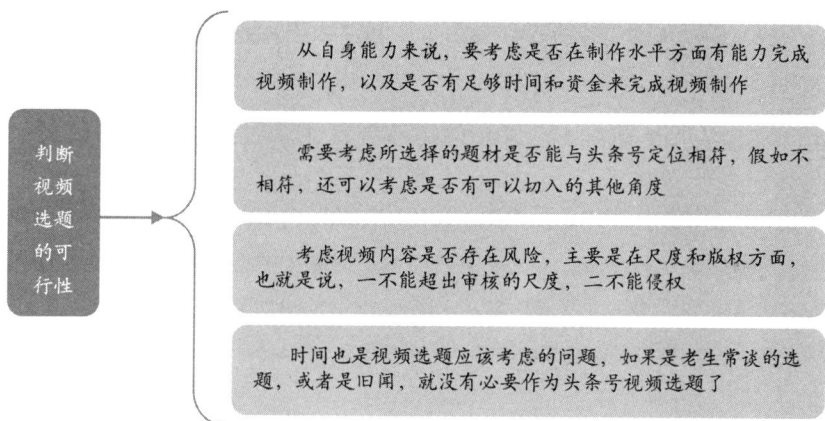

◆ 图 4-46　判断视频选题的可行性

4.3.6　标题封面：决定视频播放量的关键要素

大家都知道，在火山小视频平台上，要想获得更多流量和利益，提升火力值便是关键，而要提升火力值，爆款视频内容打造很关键。而在影响视频内容是否能成为爆款的问题上，一个好的标题和封面是其中的重要支撑。

首先来介绍封面的设置。在笔者看来，火山小视频的封面设置可从 3 个方面去思考，或是画面最美，或是最奇葩，还可以是能引人争议的，像这样的封面，一般是能让人去点击播放的。图 4-47 所示为"火山小视频"APP 上的一些视频封面展示。

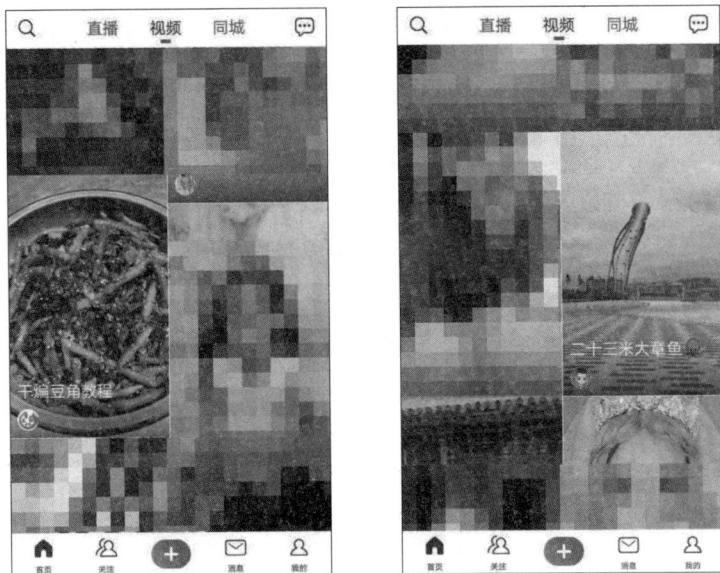

◆ 图 4-47　火山小视频平台上的视频封面展示

　　而关于视频的标题设置，虽然新媒体平台的运营有很多关于文章标题设置的套路，这些都是可以应用在火山小视频内容的标题上的。同时，在设置视频标题时，还应该注意根据内容类型的不同而分别添加关键字眼，这样的做法在火山小视频平台上比较常见，举例介绍如图 4-48 所示。

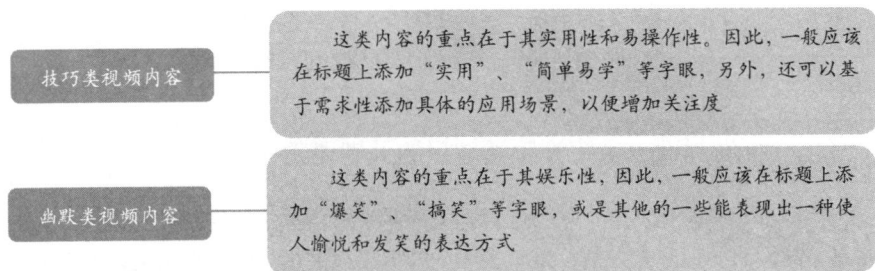

技巧类视频内容　　这类内容的重点在于其实用性和易操作性。因此，一般应该在标题上添加"实用"、"简单易学"等字眼，另外，还可以基于需求性添加具体的应用场景，以便增加关注度

幽默类视频内容　　这类内容的重点在于其娱乐性，因此，一般应该在标题上添加"爆笑"、"搞笑"等字眼，或是其他的一些能表现出一种使人愉悦和发笑的表达方式

◆ 图 4-48　火山小视频平台上不同类型的视频内容的标题设置

　　当然，在设置封面和标题时，最好二者能结合起来表达一个主题、一种氛围，这样能在很大程度上加深用户对视频内容的第一印象，吸引他们去观看。

4.3.7 更新频率：要合理安排，才能坚持制胜

对于火山小视频运营，有的客户一天发好多个，天天在发；但也有的客户一年发一次、两次。其实，视频内容创作是一个长期过程，别想着只发一个视频就能带来多少的流量，带来多么好的效益，也不是"三天打鱼，两天晒网"，不是今天发十个，下个月想起来了再发几个，毫无规律。

要想打造爆款小视频，在坚持内容方向正确的情况下安排一个合理的更新频率是很有必要的。因为只有合理安排，才不用担心视频或者因为更新少了而不能引起用户的注意，或是因为一下子更新多了内容难找，而在不注重质量的情况下为凑数而胡乱发布，这些都是会影响用户的观看体验的。

一般来说，在前期阶段，因为需要把导流吸粉放在一个比较重要的位置，此时还是需要多更新一些视频内容的，当火山号的用户增长稳定后，此时可适当减少内容的更新数量，但是，安排的频率必须是合理的，且在一定时间内这一频率要长期坚持下来，不能时不时地变更。

其实，在笔者看来，爆款小视频打造，并不是直接促成收益的运营，但长期有规律的视频发布可以提升火山号形象，提高潜在用户的关注度。潜在用户一般是通过各种运营成果认识火山号，但最终让他们决定坚持关注的往往是长期的视频内容催化，当用户长期见到这个火山号的视频内容，就会不知不觉的记住它，潜意识里会形成好印象，就会自然而然地关注了。

因此，在火山小视频平台运营中，小视频的拍摄和发布是不能缺乏长期坚持的，"坚持就是胜利"。对火山号运营号而言，并不只是说说而已，它要求去具体的实施，并在这一过程中以取得胜利为目标。

4.3.8 内容统一：把握视频的垂直性，打造爆款

在今日头条平台上，还是很注重内容在垂直方向上的深入和扩展的，而由今日头条孵化的火山小视频，在这一方面也要多加注意。也就是说，在火山小视频平台上发布和分享视频内容，最好是能在某一个领域或方向上坚持下来，这样才能充分体现自身的专业性和特色内容，才能更容易打造爆款，吸引用户关注，从而快速增加自身的火力值，提高收益。

图 4-49 所示为火山号"静家常菜"发布的一些视频内容，该火山号长期坚持发布美食类的视频，保持了内容的统一性，从而获得了比较多的粉丝和较高的火力值。

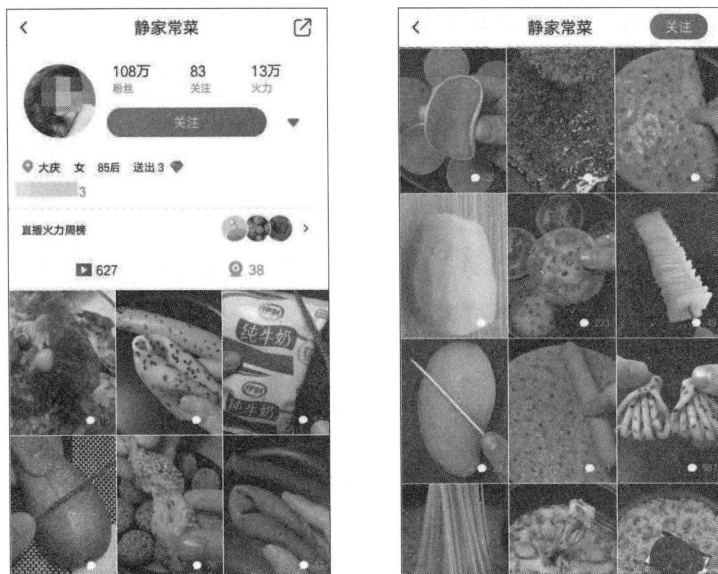

◆ 图4-49　火山号"静家常菜"长期坚持发布的美食类视频

问答内容：打造
100 000+ 爆款回答

新媒体运营实战
从入门到精通

作为一个类似知乎这一问答社交平台的内容产品，悟空问答不仅在短时间内吸引了众多用户关注，更重要的是，即使你是普通用户，你也有获利的机会。本章就详细介绍悟空问答的管理、操作，以及打造 100 000+ 爆款回答的方法。

◇ 悟空问答：专注分享知识、经验和观念
◇ 回答秘籍：如何写出高阅读量的回答

5.1 悟空问答：专注分享知识、经验和观念

相对于今日头条平台上的其他内容产品而言，悟空问答更具随机性，它不是头条号创作者基于某一观点或中心而精心准备的内容，这样更能检验头条号创作者的知识水平和处理问题、解决问题的能力。

同时，在今日头条平台上，头条号创作者不仅可以通过回答问题来分享自己的知识、经验和观念，还可以通过提出问题来解决生活和工作中遇到的问题。可见，悟空问答是一个促进双方理解和相互关注的内容产品，因此，运营好悟空问答也是发展自身头条号的重要工作，要多在这一方面下功夫。

5.1.1 快速提问：头条问答该如何提问

在日常生活和工作中，我们经常会遇到各种各样的问题，因此，可能有人会说："提一个问题还不简单！"然而，在今日头条的悟空问答内容中，提问真的如人们所想的那样容易而无须思索吗？

其实，提一个问题是很容易，难的是如何提一个有价值、值得人们回答的问题。一般来说，一个好的悟空问答问题是需要具备以下3个条件，如图5-1所示。

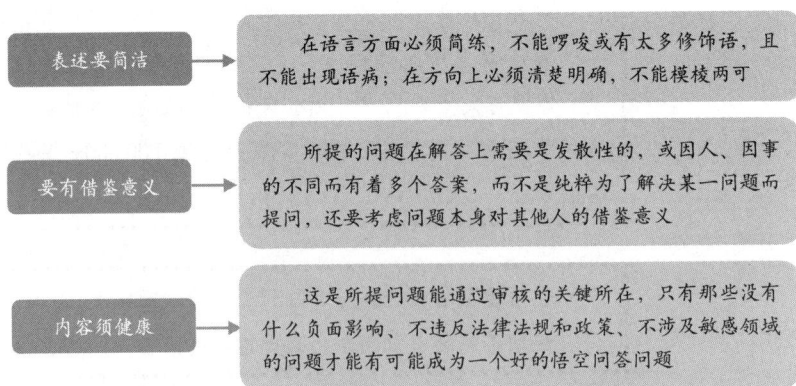

表述要简洁 → 在语言方面必须简练，不能啰唆或有太多修饰语，且不能出现语病；在方向上必须清楚明确，不能模棱两可

要有借鉴意义 → 所提的问题在解答上需要是发散性的，或因人、因事的不同而有着多个答案，而不是纯粹为了解决某一问题而提问，还要考虑问题本身对其他人的借鉴意义

内容须健康 → 这是所提问题能通过审核的关键所在，只有那些没有什么负面影响、不违反法律法规和政策、不涉及敏感领域的问题才能有可能成为一个好的悟空问答问题

◆ 图5-1 一个好的悟空问答问题需要注意的条件

在了解了悟空问答提问要注意的条件之后，接下来就是要熟练掌握如何在平台上进行提问，头条号运营者在 PC 端和客户端都可以实现这一目标。在此，笔者以在客户端的今日头条 APP 中提问为例进行介绍，具体步骤如下。

步骤 01 进入"今日头条"APP 首页，❶点击右上角的"发布"按钮；❷在弹出的下拉列表中选择"提问"选项，如图 5-2 所示。执行操作后，进入"提问"页面，如图 5-3 所示。

◆ 图 5-2　选择"提问"选项　　　　◆ 图 5-3　进入"提问"页面

专家提醒

　　如果运营者是首次利用客户端进入"提问"页面，那么系统会弹出一个信息提示框，如图 5-4 所示。告知大家利用悟空问题提问时需要注意的规则以及提问过程中会出现的一些问题。

步骤 02 ❶在该页面显示"请输入问题"字样处输入要提出的问题；❷点击"下一步"按钮，如图 5-5 所示。进入"问题描述"页面，❸在该页面上利用下方的　按钮和　按钮为问题添加描述和配图；❹点击"发布"按钮，如图 5-6 所示。即可完成问题的发布，等待系统审核完成，就表示提问已经成功。

◆ 图 5-4　开始进行
提问的信息提示框

◆ 图 5-5　输入问题

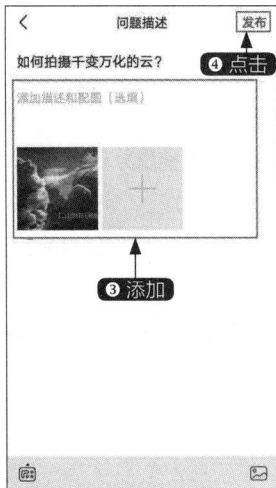

◆ 图 5-6　"问题描述"页面

5.1.2　回答问题：精华问答可以推荐首页

既然有提问，那就有回答。在今日头条的悟空问答中，回答问题是一种相对来说更加容易吸引用户关注的方法——它把众多头条号的优质回答聚集在一起，以团体的力量吸引用户关注。

步骤 **01** 运营者如果想要回答问题，可以进入今日头条后台的"悟空问答"页面，可以看到，每一个问题下方都会有"我来回答"按钮，单击该按钮，如图 5-7 所示。

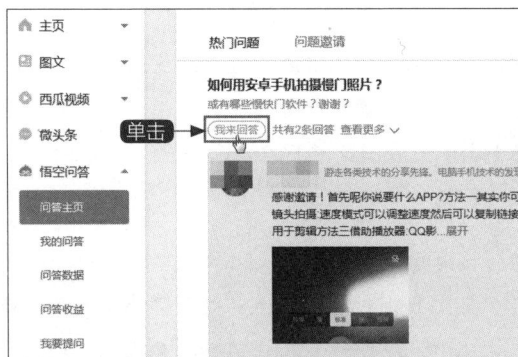

◆ 图 5-7　单击"我来回答"按钮

步骤 **02** 执行操作后，即可进入回答内容编辑页面，如图 5-8 所示。❶在该页面即可编辑回答内容和对内容进行排版；编辑完成后，❷单击"发表答案"按钮，即可完成所选问题的回答内容。

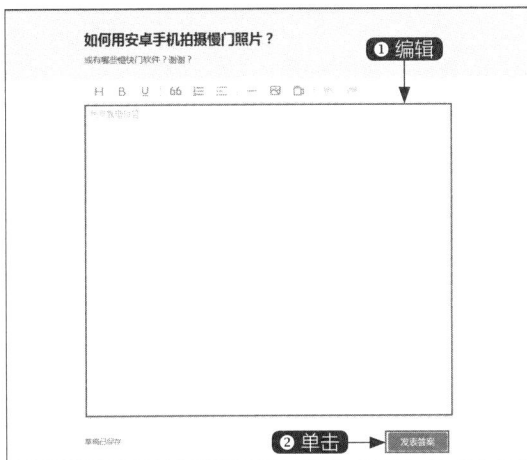

◆ 图 5-8　回答内容编辑页面

如果运营者选择的问题很热门，且回答内容质量足够好——在文字和情感方面能打动读者，在排版上赏心悦目，那么，这样的内容是极有可能被推荐到首页上的，如图 5-9 所示。其中显示的封面内容就是选自优质回答问题中的图片。

◆ 图 5-9　"今日头条" APP 首页的悟空问答内容

专家提醒

运营者除了可以在 PC 端后台回答问题之外，还可以通过客户端来完成。具体步骤如图 5-10 所示。

进入"今日头条"APP 的"问答"频道，❶点击"答题"按钮进入相应页面，选择一个问题进行回答；跳转到"悟空问答"页面，❷点击"回答"按钮；进入相应页面，即可编辑回答内容。与 PC 端一样，客户端同样提供了多种编辑功能来辅助运营者完成内容的编辑。编辑完成后，点击"发布"按钮即可完成操作。

与"提问"一样，如果是首次进入回答问题编辑页面，也会出现一个信息提示框，如图 5-11 所示。显示了回答内容的注意事项和价值。

◆ 图 5-10　回答问题的基本操作　　　◆ 图 5-11　回答问题
信息提示框

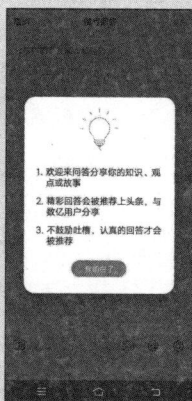

5.1.3　问题邀请：邀请其他用户回答问题

在今日头条平台上，不仅自己提出的问题可以邀请头条号作者和好友回答，其他头条用户提出的问题，作为一个读者的你，也可以邀请他人回答你感兴趣的问题。下面笔者以在"今日头条"APP 上邀请其他用户回答问题为例进行介绍。

在"今日头条"APP 上，选择一个问题进入"悟空问答"页面，❶点击"邀请回答"按钮，如图 5-12 所示。进入相应页面，如图 5-13 所示。可以看到有"推荐"和"好友"两个选项，运营者既可以邀请系统推荐的头条用户回答该问题，也可以邀请系统辨识出你的好友来回答问题；当然，还可以通过上方的搜索框搜索答主来回答。确定好要邀请回答问题的用户，❷点击"邀请"按钮即可。

◆ 图 5-12　点击"邀请回答"按钮　　　　◆ 图 5-13　点击"邀请"按钮

　　运营者在选择要邀请的用户时，可以通过系统显示的其在该领域的回答问题方面的历史成绩来进行判断，也可通过进入该用户主页查看其回答问题的具体内容来进行判断，而不是胡乱选择和邀请，否则不仅不能得到优质的回答内容，还有可能让邀请的用户产生抵触和反感心理。

5.1.4　回答管理：用毅力、恒心去用心对待

　　关于"悟空问答"，因为其涉及的内容包括"提问""回答问题"和"邀请提问"等方面，且悟空问答的问题回答次数是没有限制的，因此，运营者在进行管理时要有耐心和毅力，要用心去对待。

　　特别是对别人邀请你回答的问题，不能因为问题的难易、个人的喜好和当时的心情好坏而去区别对待：凡是容易回答的、自己喜欢的，如果当时心情好，就仔细回答；如果问题不好回答，或是涉及的领域不是自己喜欢的，再恰逢运营者

心情不好，就敷衍了事。

除此之外，在进行"悟空问答"管理时，运营者还应该注意在其他方面下功夫，而不能认为它们的工作比较繁杂和琐碎而弃之不理，如"我的回答""问答数据"等方面。其中，"问答数据"显示的是近7天的问答数据情况，如果想要查找更多、更久之前的问答内容数据，就可以在"我的回答"页面中进行查看。另外，在"我的回答"页面，运营者还可以对回答内容进行"分享""设置"等操作。

图5-14所示为回答问题的"分享"管理操作选项。图5-15所示为回答问题的"设置"管理操作选项。

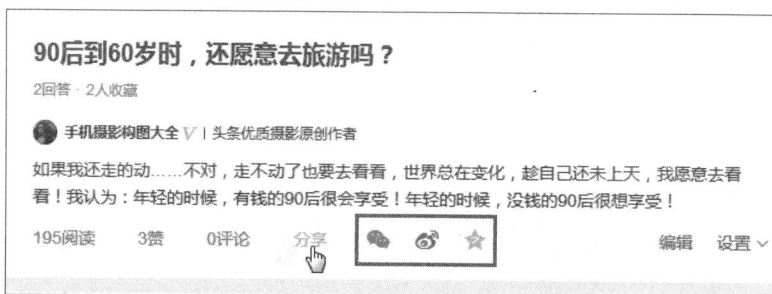

◆ 图5-14　回答问题的"分享"管理操作选项

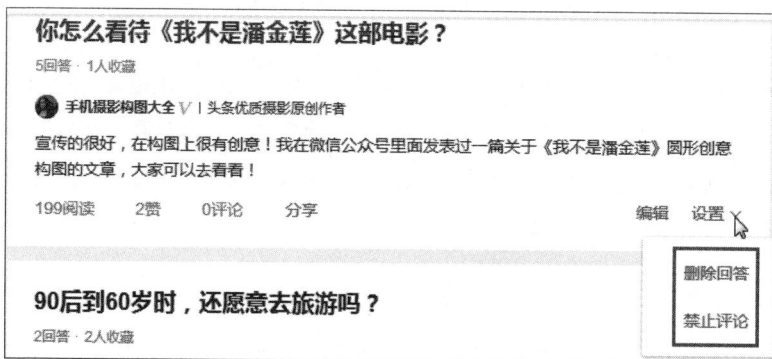

◆ 图5-15　回答问题的"设置"管理操作选项

5.1.5　开通收益：悟空问答该如何获利

在"悟空问答"中，想要开通收益，可以通过两种方式来获得，具体内容如下。

如果所运营的头条号还是没有在悟空问答中回答过问题的新号，那么，此时就可以通过邀请回答问题的方式来开通收益。只是，通过这种方式开通收益时要注意 3 个事项，具体如图 5-16 所示。

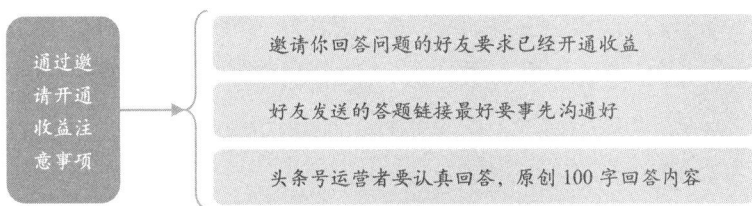

◆ 图 5-16　通过邀请开通"悟空问答"收益的注意事项

通过邀请方式认真回答了答题链接中的问题，只要提交成功，那么，第二天运营者就可以获得收益，也就说明"悟空问答"收益已经开通了。

如果所运营的头条号已经在悟空问答中回答过问题了，此时，运营者唯有通过坚持不懈地创作优质回答内容，被动地等待系统主动开通收益了。当系统开通了收益后，就会在选择回答问题后的页面显示"回答得红包"，就表示系统已经帮该头条号开通收益了。此时运营者只要点击"回答得红包"按钮，然后进入相应页面编辑内容即可。

当然，这里的红包是不定的，系统会根据内容的质量和推荐量、阅读量来决定分成的。因此，运营者无论是在开通收益前还是开通收益后，都应该注意保证内容质量的优良。

专家提醒

在"悟空问答"APP 上，如果系统已经开通收益，那么，页面显示就不再是"回答得红包"字样，而是"回答得现金"字样。

5.1.6　禁止行为：7 大行为千万不能出现

在今日头条号运营中，有些行为是被严厉禁止的，问答内容作为其中的一种重要内容形式，同样要遵循这些规则。当然，根据违反规则的行为严重程度，所获得的处罚结果也是不同的，分别为无阅读量和被删除、封禁，如图 5-17 所示。

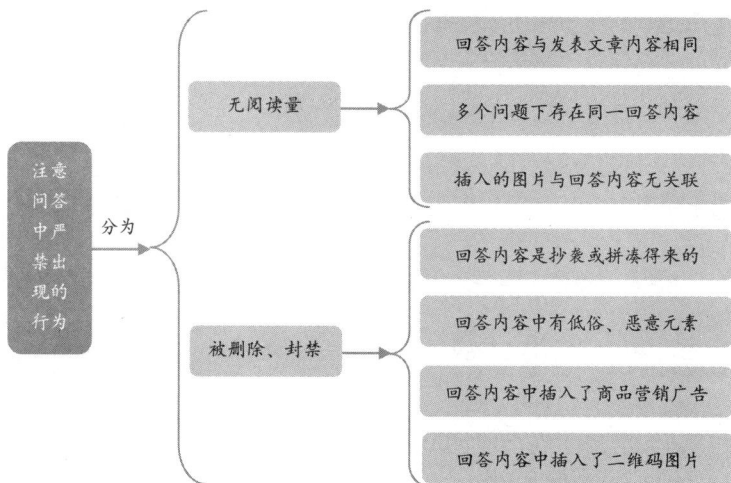

◆ 图 5-17 "悟空问答"内容中严禁出现的行为

5.2 回答秘籍：如何写出高阅读量的回答

在今日头条号后台推送的内容中，有一个"悟空问答"选项，其前身为"头条问答"，作为一种全新的获取信息和激发讨论的内容形式，悟空问答给那些需要寻求答案和想要展示才华的用户提供了一个广阔的舞台。本节就介绍打造爆款问答内容的几个关键，从而帮助大家更好地去回答问题。

5.2.1 擅长领域：选择问题的关键要素

在现实生活中，在与人交谈时，人们一般也是会选择双方擅长或感兴趣的领域进行讨论。如果选择的是自己不擅长的领域，不仅会让双方陷入无话可谈的尴尬境地，即使勉强支撑，也会让对方察觉，难免自曝其短，使得双方难以相谈甚欢。

在现实生活中的对话是如此，同样，在悟空问答中选择回答问题时也是如此。如果运营者选择的不是自己擅长的领域，那么即使通过各种渠道找到了一些答案并进行整合，那也只是一些比较表面化的理论内容，而不是自己切身的体会和经验，难以形成走心的内容，也就无法打造爆款问答内容。

大家一般都知道，那些在悟空问答中有着众多用户关注和阅读、获得大家赞赏的问答内容，其创作者大多是专攻某一领域的问答达人或专业内容创作者。一般来说，跨领域回答的问答达人还是比较少的。当然，在他们掌握了一定的回答技巧后，一些大家常见的或是界限比较模糊的领域，可能会有跨领域的问答达人的回答内容获得高的推荐量和阅读量。

例如，你擅长的领域是摄影，那么选择回答的问题最好也是与之相关的，这样才能在回答内容中写出真实的心得体会，读者在阅读的时候，才会被吸引和说服；否则纯粹是单纯的概念和理论，而没有自己的思想和灵魂，这样的内容显然是无法打动读者的。

图5-18所示为"拍花如何构图"问题的问答内容页面，在该页面上，获得高阅读量的无一不与摄影领域相关——或者是摄影问答达人，或者是摄影师，或者是摄影类文章推送者。

◆ 图5-18 "拍花如何构图"问题的问答内容页面展示举例

专家提醒

另外，运营者尤其要注意的是，在今日头条平台上，内容的推荐量明显受其推荐机制的垂直领域影响，而"悟空问答"作为头条号后台的一个内容产品，在垂直领域范畴内的问答内容，将会获得更高的推荐量。

5.2.2　热门回答：提升关注的选择要点

关于"热门"这一词汇，首先要说明的是，不管哪一个领域的内容，热门的总是更受人关注的，且无论哪一个领域，都会有与之相关的热门存在。悟空问答中的问题也是如此。

当然，悟空问答中的"热门"，在运营者看来，可以从两个方面来解读，下面进行具体介绍。

一是问题本身与热门话题、事件、时间节点等相关。就如 2018 年大家比较关注的世界杯、炎热的夏天中的空调和冰箱等，都是话题和问答内容中的热门，也是大家比较关注的。图 5-19 所示为一个与冰箱相关的问题的回答内容展示。比较优质的内容获得了较高的阅读量。

◆ 图 5-19　与夏天比较热门的冰箱相关问题的回答内容展示

因此，如果头条号创作者和运营者所擅长的或熟悉的领域有热门话题，是完全可以选择与之相关的问题进行回答的，再加上内容的优质，想了解详情和更多想法的读者就会去点击阅读。

二是提出的问题下有热门回答内容，也就是说，关于某一问题，有一些作者已经对其做出了回答，且这一回答成为热门，那么，这样的问题也是值得相关领域的创作者和运营者去选择回答的。

特别是当悟空问答内容中这两个"热门"结合起来的时候——既有与社会热点相关的话题也有受人关注的热门回答内容。那么，这样的问答内容是相关领域的头条号回答问题时的首选。

专家提醒

创作者和运营者无论是基于哪一个方面的热门而选择问题，在笔者看来，还要注意一个技巧，那就是要选择那些回答人数比较少的问题，否则，再优质的内容，在已经有上百、上千个回答的情况下，要想脱颖而出，其难度还是比较大的。

5.2.3 筛选问题："三要"与"四不要"

在"悟空问答"页面，用户不仅可以提问，还可以回答他人的提问。运营者如果在回答提问的过程中，问题选择得好且回答内容是优质的，那么极有可能打造成爆款。而打造爆款的前提是选择一个要回答的问题，只有问题选择得好，才有可能成为爆款。那么，运营者应该怎样选择呢？

在笔者看来，运营者可从以下几个方面选择要回答的问题，如图 5-20 所示。

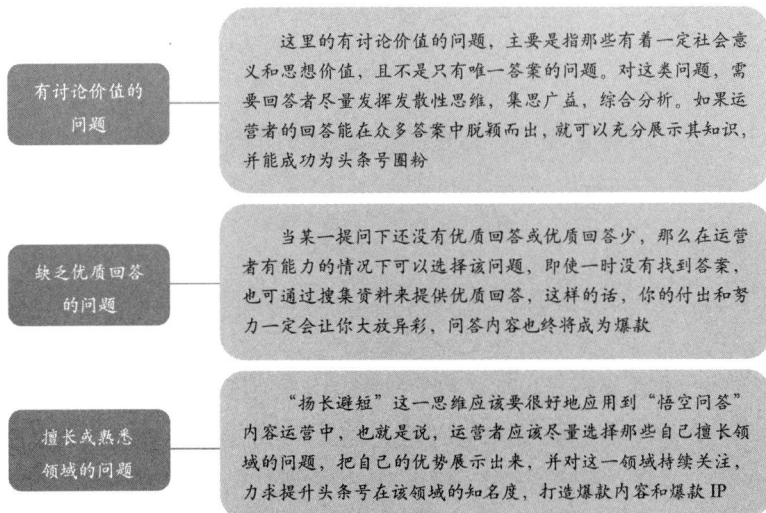

有讨论价值的问题	这里的有讨论价值的问题，主要是指那些有着一定社会意义和思想价值，且不是只有唯一答案的问题。对这类问题，需要回答者尽量发挥发散性思维，集思广益，综合分析。如果运营者的回答能在众多答案中脱颖而出，就可以充分展示其知识，并能成功为头条号圈粉
缺乏优质回答的问题	当某一提问下还没有优质回答或优质回答少，那么在运营者有能力的情况下可以选择该问题，即使一时没有找到答案，也可通过搜集资料来提供优质回答，这样的话，你的付出和努力一定会让你大放异彩，问答内容也终将成为爆款
擅长或熟悉领域的问题	"扬长避短"这一思维应该要很好地应用到"悟空问答"内容运营中，也就是说，运营者应该尽量选择那些自己擅长领域的问题，把自己的优势展示出来，并对这一领域持续关注，力求提升头条号在该领域的知名度，打造爆款内容和爆款IP

◆ 图 5-20 选择"悟空问答"中要回答的问题

从图 5-20 可知，运营者选择的问答问题主要从两个角度出发，即该问答问题有可能被打造成爆款和运营者有能力把该问答问题打造成爆款，运营者在进行"悟空问答"内容运营时，只要坚持这两点，打造爆款内容是有很大可能取得成功的。

当然，运营者在考虑有哪些问题是可以选择的时候，还要考虑一下有哪些问题是应该避开的，这样才能更好地节省时间和精力。图 5-21 所示为运营者不要选择的几类问答问题。

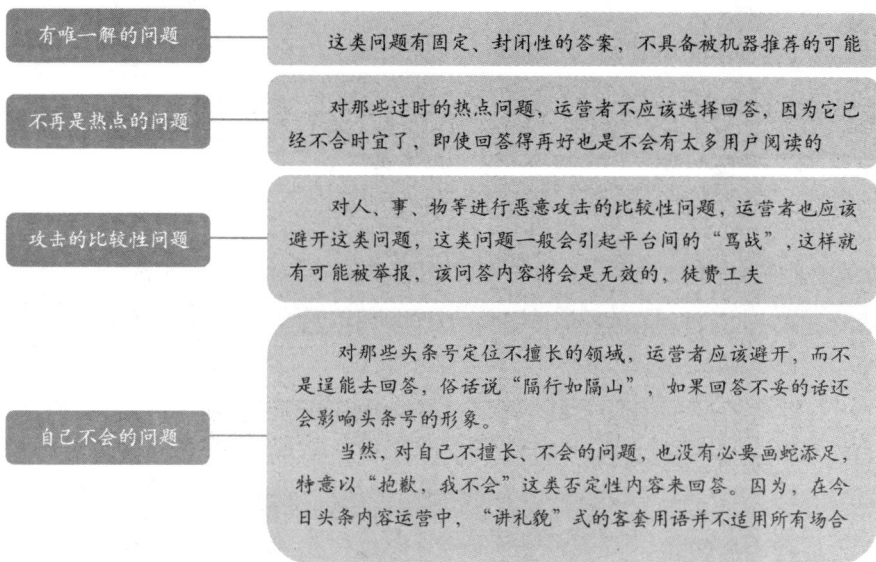

◆ 图 5-21　运营者不要选择的几类问答问题

专家提醒

另外，在"悟空问答"内容运营中，还应该注意以下两个方面的问题：

（1）运营者应该集中在某一个领域选择问题并持续进行问答，那么引流涨粉速度将更快；

（2）运营者应该注意不要太专注于回答热点问题，因为这类问题往往推荐的时间比较短。

5.2.4 详细易懂：帮助用户轻松解答难题

对于悟空问答这一内容产品，相较于图文内容而言，它更多地是像在进行一问多答地亲切交谈，因此，在撰写问答内容时要注意，要尽量用能让读者快速读懂的语言，做到简洁明了、通俗易懂，如图 5-22 所示就是一个在回答时让专业的法律条文更容易被人理解的案例。

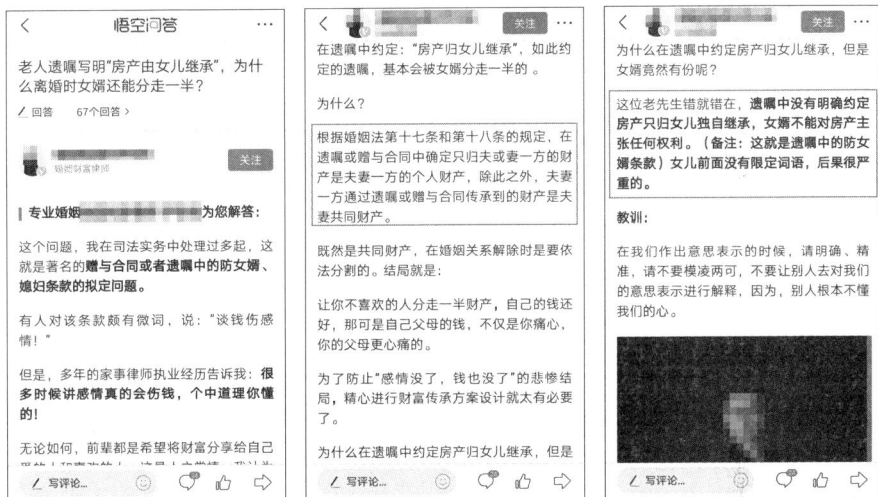

◆ 图 5-22　回答浅显易懂更容易让人理解的部分内容展示

在该回答内容中，作者首先呈现出专业的法律条文，然后再用浅显易懂和诙谐幽默的语言进行说明，且在篇幅安排上也比较合理，对涉及的问题进行详细讲解。

另外，有时为了让内容更加清晰和有条理性，内容创作者和运营者还可以分条进行讲解，从而把问题的答案清楚地展现给读者，如图 5-23 所示。

当然，为了增加回答问题的美观度和说服力，提升读者的阅读体验，内容创作者和运营者还应该插入 3~4 张图片，其内容推广和引流效果将会更好。

◆ 图 5-23　分条讲解让内容条理化的回答内容展示

5.2.5　自问自答：自己提供需要的问题

在今日头条平台上，系统是允许一个账号主体注册多个账号的，具体内容如图 5-24 所示。

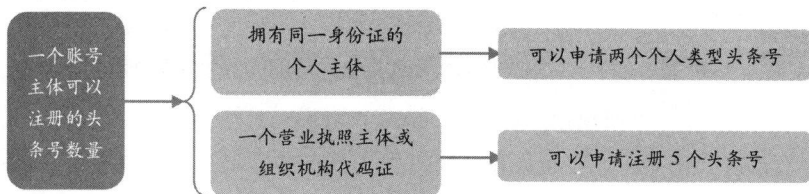

◆ 图 5-24　一个账号主体可以注册的头条号数量

因此，如果你是一个拥有营业执照或组织机构代码证的主体，除了可以利用允许申请的头条号来进行运营外，还可以发动企业或机构内的成员来加入其中。当然，如果你仅是一个个人主体，那么也可以让周围的亲人、朋友申请头条号来帮助头条号运营成功。

基于此，在悟空问答内容产品运营中，如果平台上目前没有自己擅长的问题，那么就可以借助这些账号来自问自答，首先提出自己擅长的、有价值的热点问题，然后进行回答。特别是对那些本来已经做出回答的问题，如果获得了高的关注度，那么运营者可以让其他小号进一步提升该问题的热度和关注度，并在用户评论区认真回复，为打造爆款问答内容提供支撑。

5.2.6 注意次序：要优先回答邀请问题

在悟空问答中，运营者发布的问答内容的问题来源一般有 3 个，即运营者自己选择、悟空问答邀请回答和其他头条号邀请回答。

在这 3 种来源中，运营者最得心应手的还是自己选择回答的问题。此时，有人不禁要问，对后面两种来源的问题是不是可以忽略不答呢？其实恰恰相反，运营者不仅要回答，而且还要优先回答，在撰写回答内容时更要保证内容的优质。

其原因就在于，一般来说，别人之所以邀请你回答，就表明你在某一领域回答的问题已经获得了众多人的关注和认可，至少别人认为你有能力回答好这一问题，在这样的情况下，你的问答内容被系统推荐的可能性就越高，特别是悟空问答系统本身邀请你回答的问题。

5.2.7 第一人称：写出"我"的观点

点击阅读悟空问答中的内容，大家可能会发现，大多内容是采用第一人称的口吻来写的。图 5-25 所示就是两篇用第一人称回答的并获得了高阅读量的案例。

◆ 图 5-25　用第一人称撰写回答内容的案例

在笔者看来，用第一人称的口吻来撰写问答内容，一方面是因为这样的表述方法比较亲切，让用户比较容易接受；另一方面是因为用"我""我们""自己"等词，能让用户一眼就知道，这样"我"代表是自己原创的，代表是"我"自己的观点，读者会认为这样的内容大多有自己的切身体验，更容易让人信服。

特别是一些关于各类产品的问题，用第一人称，表示你已经用过了，且很满意，或者虽然有缺点但还能让人接受，就很容易让人相信你。

而对于一些回答某一方面技巧的问题，用第一人称，就表示这些技巧和观点都是你在实践过程中总结出来的，还是比较实用的，如果再能加上几张相关的图片说明，所获得的效果就不言而喻了。

5.2.8　配图要求：5个要求让回答更精彩

大家都知道，相较于文字，图片无论是在美观度上还是内容的蕴含意义上，很多时候都是略胜一筹的。因此，在新媒体平台上，大多自媒体人和企业推广的内容都会包含文字和搭配相应的图片。

今日头条平台上的悟空问答内容产品，如果想要增加内容的美感和用户的阅读体验，也可以搭配合适的图片。但是在图片数量方面一定要注意，除了摄影类的问答内容之外，其他类型的问题最好不要让图片的篇幅超过文字所占的篇幅，以免喧宾夺主，影响内容的表达。这是运营者在插入图片时要注意适度把握的一个问题。

关于问答内容的配图，更重要的是，一定不能纯粹为了美观而插入无关图片，而是应该选择与文字相呼应、能为文字服务的图片，特别是一些与时尚、数码等类型的产品相关的图片，更要如此，其目的就在于更直观地展现产品特点，以便于说服读者。因此，在选择时要格外注意。图5-26所示为时尚类问题的回答内容中搭配的图片展示。

图5-26中的回答内容搭配的图片是受读者喜欢的潮流街拍图片，为内容加入了更多受读者喜欢的流行元素，且能让读者一眼就能感受到产品的真实效果，容易打动读者。除此之外，在撰写时尚类问题的回答内容时，还可以搭配当季的杂志图，在保证图片质量的同时还能提高产品辨识度。

运营者除了需要在图片是否搭配和图片数量是否合适方面注意外，还需要在3个方面加以注意，如图5-27所示。以便提升回答内容的质量。

◆ 图5-26 时尚类问题的回答内容中搭配的图片展示

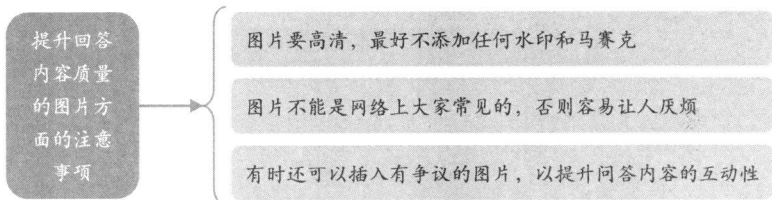

◆ 图5-27 提升回答内容质量的图片方面的注意事项

5.2.9 排版布局：3大问题让内容更吸睛

"悟空问答"内容，虽然是以一问多答的方式存在，但从实质上来说，它还是今日头条号推送的一种内容形式，因此，也要注意其排版布局。当然，今日头条号后台同样安排了相应的按钮来精心排版操作，如图5-28所示。

那么，在对问答内容进行排版布局时，运营者主要应该注意哪些问题呢？具体如图5-29所示。

◆ 图 5-28 "悟空问答"内容编辑页面

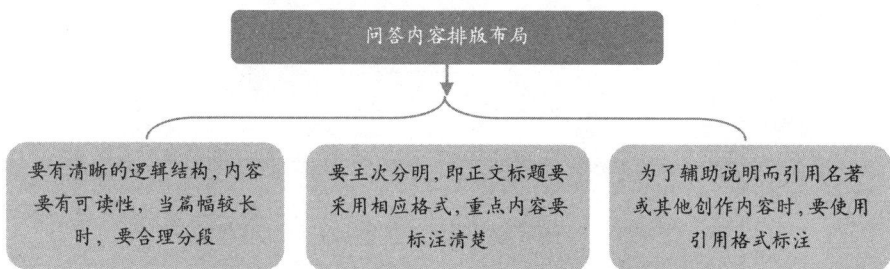

◆ 图 5-29 "悟空问答"内容的排版布局要注意的问题

6
CHAPTER

内容推广：洞悉机制打造爆款内容

新媒体运营实战
从入门到精通

无论什么样的平台，内容都是其进行宣传推广的关键。那么，在今日头条平台上，头条号用户应该怎样才能实现内容推广呢？具体来说，应该在遵循平台的审核规则和推荐机制的情况下安排合适内容，这样才能更快、更好地达到头条号的推广目标。

◇ 内容审核规范：保证你的内容有效传达给用户

◇ 消重与推荐机制：充分了解为什么你的内容没有推荐量

◇ 内容推广要点：让你的内容不再发愁没人阅读和点赞

6.1 内容审核规范：保证你的内容有效传达给用户

在今日头条平台上，头条号发布的文章只要经过审核才能被推荐给用户，且审核的时间有长有短——一般为 3~5 分钟，最长不会超过 24 小时。而今日头条平台就是利用其比较完善的审核机制来保证内容信息的合法合规性的。当然，只有审核顺利过关的文章，才能确保其传达的有效性。

6.1.1 了解头条号文章的审核规范及细则

文章审核的顺利通过是实现推荐的前提，而没有通过审核的文章，在修改没有达到标准的情况下，是不予推荐的。当然，对某些违规比较严重的内容，甚至连返回修改的机会都没有，它将直接关闭该篇文章的推荐功能。

在前面第 3 章中笔者已经介绍了头条号发文的格式和内容方面的多项规范，其实，这些规范也是文章审核的规范，这里就不再赘述。下面将重点介绍审核过程中出现违规恶劣内容及其相应的扣分和惩罚，如表 6-1 所示。

表 6-1　头条号文章审核中发现的违规行为、账号扣除分值和惩罚

违规行为	惩罚
发布反动等违法内容	扣 50 分
经举报，文章确认抄袭	扣 40 分
发布色情、低俗等内容	扣 20 分
非规范稿源发布泛时政内容	扣 20 分
发布广告或其他营销推广信息	扣 10 分
标题党	扣 10 分
发布与事实不符的各类信息	扣 10 分
扣除分值	惩罚
每扣 10 分	禁发文 / 禁微信和 RSS 接入 1 天
每扣 50 分	关闭头条广告和自营广告权限
每扣 100 分	封禁账号，且不可回复

除了上述惩罚以外，其相关违规行为还有一些与之对应的惩罚，举例如下：

（1）被判定有抄袭行为时，头条号的原创标签和赞赏功能将会被收回，且以后将不会再予以申请和开通。

（2）当禁言惩罚在 3 天及 3 天以上期间内持续发生，那么该头条号的文章推荐量也会受到较大影响。

（3）凡是因为抄袭或发布色情、反动内容受到惩罚的头条号，那么原创标签与千人万元计划将永久与之绝缘。

6.1.2　小修小补即可，不可反复修改文章

在新媒体阵营中，大多数平台是不支持文章发布后修改内容的，而今日头条是其中的特例——在发布后的 14 天内，它允许头条号创作者和运营者进行修改。当然，如果运营者发布的文章已经超出了这一时间限制，那么头条号后台的"修改"按钮颜色就会变浅，当把鼠标移至该按钮上时，就会显示"14 天前的文章，禁止修改"字样，如图 6-1 所示。

◆ 图 6-1　头条号后台的不可修改的文章显示举例

熟悉头条号运营的用户都知道，头条号文章发布的审核过程是需要一段时间的。因此，运营者修改推送文章也存在两种不同的情况，即审核通过前修改和审核通过后修改，具体内容如图 6-2 所示。

同时，对运营者来说，系统是不鼓励反复修改推送文章的，且那些修改了 3 次及 3 次以上的文章，还有可能不会获得系统的推荐。其原因就在于反复修改存

在两个方面的弊端，具体如下：

▶ 除了标题之外，其他内容的小修小补是不会对文章的推荐量产生大的积极作用的，反而会影响文章的及时发布和推荐量。

▶ 有些人会认为，文章审核通过后再去进行修改，可能系统就不会察觉出其中的不符合规范的内容。其实这是大错特错的，因为系统不但会对文章重新进行审核，假如被判定为恶意修改，还会受到平台的严厉惩罚。

因此，运营者要注意，在发表文章之前最好仔细检查，文章发表之后如果想要修改，也只能进行小修小补，切忌反复修改。如果要对文章进行比较大的改动，在笔者看来，还不如删除之后重新发布，以免影响文章的推荐量和点击量。

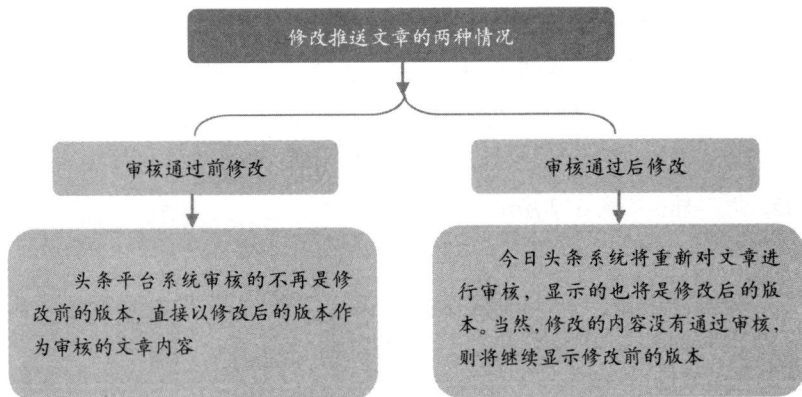

```
          ┌─────────────────────────┐
          │   修改推送文章的两种情况   │
          └─────────────────────────┘
           ┌──────────────┴──────────────┐
  ┌─────────────────┐          ┌─────────────────┐
  │   审核通过前修改   │          │   审核通过后修改   │
  └─────────────────┘          └─────────────────┘
           │                            │
  ┌─────────────────┐          ┌─────────────────┐
  │ 头条平台系统审核的 │          │ 今日头条系统将重新 │
  │ 不再是修改前的版本，│          │ 对文章进行审核，显 │
  │ 直接以修改后的版本 │          │ 示的也将是修改后的 │
  │ 作为审核的文章内容 │          │ 版本。当然，修改的 │
  │                 │          │ 内容没有通过审核， │
  │                 │          │ 则将继续显示修改前 │
  │                 │          │ 的版本            │
  └─────────────────┘          └─────────────────┘
```

◆ 图6-2　修改推送文章的两种情况

6.1.3　注意规范，让文章能快速通过审核

在前面已经介绍了文章的审核规范，这些都是通过审核必须要掌握的。另外，在通过审核的过程中，尽管其时间的长短是不影响推荐量的，但是让审核快速通过，可以更好地准确把握发布的时间。

因此，运营者要做的是思考如何才能快速通过审核，针对这一点，头条号后台专门准备了比较完备的"文章过审指南"来指导头条号文章的发布（网址为 https://mp.toutiao.com/static/v2/resource/pgc/pgc_white_paper/#article-verify-how），做法列举如表6-2所示。

表6-2　头条号推送文章快速过审的做法列举

过审方面		内容
规范标题	避免格式上的错误	（1）除网络用户或一语双关外，不能出现错别字； （2）要保证表意完整、通顺，不能影响读者阅读； （3）要正确使用标点符号，且不要插入特殊符号； （4）标题中所有汉字都需要使用规范的简体中文
	注意标题内容质量	（1）不要包含一些系统不允许的特殊敏感词语； （2）要避免恶俗化，且避免使用色情、粗俗词语
原创内容	格式方面要规范	（1）正文中汉字必须使用简体中文； （2）正文中不要出现乱码； （3）正文在段落、标点方面要合理、清晰
	内容方面要优质	（1）发布的文字和图片要具有完整性，以免给读者带来阅读困扰； （2）文章内容要具有时效性； （3）正文不要发布低俗内容； （4）正文内容要避开敏感信息
推广信息	推广类信息不发布	一些含有二维码、电话号码、广告图片、广告链接等推广元素的文章不能发布
	恶意推广信息不发布	收藏、健康、手表和其他一些类别的推广类信息不能发布

6.2　消重与推荐机制：充分了解为什么你的内容没有推荐量

　　在今日头条平台上，一般来说，每个头条号都是独立存在的，相互之间一般是没有多少关联的，在这样的情况下，内容难免在某些方面有些相似。而一般的读者是不会喜欢在同一页面或平台上看到相似的内容的。因此，为了提升用户的阅读体验，今日头条在头条号的内容推广方面从一开始就利用推荐机制让这种情况变得可控。

　　那么，这里所提到的推荐机制究竟是什么呢？具体来说，今日头条的推荐机制包含多个方面的内容，如"消重"、"审核"、"特征识别"、"推荐"和"人工干预"等。

在上一节中已经对今日头条推荐机制的有关"审核"方面的内容进行了介绍，为了帮助读者进一步了解今日头条的运营奥秘，本节将对"消重"、"特征识别"和推荐等方面进行介绍，从而让用户更深刻地理解自身头条号推送的内容没有推荐量的原因。

6.2.1 消重好处：规避没有意义的重复推荐内容

在"消重"这一概念范畴中，"重"指的就是重复、相似，当然，这里的重复、相似可以从两个方面来理解，如图6-3所示。

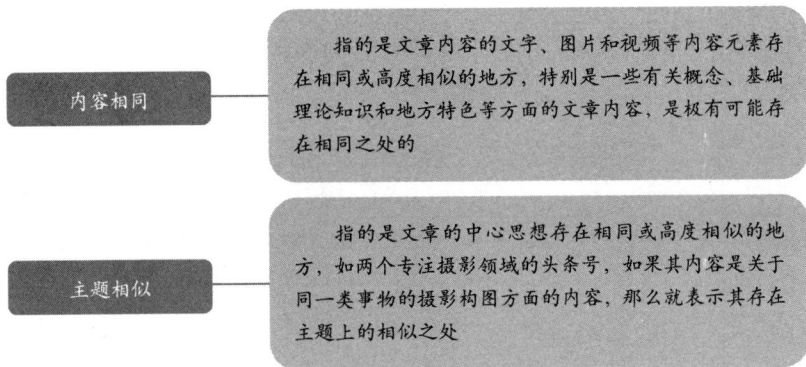

内容相同　　指的是文章内容的文字、图片和视频等内容元素存在相同或高度相似的地方，特别是一些有关概念、基础理论知识和地方特色等方面的文章内容，是极有可能存在相同之处的

主题相似　　指的是文章的中心思想存在相同或高度相似的地方，如两个专注摄影领域的头条号，如果其内容是关于同一类事物的摄影构图方面的内容，那么就表示其存在主题上的相似之处

◆ 图6-3　今日头条平台上关于文章消重的两个方面

而头条号的推荐机制中的消重，就是针对这两个方面相似的文章，进行分类和对比之后再考虑是否推荐给用户和推荐给哪些用户。也就是说，在消重这一阶段，系统会从两个角度来对内容进行判断：首先，今日头条平台是否存在内容方面的相同或高度相似；其次，该头条号发布的文章是否是原创的，是最权威和最有价值的。

在这样的消重机制下，无论是文章的内容相似还是主题相同，对于用户来说，他（她）能看到的也只是代表原创的、最有价值的内容，而不是重复推荐的内容，这对用户和头条号创作者来说，都是极为有益的，具体表现在4个方面，如图6-4所示。

于用户：提升体验	相似的、重复的内容最多只能看到推荐的一篇，有利于提升用户体验，而且对于他们来说，同样或同类的内容，一篇也就够了
于作者：保障版权	在比较合理的内容推荐机制下，自身的权益有了保障，不用再担心版权问题，这对新媒体形式的内容传播来说是一个很大的进步
于内容：曝光推广	在推荐机制的消重作用下，有确定兴趣的用户，刷新后所看到的不再是系统根据平时偏好而推荐的类似的内容，这就提供了更多内容曝光的机会
于平台：标准推广	今日头条平台一直是鼓励内容原创的，而消重的处理机制给了原创作者更多的发展机会，从而更好地弘扬和推广其运营标准

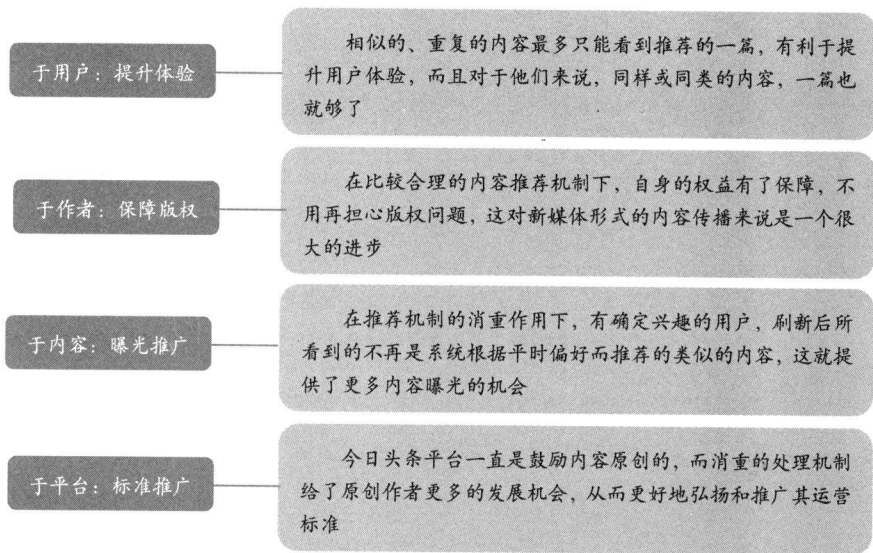

◆ 图6-4 推荐机制下消重处理的4大作用介绍

6.2.2 如何消重：了解头条号算法中的消重过程

从上文可以看出，在头条号平台上推送内容，首先要通过消重机制的检验，然后才能决定是否能被推荐给更多的用户。而头条号创作者和运营者要做的就是如何才能让自身在消重机制下不会被剔除。其实，有因才有果，要想不被消重，只有深刻了解和掌握消重机制中的算法。

通过机器消重，首先要进行的处理就是把文章内容的文字、图片、标题等用一串串的数字代码代替，然后将这些数字代码进行对比，以此建立起消重处理的基础。

通俗来说，这些数字代码所组成的信息就有如人的身份证，它是计算机应用领域里常用来判断信息重复性的方法。而在计算机系统中，每一篇文章都有它特有的"身份证"，如果内容不相似或不相同，那么，"身份证"也就会不同。就这样，机器系统通过判断头条号文章的"身份证"是否相同或相似，就可以对比得出内容消重的结果。

那么，在机器系统消重中，主要可以根据哪些方面来实现呢？具体来说，主要表现在3个方面，如图6-5所示。

| 消重1：文章内容 | 首先系统根据内容转化为数字代码式的"信息指纹"，在有着相似或相同"信息指纹"的情况下，系统会根据相互之间的差异和是否可能是原创、是否权威等关键项来决定消重结果和是否被推荐 |

| 消重2：标题与封面 | 其原理与文章内容消重一样，一篇文章的标题和封面也有其固有的数字代码式的"信息指纹"。况且，在今日头条平台上，在用户没有点击的情况下，标题与封面的"信息指纹"是消重机制中的主要判断标准 |

| 消重3：文章主题 | 当文章的中心思想和主要内容相同时，需要启动"相似主题"消重机制，特别是对一些关系热点事件和话题的文章，很多头条号可能都会选择利用它来推广，这时就需要针对文章中的与热点相关的关键词进行"信息指纹"的计算 |

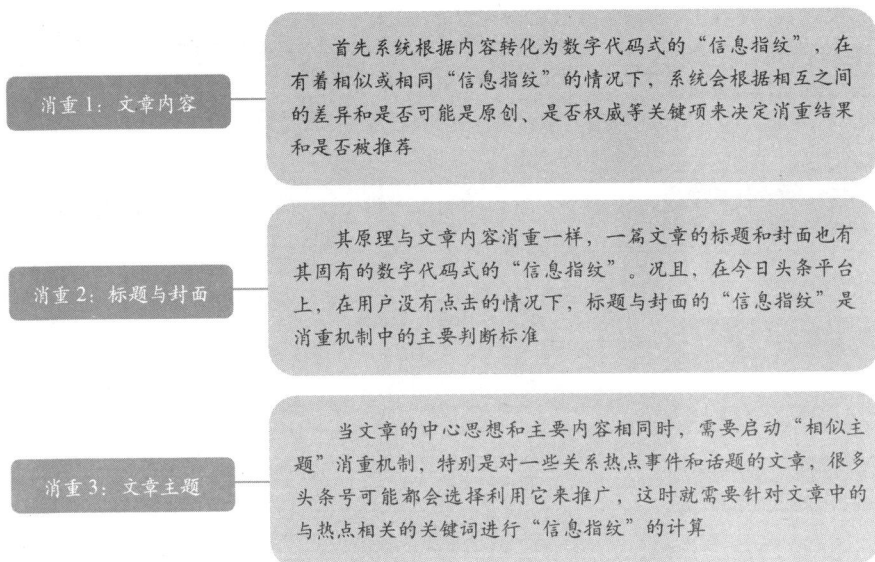

◆ 图6-5　机器系统消重的算法和类别介绍

针对以上机器消重算法，运营者要做的是采用相应的方法尽量避免被消重，具体方案如下：

▶针对文章内容消重，头条号应该尽量展开优质内容的原创工作；

▶针对标题与封面消重：头条号最好是避开标题套路，写出有创意的标题；

▶针对文章主题方面，头条号不应一味追逐热点事件和话题，而应谨慎操作。

专家提醒

无论是内容还是标题、封面，抑或是主题，其消重的计算标准都是差不多的，是通过相互之间的关键性差异来判断的。其中，最重要的3个要点如下：

● 文章发布的时候已经开通了原创声明；

● 文章的发布时间在前，是否具有优势；

● 文章是否具有原创性、权威性和转载性。

6.2.3　推荐判定：机器是怎样理解你的文章的

本章重点讲述的推荐系统，其实质就是机器对文章的阅读。当然，这种阅读与日常生活中的阅读不同，它具有高速、针对性识别等特征。其中，所谓高速，就是针对今日头条平台上的用户信息流，机器推荐系统都能较好地完成阅读任务。

而针对性的特征识别，是机器了解推送文章的工作方法和途径。那么，它究竟是怎样进行特征识别的呢？这是可以通过很多维度来实现的，其中比较重要的就是"关键词"这一维度。

从关键词这一维度来说，机器推荐系统会根据两大原则从众多的内容中抓取一些词语作为关键词，具体如图 6-6 所示。

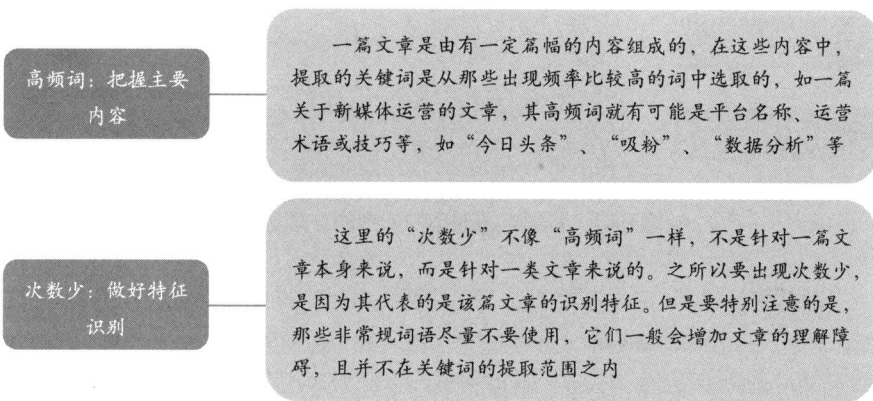

高频词：把握主要内容	一篇文章是由有一定篇幅的内容组成的，在这些内容中，提取的关键词是从那些出现频率比较高的词中选取的，如一篇关于新媒体运营的文章，其高频词就有可能是平台名称、运营术语或技巧等，如"今日头条"、"吸粉"、"数据分析"等
次数少：做好特征识别	这里的"次数少"不像"高频词"一样，不是针对一篇文章本身来说，而是针对一类文章来说的。之所以要出现次数少，是因为其代表的是该篇文章的识别特征。但是要特别注意的是，那些非常规词语尽量不要使用，它们一般会增加文章的理解障碍，且并不在关键词的提取范围之内

◆ 图 6-6　机器推荐系统的两大关键词判定原则

系统完成了关键词的判定后，就会将这些关键词与文章分类模型进行比对，从而得出这些关键词与哪一类关键词库中的关键词符合度高，那么该篇文章就会贴上那一类的标签并进行推荐。

6.2.4　推荐目标：你的文章会被推荐给哪些用户

今日头条的机器推荐系统是一个实现文章与用户匹配的推荐系统，上面已经介绍了其对文章的理解，下面将介绍其对用户的理解。

众多周知，今日头条的机器推荐系统实现的是个性化推荐，它会给每一位用户推荐其可能感兴趣或与其兴趣相符的内容。那么，它是怎样解读文章的匹配用户的呢？

关于机器推荐，笔者在此举一个简单的例子就能很好理解了，比如一篇关于新媒体运营的优质文章，它的阅读量很高，已经突破了100万，这篇文章放在微信公众平台上足以称得上是一篇爆款文章了，但是在今日头条平台上，即使它的阅读量再高，在用户没有关注的情况下，那么对新媒体运营没有一点兴趣的用户仍然是不能看到这篇文章的。

可见，今日头条实行的是精准的个性化推荐，它对用户的认知是非常充分的，是建立在对大量数据进行分析而得出的用户结果的基础之上的。具体来说，主要包括3个方面的数据，如图6-7所示。

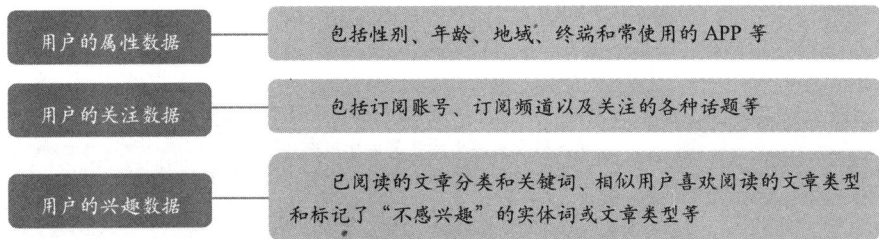

用户的属性数据	包括性别、年龄、地域、终端和常用的APP等
用户的关注数据	包括订阅账号、订阅频道以及关注的各种话题等
用户的兴趣数据	已阅读的文章分类和关键词、相似用户喜欢阅读的文章类型和标记了"不感兴趣"的实体词或文章类型等

◆ 图6-7 机器系统对用户识别的3项数据分析

通过图6-7所示的3项数据，可以让系统对用户的阅读兴趣有一个大体的把握。当然，这些用户数据的判断是建立在有着较大信息流的基础之上的。这里的较大信息流主要包括两个方面，具体如下：

一是从时间角度来说，用户使用头条号的时间越长，系统所获得的用户数据信息也就越多；

二是从用户数量角度来说，使用头条号的用户越多，那么系统所获得的数据信息也就越多。

经过长时间和用户数量的数据信息积累，今日头条平台的机器系统对用户的兴趣判断也就会越精准，从而能够得出更加清晰的用户画像，最终寻找到某一篇或某一类文章的目标用户并进行内容推荐。

6.2.5 推荐规则：你的文章是如何被推荐的

今日头条的文章推荐并不是一蹴而就的，而是分批次推荐的，这样更利于引导推荐和减少不受欢迎内容的推荐资源上的占用。那么，什么是分批次推荐呢？

它可从 6 个方面来进行理解，具体如下：

> ▶ 分批次推荐包括两个层次，一是某一时效期内的多次推荐，二是不同时效期（24 小时、72 小时和 1 周）内的推荐。

> ▶ 首次推荐的用户，是那些用户阅读标签与文章标签匹配度最高的用户，他们被认为是最有可能对该篇文章感兴趣的用户。

> ▶ 首次推荐的用户阅读数据（特别是点击率）决定着第一次的推荐量，即首次点击率高，表示这篇文章是适合这些用户的，系统就会增加第二次的推荐量；首次点击量低，表示这篇文章并不太适合这些用户，系统就会减少第二次的推荐量。

> ▶ 推荐系统中判断推荐量的阅读数据包括多种，主要是点击率、收藏数、评论数、转发数、读完率和页面停留时间等。

> ▶ 在一个时效期内，文章上一次的推荐量决定着其下一次的推荐量。

> ▶ 在 3 个不同的时效期内，其推荐量是不断减少的，直至停止推荐。

专家提醒

今日头条的分批次推荐，其实质是一种扩大机制的推荐，因此，头条号运营者如果想要获得更多的阅读量，就应该让各项阅读数据都保持在高位水平上，这也就要求所推送的文章是优质的。

在机器推荐机制中，影响推荐量的除了文章的各项阅读数据外，还有一些也需要注意，如用户举报密集、负面评论过多、无效异常点击等，这些也是使得推荐量降低的原因。

6.2.6　为什么会产生推荐效果不好的情况

在头条号运营过程中，总会遇到文章推荐效果不好的情况，这是为什么呢？上面已经清楚地介绍了影响推荐量的主要是上一次的点击率——如果点击率低，推荐量也就会相应变低，其推荐效果自然不好。

因此，要想了解推荐效果不好的原因，就需要运营者知道文章点击率低的原因，特别是首次点击率低的原因，因为如果首次点击率低，那么后期将再难有高的点击率和推荐量。

一般来说，影响点击率的原因主要有两个，具体内容如图 6-8 所示。

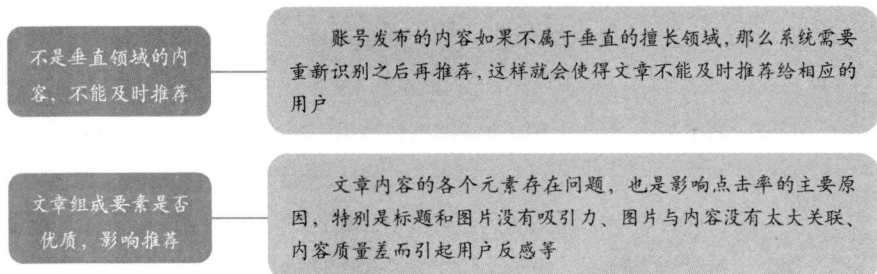

| 不是垂直领域的内容，不能及时推荐 | 账号发布的内容如果不属于垂直的擅长领域，那么系统需要重新识别之后再推荐，这样就会使得文章不能及时推荐给相应的用户 |
| 文章组成要素是否优质，影响推荐 | 文章内容的各个元素存在问题，也是影响点击率的主要原因，特别是标题和图片没有吸引力、图片与内容没有太大关联、内容质量差而引起用户反感等 |

◆ 图 6-8　影响文章点击率的原因

当然，影响推荐量的除了点击率外，还包括其他多个方面的原因，如图 6-9 所示。

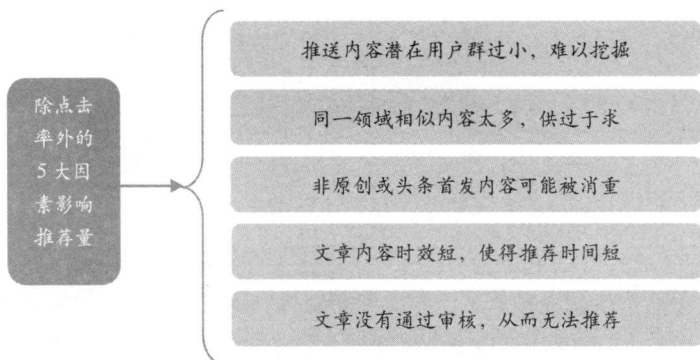

除点击率外的 5 大因素影响推荐量	推送内容潜在用户群过小，难以挖掘
	同一领域相似内容太多，供过于求
	非原创或头条首发内容可能被消重
	文章内容时效短，使得推荐时间短
	文章没有通过审核，从而无法推荐

◆ 图 6-9　影响推荐量的 5 大原因介绍

6.3 内容推广要点：让你的内容不再发愁没人阅读和点赞

当然，在头条号运营过程中，内容的推广除了受推荐量的影响外，用户点击阅读后的跳出率、阅读体验等也是重要的影响因素，而用户的跳出率、阅读体验等结果是由内容与用户的相关度、内容素材、互动度和有无创意等因素得出的。

因此，运营者有必要在这些方面下功夫，下面为大家讲解如何更好地实现头条号文章的推广目标。

6.3.1　素材准备：符合人性的优质推广内容

因为推广的内容是给人读的，因此在撰写文章时要注意人性这一要素在内容中的体现，而要想做得更好，需要从内容素材开始就积极做准备。因为只有准备了合适的有关人性的素材，才能为大家创造符合人性的文章，才能在推广上走得更好、更远。那么，符合人性的内容究竟从哪里来？下面就笔者的实战经验通过举例进行介绍。

❶ 说说"好故事"

生活中处处存在故事，而在头条号内容推广中，创作者能把故事讲好是一个基本要求，另外，如果想要让内容更好地打动读者，还需要依靠故事本身的魅力，也就是寻找一个"好故事"来作为文章的素材。

从某一些方面来说，随着越来越多的人进入头条号运营行列，其创作者和运营人的水平也是有高低之分的，因此，有时写一个"好故事"比写好一个"故事"要容易，何况是那些本身有着极大的吸引人阅读的艺术魅力的好故事。

基于此，从人性角度出发，寻找一个"好故事"作为内容素材，是能站在一个比较高的内容推广的起点上的。而利用这样的素材撰写的文章，在激发用户的情感投入和共鸣上是很容易的。

图 6-10 所示为头条号"脑洞历史观"推广的一篇关于我国足球和世界杯的故事。这一篇文章是在世界杯进行的时候写的，成功地抓住热点，写了一个有关我国足球虽然不断失利但仍然奋勇拼搏、满怀期待和梦想的故事。

除了热点之外，头条号运营者还可以从历史故事、人文故事着手准备素材，当然，也可以从生活中着手，如身边人们谈论的各种话题、事情等，正因为人们有兴趣谈论，所以其内容的推广市场还是值得期待的，因此，只要导向正确，值得阅读，就可以作为"好故事"的内容素材。

❷ 时时"人格化"

上面说到了故事，其实，除了可以把原本的故事作为推广内容讲出来，还可以自己创作故事内容，并把它同头条号和品牌相结合，赋予头条号和品牌生机和人格魅力，这样的做法很容易促进头条号和品牌内容的推广。

◆ 图6-10 头条号推广的有"好故事"素材的内容

图6-11所示是一篇手机壁纸设计推广的文章，内容中呈现出来的素材，不仅把手机壁纸这一无生命的事物与我国姓氏这一有着古老情怀的事物结合起来，还通过动人的语言与姓氏关联起来，讲述生活中常见的场景和故事。这样的文章，从品牌方面来说，完全是一种人格在慢慢地表现，有利于推广和传播。

◆ 图6-11 头条号推广的充满人格化素材的内容

❸ 科普"娱乐化"

关于科学，人们一般会认为是一个严肃、认真的话题，而其风格也更偏于严谨、庄重，且有关于科学的内容一般都是专业名词比较多，很多都是普通人一下子难以理解和掌握的。

而今日头条作为一个自媒体聚集的平台，其定位的用户一般多是基于快速了解资讯和消遣娱乐的目的，因此，如果头条号推广的内容包含了太多普通人难以理解的专业词汇，那么阅读的用户将会大大减少，且阅读的体验和兴趣也会有所下降，这就与头条号自身的推广目标背道而驰了。

因此，在头条号上推广于科普相关的内容，需要改变以往的策略——应该以用户熟悉和喜欢的方式来推广，如幽默、娱乐等，这样的科普内容才会受到用户的欢迎。而只有受用户欢迎的内容才能更好地推广，否则说得再多、再好，要想提升品牌形象和传递价值也只是一个空想罢了。

图 6-12 所示为一篇介绍一款保护手机屏幕且抗摔的"手机安全气囊"，这是对一种新出现的发明的科普。该篇文章就是把科普内容娱乐化，通过人们喜欢的浅显易懂的语言说清楚新发明的发明过程和工作原理。

◆ 图 6-12　头条号推广的娱乐化的科普素材内容

6.3.2　内容价值：关联用户的推广效果层次

在推广头条号文章内容时，要想取得更好的效果，运营者需要在掌握今日头条的推广规则的基础上，能让用户自然而然地把自身同内容关联起来。当然，让用户与内容产生关联，如果单纯从头条号作者创作的内容来看，需要在内容本身的价值上下功夫。从这一方面来看，可从 3 个层次上进行分析，具体内容如下。

❶ 第一层次：要有用

无论什么内容，要想与用户关联起来，并让用户有兴趣点击阅读，内容中所包含的客观价值就很重要，是运营者在撰写和推广内容时应该放在第一位来考虑的。

例如，如果头条号的内容定位是介绍生活中的各种资讯，那么其推广的内容的有用性就可表现在要么是生活中的新鲜事，要么是与我们利益相关的要注意的事项，还可以是接下来生活中必然或可能发生的改变，等等。

又如，如果头条号的内容定位是介绍某一方面或领域的相关知识，那么其推广的内容的有用性就表现在要么是与其相关的理论知识，要么是与其相关的各种运用技巧，还可以是如何更好地学会这些知识方法，等等。

图 6-13 所示为一个名为"人人都是产品经理"的头条号推广的有关于运营方面的知识和技巧，这些内容对于相关平台和领域的运营人来说是有用的，因而更容易实现内容的推广目标。

◆ 图 6-13　头条号推广的有用的内容

❷ 第二层次：要有情致

如果说内容有用是推广目标实现的基础，那么有情致则是提升用户体验和推广效果的有力武器。当然，这里的有情致主要包括两个方面，一是需要内容的创作者从人文关怀出发，让内容有情、有趣；二是内容的接收者能从中明显感受到其中包含的人情味和趣味。

只有这样，才能进一步把推广内容与用户关联起来。其实，一些头条号大号都是把这一层次的要求贯彻到了内容中的。图 6-14 所示为一个名为"诗词天地"的头条号推广的一篇文章。

◆ 图 6-14　头条号推广的有情致的内容

从该篇推广文章可以看出，无论是从标题上还是从正文内容中，都可以感觉到其中浓浓的人文情怀，为用户展示了"年过四十"的人给出的建议和真切体验，用户看到这篇内容，是极有可能乐于分享给更多人的，甚至可能基于其中的有情致的话题形成谈资。有这样效果的内容足可以称得上是一篇有情致的推广文章。

❸ 第三层次：有影响力

从影响力的效果来看，前面介绍的两个层次还是属于表面的，仅仅是让用户在看到内容的时候产生一种"这些内容还是有用（或有情、有趣）"的感觉，而不会对用户的生活产生太大的影响。因此可以说，在让内容和用户产生关系这一要求上，还是不很牢靠的。

如果头条号推广的内容能使得用户向更好的方向改变，更甚至在一定程度上推动周边的圈子和世界积极发展，就表示该头条号推广的内容在与用户产生关系的方面已经达到了更深的一个层次——在影响力方面已经不仅仅是停留在表层的问题，而是让内容有了感染力和号召力，并让用户基于这种影响力改变自己甚至世界。

认真来说，有很多人的人生改变可能都是基于某一时刻从书上看到的某一句话或某一篇文章，从而受到启发：看到在某方面取得巨大成就的成功人士的介绍，受到感染，可能就会自此树立远大的目标，并终此一生都是为了这一目标而不断前进；看到在逆境中也坚强生活和奋斗的人的介绍，受到鼓舞，可能就会让那些同样在生活中遇到困难和挫折的人勇敢地站起来，战胜困难，从而改变命运。

而在移动互联网发展和新媒体兴起的时代，更多人趋向于在手机上通过各种应用来阅读，此时，通过积极的推广内容来让用户的人生与世界改变，是一个值得称赞的让内容和用户产生关系的深层次的推广目标。

图6-15所示为一个头条号推广的一篇名为《也许这些自学网站能改变你的一生，看到就是赚到》的文章。

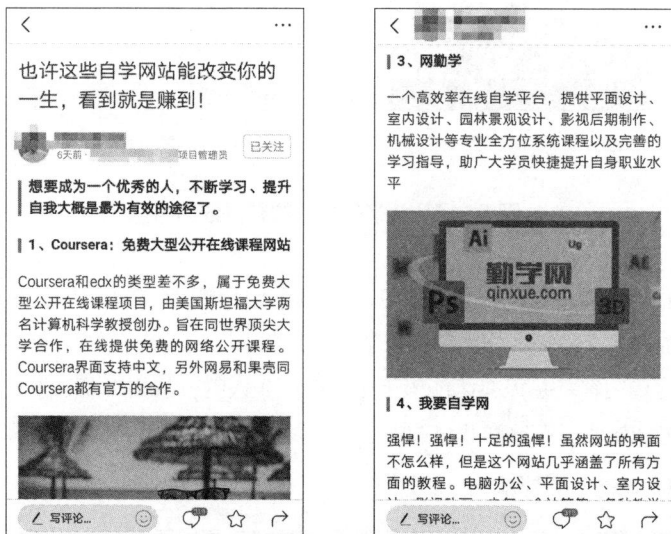

◆ 图6-15　头条号推广的有影响力的内容

由图 6-15 可知，首先在标题上就点出了文章可能对用户造成的影响，然后在正文中通过多个自学网站的介绍引导人们去学习，提高自身能力。那些有兴趣又爱好学习的用户，是完全有可能通过自学改变人生的。

其实，上述内容中介绍的 3 个层次并不能完全清楚地划分出来的，且这 3 个层次之间是有着紧密联系的。在此通过一个简单的例子来进行介绍。如果一个用户在看到一篇介绍摄影知识的文章，首先是觉得它是有用的，并在不断阅读的过程中感受到其中所蕴含的摄影方面的乐趣，由此开始专注摄影。在这一个案例中，其中的读者就经历了内容带给他（她）的从有用到有情致再到有影响力的 3 个层次的影响。

无论怎么说，头条号运营者只要坚持 3 个层次的推广要求，那么，实现内容推广目标也就不再是一件难以成功事了。

6.3.3 推广策划：两种方式推动用户一起参与

在围绕用户展开的推广工作中，除了可以围绕人性准备内容素材、让内容和用户产生关系外，还可以让用户与内容推广的关联更进一步，那就是让用户直接参与其中，更加真切地感受到内容的推广。

换句话说，本是单纯由头条号作者和运营者担当的头条号的运营和推广工作，基于互动的要求而发生改变——头条号作者和运营者应承担的工作的某一部分，开始有用户加入其中：通过投票、竞猜和话题讨论等方式丰富原本单一的"发布—接收—阅读"流程，成为"发布—接收—阅读—参与—得出结果"流程；通过发布答案灵活的让用户回答或补充未完成的内容；等等。

这些都是制造和策划更多机会让用户参与的内容推广方式，它们不仅可以增强用户与平台之间的黏性，还可以丰富头条号的内容呈现和运营方式，另外，在一定程度上减少了内容创作者的准备时间，特别是对那些追求原创的头条号作者而言，时不时运用这种方式不失为一种好的内容推广方法。

图 6-16 所示为头条号推广的"世界杯"频道内容，该频道提供了多个让用户参与的入口，如有着众多人参与讨论的"#2018 世界杯 #"话题的"聊球"入口和可以猜胜负、猜冠军、抽奖的"竞猜"入口。图 6-17 所示为"竞猜"页面的部分内容展示。

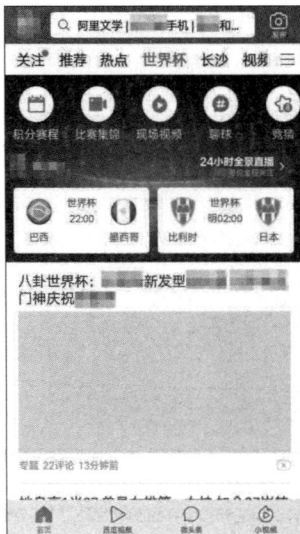

◆ 图6-16　今日头条"世界杯"频道　　◆ 图6-17　"竞猜"页面部分内容

又如，图6-18所示为今日头条推广的一系列与对联相关的创造机会让用户参与的内容举例。

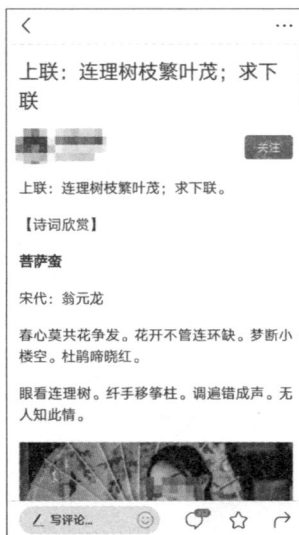

◆ 图6-18　与对联相关的创造机会让用户参与的推广内容举例

当然，上述方法也不是适合每一个头条号的，对于那些可以为用户提供展露才华的机会、其中的话题值得用户讨论的头条号而言，是有着很大的适用性的。

6.3.4 策略安排：根据明确目标打造创意内容

人们每做一件事，都应该是有一个目标的，其区别就在于目标的大小以及人们对目标的准确认知。在运营头条号的过程中，创作者和运营者首先都应该对自身头条号的推广和营销目标有一个清楚地认识，一般来说，头条号内容推广的目标主要有 4 个，如图 6-19 所示。

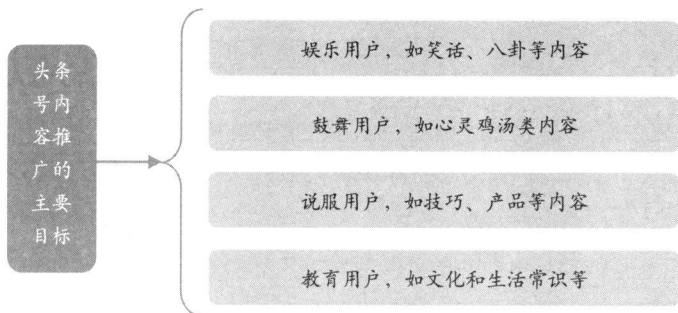

头条号内容推广的主要目标

- 娱乐用户，如笑话、八卦等内容
- 鼓舞用户，如心灵鸡汤类内容
- 说服用户，如技巧、产品等内容
- 教育用户，如文化和生活常识等

◆ 图 6-19 头条号内容推广的主要目标

了解并确认自身头条号的推广目标后，就要围绕这一目标去准备内容进行运营和推广。在这一过程中，其运营方式的选择很重要，首先必须是适合的，其次在有可能的情况下，还应该让其具有一定的创意。

就拿上一小节中的对联来说，与之相关的头条号的营销目标无非是娱乐用户和教育用户。如果头条号的目标更多的是娱乐用户，那么其应该选择的合适方式可以是介绍从古至今的各种值得一看的、有着趣味性的对联和对联故事，而在内容的创意上则可以从标题、对联内容和呈现形式等方面下功夫。图 6-20 所示为以娱乐为目的的与对联相关的创意内容。

◆ 图6-20 以娱乐为目的的与对联相关的创意内容

图 6-20 中的两篇文章，前者在标题上借势历史名人和"400 年无人能对"的对联打造创意内容，而后者则通过有别于其他头条号的 PPT 似的图片形式和对联中的趣味性来打造创意内容

如果头条号的目标更多的是教育用户，那么其应该选择的合适方式可以是介绍与对联相关的各种知识和对联写作实践，而其在内容的创意上同样可以从标题和内容呈现形式等方面下功夫。图 6-21 所示为一个名为"沃德利成书画院"头条号推广的一篇与对联相关的文章。

由图 6-21 可知，在一篇文章里，不仅罗列了写对联要用到的"韵"方面的对联知识，还介绍了对联的由来，这对用户是能起到教育意义的。除此之外，为了增强用户阅读体验，在最后还介绍一些与妙对相关的故事，吸引用户继续阅读下去。

从创意角度来说，这一篇推广文章一方面在全面性上比较有特色，另一方面在内容安排上也是有一定技巧的，当用户觉得没有耐心读下去的时候安排趣味对联故事，这样有利于降低用户的跳出率，且趣味性呈现出由低到高的排列。另外，还在文章开头和对联知识与对联由来之间，适当地插入一些精彩的与对联相关的图片，分别起到引导阅读和吸引用户继续阅读的作用。

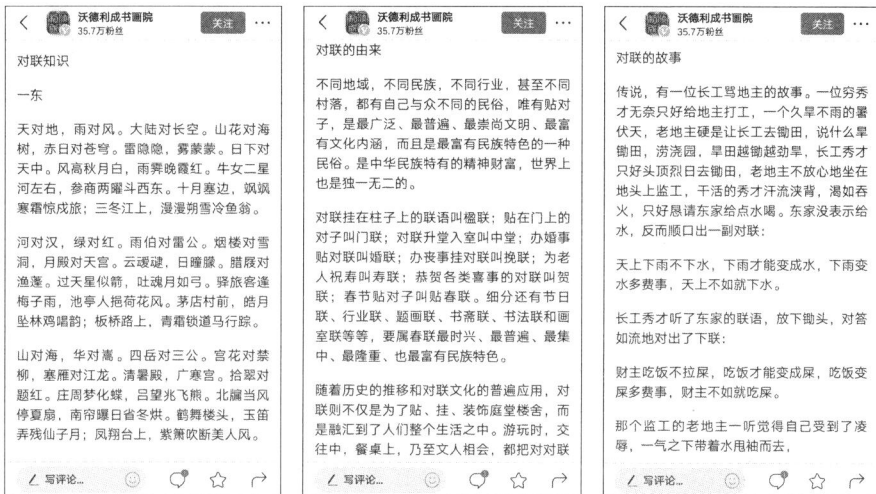

◆ 图6-21 以教育为主要目的的部分推广内容展示

在内容推广目标上也是比较明确的，虽然内容中既包含教育目的又包含娱乐目的，但是在内容安排上还是以教育目的为主、娱乐目的为辅，二者相辅相成，在一定程度上又有一定的寓教于乐的意味在其中，可谓目标明确和创意兼具。

数据营销：用数据说话指导内容运营

新媒体运营实战从入门到精通

　　今日头条平台是一个以精准算法而知名的新媒体平台，该平台上很多运营情况都是用数据来解决的，如推荐机制、用户数据、内容数据和创作热点数据等。本章将从数据出发，介绍头条号在粉丝管理、内容分析和创作热点上的具体情况，从而实现指导内容运营的目标。

　　◇ 粉丝管理：做好这几点，一个月粉丝过万
　　◇ 内容分析：头条号内容营销的数据分析
　　◇ 创作热点：捕捉即时热点、分析热点事件数据

7.1 粉丝管理：做好这几点，一个月粉丝过万

随着今日头条平台的头条指数的下线，各种功能的开通更多的是通过粉丝数量来判断，因为运营者有必要更清楚地了解自身头条号的粉丝情况，从而为吸引更多粉丝做准备。本节将从数据出发，为快速引流提供更便捷的、有明确方向的有效策略指导。

7.1.1 用户概况：了解头条号基本用户数据

在今日头条平台上，与头条号的运营息息相关的数据一般包括推荐用户、新增用户和累计用户，下面分别进行介绍。

❶ 推荐用户

推荐用户这一数据与文章质量紧密关联：质量好，契合今日头条平台推荐机制，那么当天发布的文章的推荐用户就多；质量差，不符合今日头条平台推荐机制，那么当天发布的文章的推荐用户就少？

那么，推荐用户究竟是什么呢？推荐用户就是平台系统得出的一个关于发布的文章会推荐给多少用户来阅读的数据，这一数据并不是凭空产生的，而是系统通过诸多方面的考虑和评估而给出的，而影响推荐用户的主要因素有该头条号在最近一段时间内发布文章的情况、文章内容本身的用户关注热度等。

专家提醒

其实，推荐用户与接下来要介绍的新增用户和累计用户并没有直接关系，与它有直接关系的是文章内容的阅读量。当然，没有直接关系并不是表示完全没有关系，因为如果文章的推荐量高，那么其阅读数就有可能越高，在这样的情况下，就有可能有更多的新增用户关注头条号，也有利于积累更多粉丝。

❷ 新增用户

新增用户，顾名思义，就是在原有的用户群体之外，在新的一天内有多少用户关注了头条号。在头条号后台，运营者如果想要查看新增粉丝数据，可以在"主页"页面单击"粉丝管理"按钮，在"粉丝概况"页面即可查看。

在"头条粉丝"区域，可以查看"7 天"、"14 天"和"30 天"的新增粉丝数。图 7-1 所示为头条号"手机摄影构图大全"后台中显示的以 30 天为一个时间段新增粉丝趋势情况的折线图。在该趋势图上，将鼠标指向不同的节点（日期点），还能够看到该日期下的详细的新增人数数据。

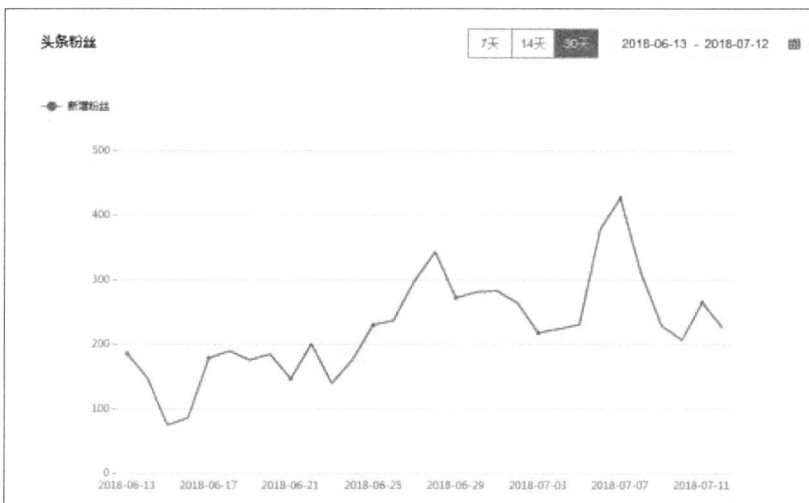

◆ 图 7-1　头条号"手机摄影构图大全"新增粉丝数据趋势折线图

对于运营者来说，观察图 7-1 所示的新增粉丝数据的趋势图，有着重大的意义和价值，一方面，根据新增粉丝的趋势情况，可以判断不同时间段的文章推广效果；另一方面，根据趋势图中的新增粉丝数的最高点和最低点，再结合当时发布的内容，可以分析出这两种不同寻常的推广效果出现的原因。

❸ 累计用户

在"粉丝概况"页面上方，用大号字体显示了头条号的粉丝数，如图 7-2 所示，要注意的是，这里的粉丝数包括与头条号有关的"头条 / 问答""西瓜"和"抖音"总的数量。

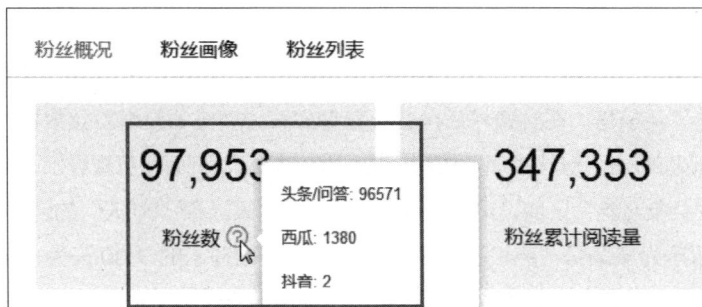

◆ 图 7-2　头条号粉丝数

　　而累计用户，在这里就是指头条号当前的粉丝数，即头条号从创立至今，有多少用户在关注，它是每天的新增用户数量和每天的取消关注用户数的差，在头条号运营时间内的总和。在一定程度上，累计用户数量可以说是代表了头条号的运营成果。

7.1.2　粉丝数据：如何将数据转化为表格

　　在头条号"粉丝概况"页面下方，有一个与粉丝相关的"数据列表"，如图 7-3 所示，这一数据列表包含了"时间""新增粉丝""取消关注"和"累计粉丝"4 项内容。

◆ 图 7-3　头条粉丝数据列表

在图 7-3 的右上方，有一个"导出 Excel"按钮，单击该按钮，弹出"新建下载任务"对话框，❸设置下载文件的名称和目标位置；❷然后单击"下载"按钮，如图 7-4 所示。

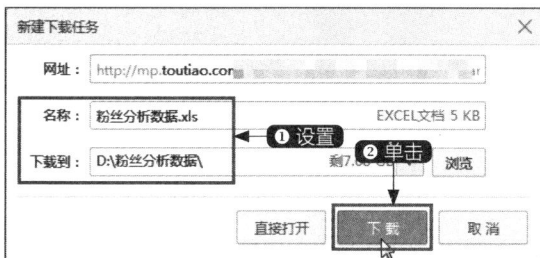

◆ 图 7-4 "新建下载任务"对话框

执行操作后，即可将粉丝数据列表导出为一个方便计算和分析的 Excel 电子表格，如图 7-5 所示。

	A	B	C	D	E	F	G
1	日期	新增粉丝	取消关注	累计粉丝			
2	2018-07-12	225	8	97799			
3	2018-07-11	264	7	97582			
4	2018-07-10	206	5	97325			
5	2018-07-09	228	8	97124			
6	2018-07-08	311	17	96904			
7	2018-07-07	426	10	96610			
8	2018-07-06	377	13	96194			
9	2018-07-05	230	13	95830			
10	2018-07-04	223	20	95613			
11	2018-07-03	217	8	95410			
12	2018-07-02	263	10	95201			
13	2018-07-01	282	13	94948			
14	2018-06-30	280	15	94679			
15	2018-06-29	271	16	94414			
16	2018-06-28	343	18	94159			
17	2018-06-27	298	9	93834			
18	2018-06-26	236	10	93545			
19	2018-06-25	229	11	93319			
20	2018-06-24	175	9	93101			
21	2018-06-23	139	6	92935			
22	2018-06-22	200	5	92802			
23	2018-06-21	146	7	92607			
24	2018-06-20	184	12	92468			
25	2018-06-19	175	11	92296			
26	2018-06-18	189	6	92132			
27	2018-06-17	178	10	91949			
28	2018-06-16	86	8	91781			
29	2018-06-15	74	7	91703			
30	2018-06-14	147	8	91636			
31	2018-06-13	185	8	91497			

◆ 图 7-5 粉丝数据列表下载效果

数据列表中所包含的时间范围，就是图 7-1 所选择的时间区域，图 7-3 所示的数据列表中的时间范围是 30 天。

7.1.3　粉丝画像：教你分分钟留住粉丝

"粉丝画像"是头条号粉丝管理中的重要组成内容，是对头条号粉丝的数据化的描述。头条号后台的"粉丝画像"页面，从性别、年龄、地域、终端、内容分类、更受关注的关键词和与其他平台的共同等用户属性方面，为运营者构建起来一幅较完整的用户画像。通过这些关于用户属性的信息，运营者可以从用户角度更好地安排内容并留住粉丝。

❶ 性别属性

图 7-6 所示为头条号"手机摄影构图大全"用户的性别比例图。这一项数据没有关于具体粉丝数的呈现，它只显示了男、女用户比例，但是运营者可以直观的了解男女比例和双方占比之间的差距。

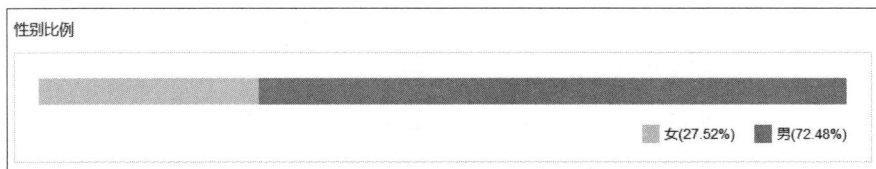

性别比例

女(27.52%)　男(72.48%)

◆ 图 7-6　"手机摄影构图大全"头条号的用户性别比例图

查看了用户性别比例后，从图 7-6 中运营者可以得出以下结论：

该头条号男性用户比例和女性用户比例相差很大，其中男性用户是女性用户的两倍多，运营者要根据头条号的定位来判断这样的比例是否与其目标用户群体相匹配。

因为用户的性别比例相差很大，所以运营者在发布内容的时候，要更多的兼顾男性用户的喜好习惯和行为模式，这就要求运营者对"摄影构图"的内容有更为精细化的分类。

❷ 年龄属性

图 7-7 所示为头条号"手机摄影构图大全"用户的年龄分布比例图，把鼠标放在图上，可以看到各年龄区间分布的具体比例。当然，用户也可以在右侧的数据分布表中查看详细数据。

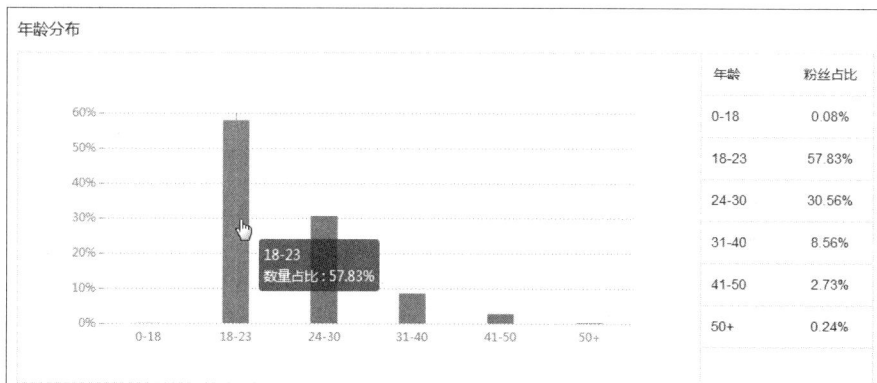

年龄分布

年龄	粉丝占比
0-18	0.08%
18-23	57.83%
24-30	30.56%
31-40	8.56%
41-50	2.73%
50+	0.24%

18-23
数量占比：57.83%

◆ **图 7-7 "手机摄影构图大全"头条号的用户年龄分布比例图**

查看了用户年龄分布比例后，从图 7-7 中运营者可以得出以下结论：

该头条号用户的年龄主要集中在 18~23 岁与 24~30 岁两个区间，且这两个区间用户所占的比例都在 30% 以上，远比其他年龄阶段的用户要多得多，总和更是高达 88.39%。

因为这些用户都属于青年群体范畴，是比较年轻的一代，有他们特有的喜好、习惯等，因此，运营者在发布内容的时候，可结合他们喜欢的领域来撰写摄影构图文章，如影视娱乐、游戏、网络等，相信这样能实现更好的运营效果。

❸ 地域属性

图 7-8 所示为头条号"手机摄影构图大全"用户的地域分布图。

在该图上，除了一个利用颜色深浅表示用户分布的全国地图外（已隐去），另外还有一个表示用户分布百分比饼图和详细的数据分布表。原本饼图上是没有显示具体的百分比的，此时用户可以对照其右侧的数据分布表查看，也可以把鼠标放在其中的一个色块上，该部分就会突出显示并显示百分比数据。

在笔者看来，用户地域分布数据情况也是运营者必须要了解并运用到运营工作中的用户属性要素，一般来说，可从如图 7-9 所示的几个方面着手。

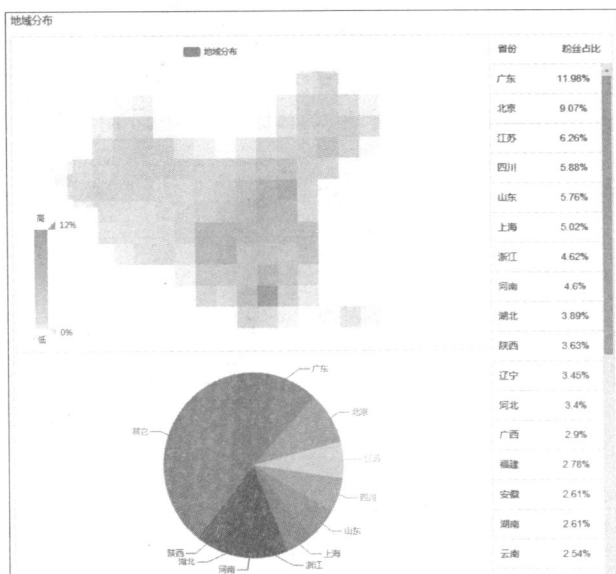

◆ 图7-8 "手机摄影构图大全"头条号的用户地域分布百分比饼图

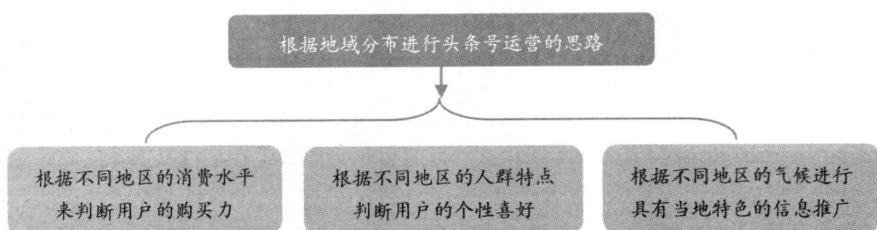

◆ 图7-9 根据地域分布进行头条号运营的思路

❹ 终端属性

图7-10所示为头条号"手机摄影构图大全"用户的手机终端分布图。

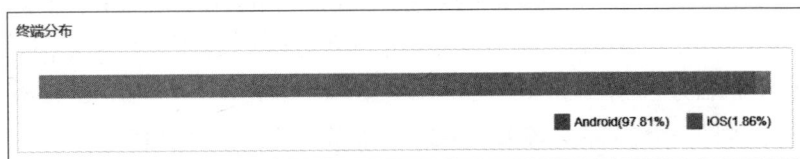

◆ 图7-10 "手机摄影构图大全"头条号的用户手机终端分布图

查看了用户终端使用分布比例后，从图 7-10 中运营者可以得出以下结论：

该头条号使用 Android 系统终端的用户占了用户总数的 97.81%，远多于使用 iOS 系统终端的。因此，运营者可以从这一点出发，在推送的内容中为大家介绍更多的有关各种品牌手机的相机、摄影知识介绍，以获得更多的用户点击和认可。

当然，运营者如果有志于在更大范围内发展，也可适当增加 iOS 系统终端的区别于 Android 系统终端的一些需要特别注意的摄影知识，一方面可以提升内容的专业性，另一方面也兼顾了有着一定数量的 iOS 系统终端用户群体。

❺ 偏好内容

关于头条号用户偏好哪些分类内容，其实也是用户属性的组成内容之一，只是与上面介绍的纯粹从用户自身出发的总体比例情况的 4 个客观方面不同，用户偏好哪些分类内容，更多的是建立在主观上的数据情况，为运营者提供明确的内容运营方向。

图 7-11 所示为头条号"手机摄影构图大全"用户的偏好分类内容分布图，将鼠标放在图上，可以看到该柱形条所代表的分类内容的具体比例。

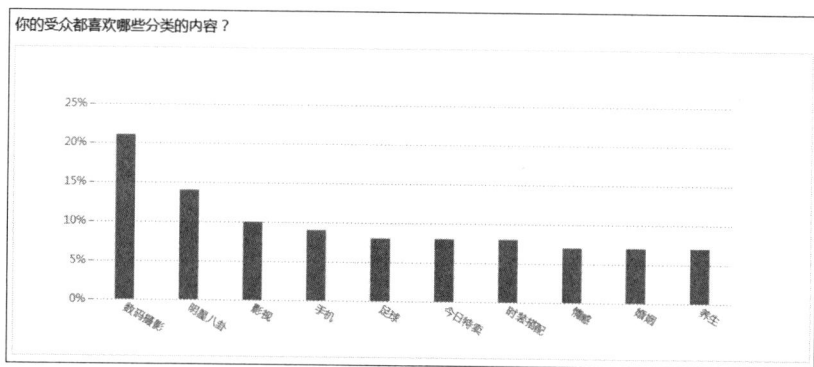

你的受众都喜欢哪些分类的内容？

◆ 图 7-11 "手机摄影构图大全"头条号的用户偏好分类内容分布图

从该柱形图中可以很清楚地看到偏好不同分类内容的用户比例差距和具体的占比，有了这些数据，运营者对内容的可拓展方向一般就有了大致的把握，那么接下来的运营工作也就会相应熟练起来，做到得心应手。

❻ 偏好关键词

与偏好哪些分类内容相似，关于用户偏好哪些关键词也是可以为具体的运营工作提供直接指导的。更重要的是，它是针对头条号推送内容的所属分类而得来的结果，因而可以在内容中更多的合理植入用户偏好的关键词，以便让内容更多的被用户搜索和喜欢，从而促进头条号的发展和壮大。

图 7-12 所示为头条号"手机摄影构图大全"用户的偏好关键词分布图，同样的，将鼠标放在图上，可以看到该柱形条所代表的关键词的具体比例。

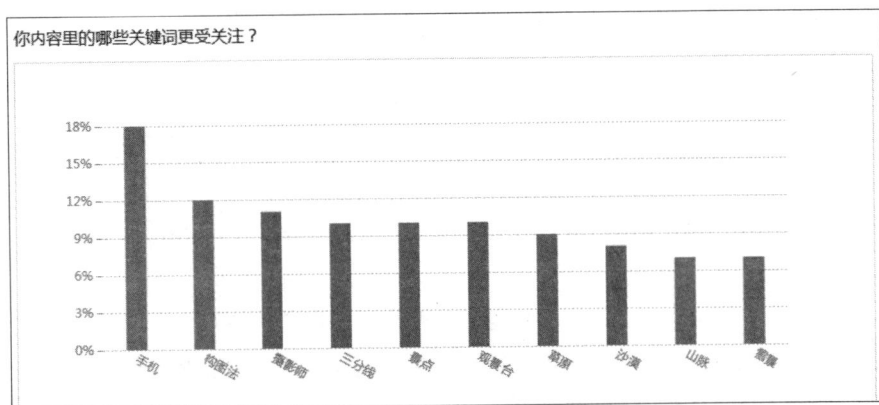

◆ 图 7-12 "手机摄影构图大全"头条号的用户偏好关键词分布图

❼ 有共同用户的平台

在当今新媒体时代中，大大小小的新媒体平台数不胜数，同样那些想要在新媒体领域发展的用户也很多，在这些平台的不同账号间，它们并不是独立的，总是与其他账号有着关联，例如，关注这一个账户的用户同时也有可能关注另一个账户。图 7-13 所示为头条号后台中与"手机摄影构图大全"头条号有着相同用户的其他头条号的显示。

这些与自身头条号有着相同用户和相似的用户属性的头条号发展情况不一，有粉丝很多的，也有粉丝很少的。那么，应该选择什么样的头条号进行合作，才能实现双赢呢？

具体来说，在完成数据对比分析的情况下，运营者可以从两个方面来判断合作的头条号：一是阅读量，阅读量表示平台的活跃情况；二是评论量，有评论不仅代表着平台的活跃程度，还可以表达用户对文章的兴趣，所以才会评论，正所谓有想法才会有评论。具体的合作策略如下：

◆ 图 7-13 与"手机摄影构图大全"头条号有着相同用户的其他头条号

▶ 有些头条号显示很多粉丝的，发布的文章阅读量却不高，像这一类的头条号中粉丝的活跃度是比较低的，这类头条号是不适宜合作的；

▶ 有些头条号粉丝数不是特别高，但是文章阅读量却比其他一些粉丝数高的头条号要高，这一类头条号是比较适合寻求合作的；

▶ 有些头条号虽然粉丝比较少，但是其往期的阅读量比较稳定，说明该头条号的粉丝活跃情况也是比较稳定的，与其合作，在粉丝兴趣相近的情况下，是可以达到快速增粉的效果的。

7.1.4 粉丝列表：如何获取全部用户信息

在运营头条号的过程中，运营者有时会想一探究竟——"关注我们头条号的具体是什么用户？"对于这一问题，头条号后台的"粉丝列表"将为大家提供详细而准确的答案。图 7-14 所示为"粉丝列表"页面的部分内容展示。

由图 7-14 可知，在该页面上运营者可以查看所有关注了头条号的粉丝——了解其头像和昵称，同时可以单击"关注"按钮 ∞关注 实现互相关注，以便更加详细地了解该用户，还可以单击"私信"按钮向对方发送私信，以便加强双方之间的沟通和交流。

不知道大家注意到没有，在图 7-14 的右上方，有"登录用户"和"未登录用户"两项（图 7-14 显示的就是"登录用户"页面的部分内容），其实，这两项是对粉丝进行的分类。其中，登录用户指的是有头条号账号并登录之后再关注该头条号的用户，未登录用户指的是该用户在手机上通过"今日头条"APP 关注了该头条号但是却没有登录的用户。图 7-15 所示为未登录用户的粉丝列表显示。

◆ 图 7-14 "粉丝列表"页面

◆ 图 7-15 未登录用户的粉丝列表页面

在未登录用户的粉丝列表页面上，运营者对粉丝的了解仅限于其所使用的终端类型和粉丝数量，其他的关于粉丝的具体情况和交流途径都是没有的。且这样关注的用户，一般变动比较大，如果用户更换了手机，那么这一粉丝虽然在"粉丝列表"页面显示了，但在实际上却是随之消失了。如果该用户对头条号有着足够的忠诚度，才有可能在更换后的手机上重新关注头条号。因此，运营者要想发展忠诚粉丝，最好还是从登录用户中寻找。

7.2 内容分析：头条号内容营销的数据分析

如果说上一节是从用户的角度出发来进行数据分析，在了解运营的目标群体的情况下来推广运营，那么，在此笔者将从自身的角度出发来进行数据分析，也就是说，基于头条号所发布的内容的各种数据情况来了解头条号的发展现状，分析前段时间内容运营的经验与成果以及总结不足等。

7.2.1 概况数据：一分钟教你掌握头条号状况

运营者只要单击头条号后台主页的"数据分析"按钮，即可进入相应页面查看当天的推送内容数据概况，如图 7-16 所示。

◆ 图 7-16 关于内容的当天总体数据分析概况

从图 7-16 可以看出，在"数据详情"区域，右上方显示了文章量、推荐量、阅读量、粉丝阅读量和评论数 5 项数据，在下方柱形图中则多了转发量和收藏量两项。

同时，运营者如果想了解某一段时间内容的数据概况，可以单击"7 天"、"14 天"、"30 天"按钮或在时间区间选择框中选择想要了解的时间区域。图 7-17 所示为"14 天"的内容数据概况图。

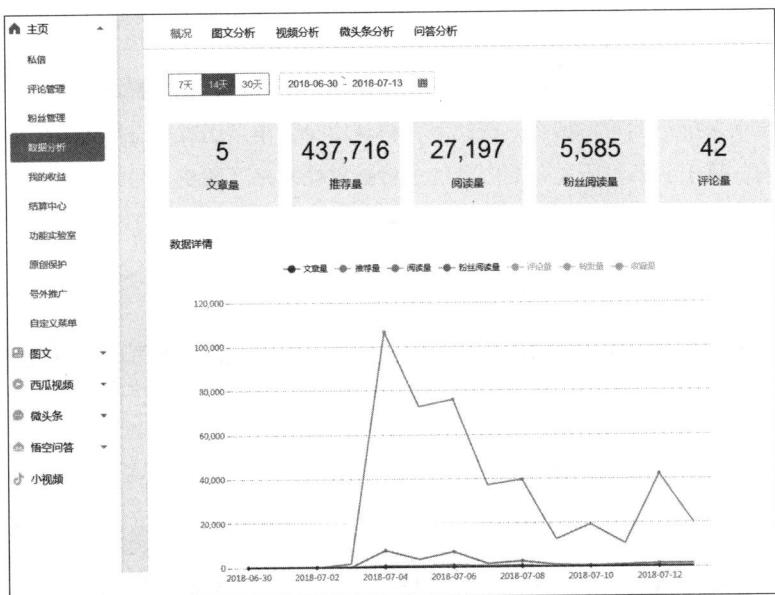

◆ 图 7-17 "14 天"的内容数据概况图

与当天的内容数据概况图不同，图 7-17 中是以折线图这种能更好地表达发展趋势的形式来展现数据概况的。细心的读者会发现，在折线图上方的图例中，既有灰度显示的比例，也有亮度显示的比例，运营者可根据需要单击相应的图例，即可让折线图中对应的线条显示或隐藏。

在此，笔者还要补充一点，那就是在"概况"页面下方，还有一个表现各项数据的分布表。在该表中，除了上述提及的数据外，还有表示视频数据概况的"播放量"和"粉丝播放量"两项内容，如图 7-18 所示。

导出Excel

时间	推荐量	阅读量	粉丝阅读量	播放量	粉丝播放量	评论量	收藏量	转发量
2018-07-13	19888	1444	352	0	0	2	39	5
2018-07-12	42103	1400	455	0	0	2	49	28
2018-07-11	10462	868	298	0	0	1	18	4
2018-07-10	19161	491	370	1	0	3	19	9
2018-07-09	12373	804	0	0	0	0	27	12
2018-07-08	39565	2549	628	0	0	3	51	37
2018-07-07	37203	1505	453	0	0	3	37	19
2018-07-06	75876	6918	839	0	0	13	91	54
2018-07-05	72685	3532	559	0	0	3	43	31
2018-07-04	106671	7595	622	1	0	12	153	99

1 2

◆ 图 7-18　内容数据“概况”页面的数据详情分布表

7.2.2　图文分析：优化内容增加文章阅读来源

在“数据分析”页面，运营者单击页面上方“图文分析”按钮，即可切换到“图文”页面下，在该页面的“图文数据”标签下显示了“图文分析”页面的内容。图 7-19 所示为“2018-04-15~2018-05-14”的图文数据详情分布表。

主页
图文
图文主页
发表文章
发表图集
内容管理
评论管理
素材管理
图文数据
西瓜视频
微头条
悟空问答
小视频

图文分析

7天 14天 30天　2018-04-15 - 2018-05-14

导出Excel

标题	推荐量	阅读量	评论量	收藏量	转发量	操作
手机摄影入门：...	60461	1253	1	29	26	详细分析
摄影人｜总说自...	191458	4253	12	126	108	详细分析
雨季不好拍片？...	15355	580	1	49	33	详细分析
摄影：下雨拍不...	174991	28441	34	1757	1475	详细分析
五一长假旅游摄...	1077	13	0	0	0	详细分析
旅游摄影：五一...	2150	199	1	0	0	详细分析
人像摄影系列：...	299	21	0	4	1	详细分析
摄影入门：10种...	1608	728	1	35	41	详细分析
20种人像摄影技...	61420	8200	33	1336	952	详细分析
摄影教程：20个...	1631468	115788	392	17969	10861	详细分析

1 2

◆ 图 7-19　“2018-04-15~2018-05-14”的图文数据详情分布表

从图 7-19 中的各个图文数据中笔者可以得出以下运营结论：

（1）高推荐量是基础。图文内容只有具有高推荐量，才能在更广的范围内被受众看到，这样才能提升用户阅读的更多可能性，相应的，评论量、涨粉量、收藏量和转发量也才能更高。

否则，在推荐量很少的情况下，即使文章质量再好、阅读率再高（阅读率 = 阅读量 ÷ 推荐量），那么其阅读量还是有限的，后面的几项数据自然也就会很少或几乎没有。因此，通过多方面努力提升推荐量是运营的基础。

（2）价值展示很重要。在有了高推荐量的基础上，标题中的价值展示很重要。由图 7-19 可知，在阅读量、评论量、收藏量和转发量方面数据较高的前 3 名无一不是在标题中展示了阅读者所能获得价值的文章——"摄影教程"、"X 种技巧 / 拍法"，有时搭配上技巧的使用场景，会使得推广效果可能更好。

在此以《摄影人丨总说自己不会，其实你跟专业摄影师只差这一步！》和《摄影：下雨拍不出好照片？你错了！试试这 15 种场景拍法！》为例来分析。在此单独把这两篇文章的各项数据拿出来做成一个表格，如表 7-1 所示，以便进行对比。

表 7-1　头条号两篇文章的数据对比

文章名称	推荐量	阅读量	评论量	收藏量	转发量
《摄影人丨总说自己不会，其实你跟专业摄影师只差这一步！》	191458	4253	12	126	108
《摄影：下雨拍不出好照片？你错了！试试这 15 种场景拍法！》	174992	28441	34	1757	1475
（文章 2 - 文章 1）/ 文章 2	-9.4%	85.0%	64.7%	92.8%	92.7%

这两篇文章的推荐量都比较高，后者虽然相较前者来说较少，却也相差不大。然而在这样的推荐量下，两者的阅读量却截然相反，后者比前者多得多。在"评论量"这一表示互动的数据项中，相互间的比值差虽然比阅读量小，但也不容小觑。撇开这一表示互动度的数据项不谈，再来看后面的"收藏量"和"转发量"这些表示读者所获取的文章信息价值的数据，其比值都达到了 90% 以上。

可见，在标题上充分地展示价值还是很重要的，特别还是那些充分展现了技巧的适用场景和实用性的标题。当然，这些都是建立在有着优质原创内容的基础之上的，否则再好的标题也是白搭。

在图 7-19 中可以看到，在每篇文章的"操作"栏下方，有一个"详细分析"按钮，单击该按钮即可进入单篇文章内容的数据"详细分析"页面。在该页面中包括了 4 个区域的内容，如图 7-20 ～图 7-22 所示。

◆ 图 7-20　文章阅读数据概况区域

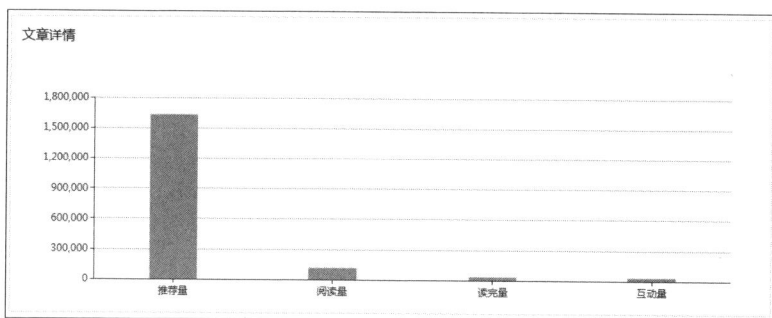

◆ 图 7-21　"文章详情"区域

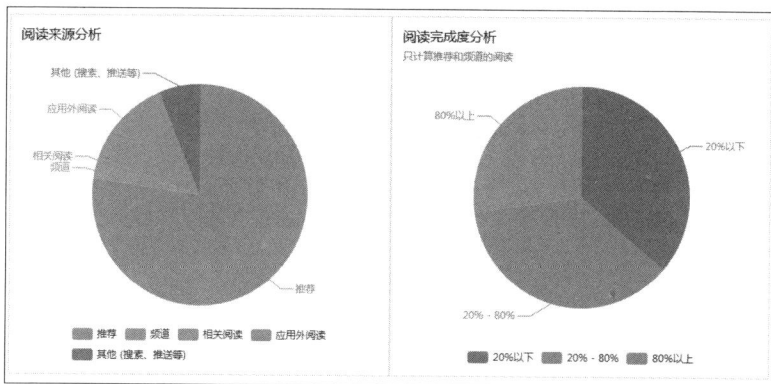

◆ 图 7-22　"阅读来源分析"区域和"阅读完成度分析"区域

其中，图 7-20 所示的区域包括 3 个方面的数据，具体如下：

▶平均阅读进度：即在所有点击阅读的用户中，他们阅读文章的平均完成度的百分比。这是判断一篇文章是否有价值和值得阅读的重要指标，往往该百分比越高，该篇文章所代表的阅读价值也就越大。

▶跳出率：即在所有点击阅读的用户中，有多少人是在还没有读完 20% 的内容时就放弃了阅读。这时数据其含义恰好与平均阅读进度相反，往往百分比越高，所代表的该篇文章阅读价值可能就越小。

▶平均阅读速度：在所有点击阅读的用户中，他们阅读该篇文章的平均速度的百分比。这一数值以"字／秒"为单位，表示用户平均一秒钟阅读了多少字。这一数值是由多个方面决定的，一般而言，内容越容易让人理解，其平均阅读速度就越快。

关于"文章详情"中的"推荐量"、"阅读量"、"读完量"和"互动量"很好理解，这里就不再进行讲述。而在"阅读来源分析"和"阅读完成度分析"区域，运营者可以移动鼠标至图中的某一色块中，就会显示该色块的含义、详细用户数据及其比例。在此以阅读来源分析中的"应用外阅读"为例来进行介绍，如图 7-23 所示。

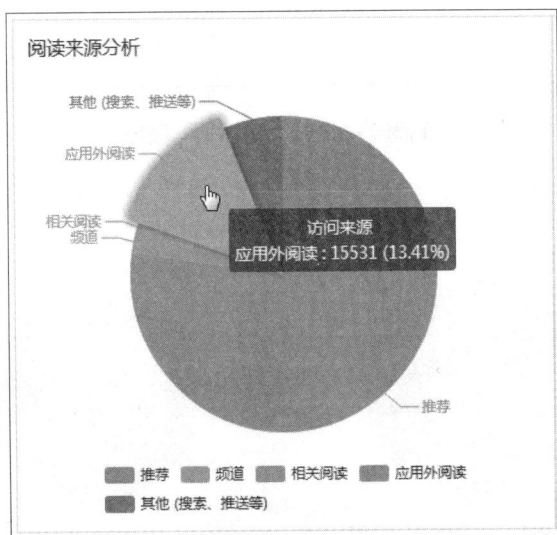

◆ 图 7-23　阅读来源分析的"应用外阅读"数据

所谓"应用外阅读"，即被分享到其他平台（如新浪微博、QQ 空间等）或转发到其他应用里的头条号文章阅读量，这里的应用外是相对于头条客户端来说的。从图 7-23 可以看出，突出显示的色块所代表的是阅读来源的"应用外阅读"，其具体的用户数据为 15531 人，占用户阅读总数的 13.41%。

7.2.3 视频分析：实现精细化的视频数据运营

运营者如果想要分析视频内容，可以单击"西瓜视频"按钮，进入"西瓜视频"页面，然后在"内容分析"页面中查看即可。图 7-24 所示为某一天的视频内容"数据分析"页面。

◆ 图 7-24 某一天的头条号视频内容"数据分析"页面

西瓜视频产品的"内容分析"页面，分成两大区域，具体如下：

一是"昨日关键数据"，它包含了"昨日播放量"、"昨日粉丝播放量"、"累积播放量"和"累计播放时长（分钟）"4 项内容。

二是视频内容数据分布表，显示了一个视频的"推荐量"、"播放量"、"评论量"、"收藏量"、"转发量"和"播放时长（分钟）"6 项内容，相较于"图文分析"页面而言，改变的就是多了"播放时长（分钟）"这一项内容，且"阅读量"换成了"播放量"。

如果用户想要查看这一视频内容的具体数据情况，可以单击"操作"栏下方的"详细分析"按钮，进入"视频分析"页面，如图 7-25 所示。

平均播放进度 ②	跳出率 ②	平均播放时长 ②
25.61%	9.09%	00:04:35

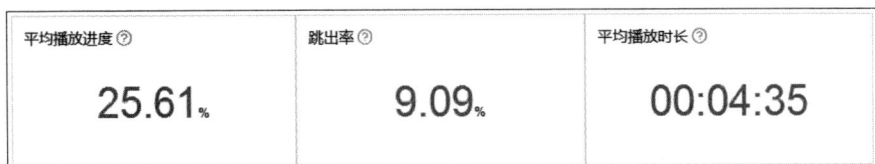

文章详情

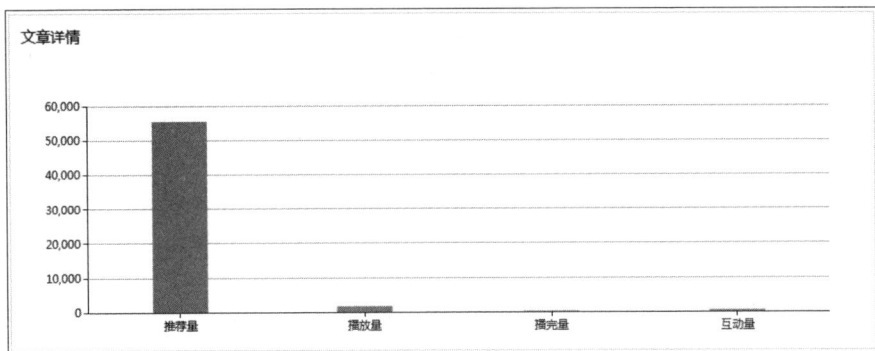

播放完成度分析
只计算推荐和频道的播放

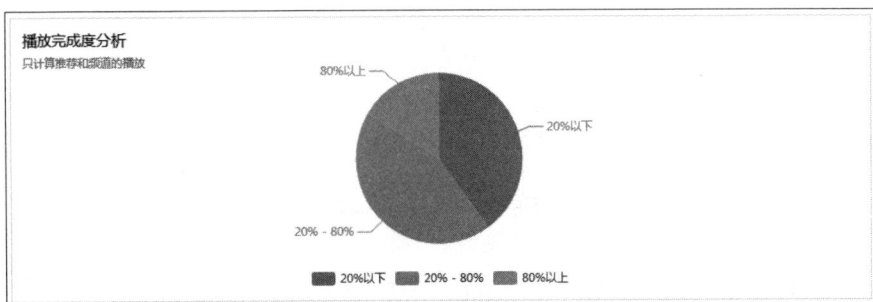

◆ 图7-25 "视频分析"页面

"视频分析"页面与上一小节中介绍的"图文分析"页面大体相同，但是它是由3部分区域组成，这也是最大的不同——少了"阅读来源分析"一项。

7.2.4 微头条分析：推荐给潜在的感兴趣用户

相对于图文内容和视频内容来说，微头条的发布明显更简单。因此，只要是运营者认为有价值的、能吸引人注意的短小内容都可以发布到平台上，如一张图片、一句话等。运营者如果想要查看发布的微头条的各项数据，就可以单击"数据分析"按钮，进入"微头条分析"页面查看，如图7-26所示。

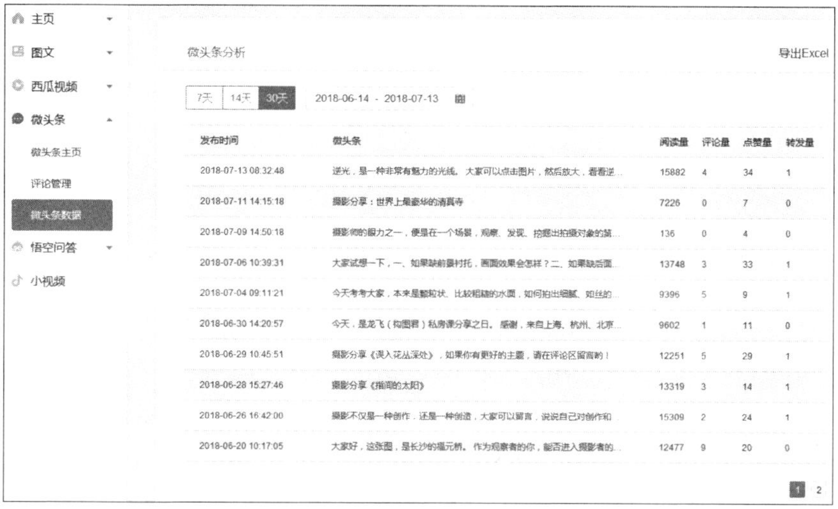

◆ 图 7-26 选择"30 天"时间区间的"微头条分析"页面

从图 7-26 可以看出，关于微头条的数据"阅读量"、"评论量"、"点赞量"和转化量 4 项，但是它明显是不包括推荐量在内的。

> **专家提醒**
>
> 　　这里的评论数指的是总评论量，无论是粉丝的评论还是非粉丝的评论，都包括在内，如果运营者想要了解不同的评论数，可进入"评论管理"页面查看。

7.2.5　问答分析：优秀回答有机会被推荐上头条

"悟空问答"是头条号的一个重要产品，它是有针对性的获得精准目标用户的最佳途径之一，因此，运营者有必要了解问答数据，且对各个问答的具体数据进行查看并对比，在得出结论的前提下有利于问答问题的选择和回答内容技巧的运用。在此，笔者将从创作优秀回答的角度出发来了解头条号后台的数据查看和分析。

关于头条号在"悟空问答"这一产品方面的总的内容数据，可在"悟空问答"的"问答数据"页面进行查看，如图 7-27 所示。

◆ 图 7-27 "悟空问答分析"页面

其实，"问答数据"页面是包括两部分的，上方是问答的总体数据，下方是 7 天内的具体问答数据分布表，如果在最近 7 天内运营者没有回答问题，那么，下方将不会显示。而要想查看更久之前的具体的每个问答数据，可以进入"我的问答"页面，选择"问答"选项进行查看，如图 7-28 所示。

◆ 图 7-28 查看每个问答的具体数据

从图 7-28 可以看出，每个问答下面有两个表示数据的区域，一是在"问题"标题下方，它显示的是针对这一问题的数据，也就是说，关于这一问题有多少人回答了，又有多少人收藏了；另一个是在自身头条号问答内容的下方，它显示的是该回答的数据，包括"阅读量"、"点赞量"和"评论量"这 3 个一般内容都有的数据。

基于此，运营者不仅可以通过比较"问题"的数据，选择那些回答比较多、关注度比较高的问题，还可以通过比较每条"问答内容"的数据，看看各项数据比较高的问答内容是如何回答，而各项数据低的问答内容又是如何的，然后取长补短，打造更好的爆款问答内容。

7.3 创作热点：捕捉即时热点、分析热点事件数据

在头条号后台主页下方，有一个"发现"区域，专门为创作者和运营者提供创作指导和辅助资料，"创作热点"就是其中之一，如图 7-29 所示。

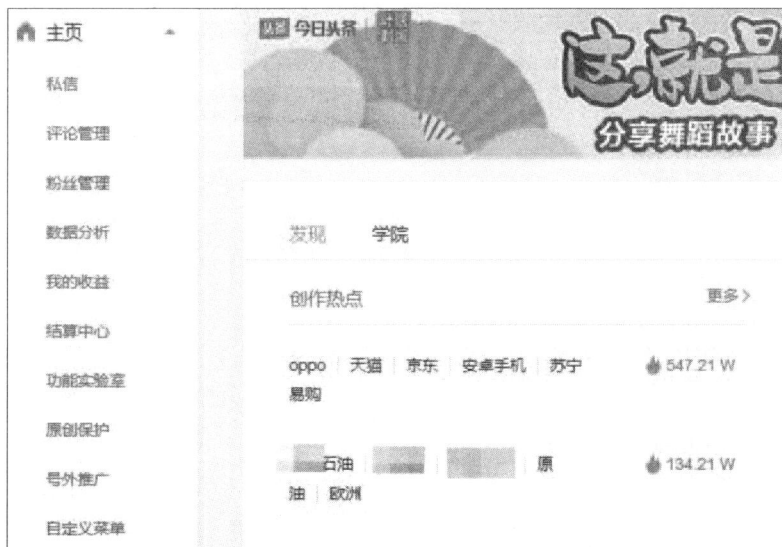

◆ 图 7-29 "创作热点"版块

运营者可以根据这一版块中显示出来的热点，在自身头条号内容推广中把它们嵌入其中，从而提升内容的关注度和阅读量。如果觉得当前显示的热点并不合适，还可以单击"更多"按钮跳转到"今日头条媒体实验室"网页进行选择。本节就介绍如何捕捉和挖掘热点。

7.3.1 预测热点：两大数据趋势昭示可能热点

在"今日头条媒体实验室"网页中，运营者可以通过"热点追踪"来预测热点的走向和未来一段时间内的热点。在笔者看来，其"热门事件"页面的"热度值"和"飙升事件"页面的"飙升值"都是可以参考的依据。

图7-30所示为"热门事件"页面的"热度值"展示。图7-31所示为"飙升事件"页面的"飙升值"展示。

从图7-30和图7-31中可以看出，无论是热度值还是飙升值，都用一段短的折线表现出该热点的发展趋势情况。如果热度值和飙升值呈上升趋势，那就表示该热点在未来一段时间内可能还会维持其当前的热度或热度可能上升；反之则相反。基于此，运营者可以结合自身头条号内容的垂直领域与未来可能的热点相结合，从而打造借势型的爆款内容。

◆ 图7-30 "热门事件"页面的"热度值"展示

◆ 图 7-31 "飙升事件"页面的"飙升值"展示

7.3.2 搜索热点：全面挖掘和分析关键词热点

无论是热门事件还是飙升事件，它们都是社会中的热点，可能与自身头条号内容的相关度并不太高，此时，运营者可以通过"今日头条媒体实验室"网页上方的文本框输入关键词来挖掘和分析与自身头条号推广内容相关的热点。笔者在此以关键词"摄影"为例进行介绍。

输入关键词"摄影"，即可进入相应页面，在该页面上，运营者可查看该关键词的"热度指数""关联分析""相关内容""人群画像"和"评论分析"5 项数据。在此，笔者将对"热度指数""关联分析"和"人群画像"进行详细介绍，具体内容如下。

❶ 热度指数

"热度指数"折线图是根据其系统的热度指数模型而计算得出的以小时或天为单位的热度值趋势图和累计图，如图 7-32 所示。

❷ 关联分析

"关联分析"指的是推送的内容中与"摄影"相关的一些关键词的分析，它包括两部分内容，一是相关关键词热度分布图，如图 7-33 所示。二是相关关键词的相关度和热度排名列表，如图 7-34 所示。

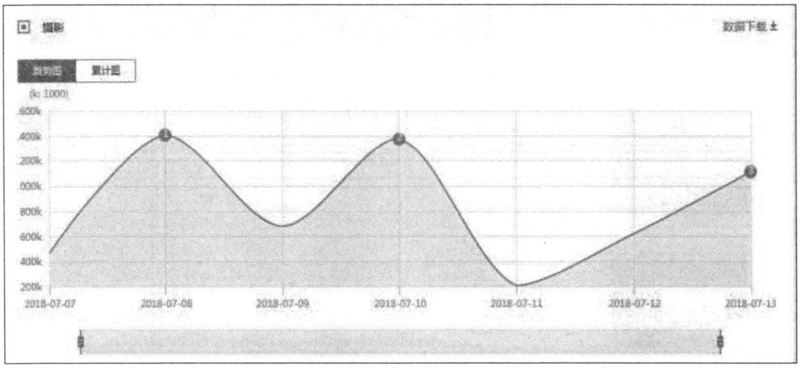

（1）热度指数趋势图

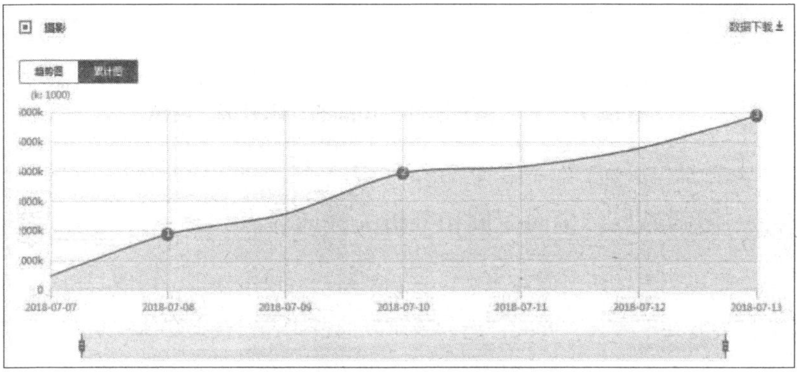

（2）热度指数累计图

◆ 图 7-32 "摄影"热度指数

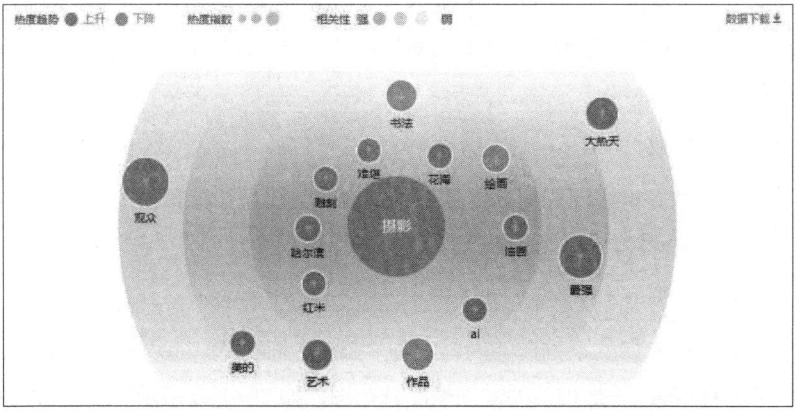

◆ 图 7-33 "关联分析"之相关关键词热度分布图

相关度排名		热度排名	
1. 花海		1. 观众	72797366
2. 难堪		2. 最强	55858775
3. 哈尔滨		3. 大热天	25820174
4. 雕刻		4. 作品	23541569
5. 红米		5. 书法	20088981
6. ai		6. 艺术	18479233
7. 油画		7. 绘画	10372528
8. 绘画		8. 哈尔滨	7357679
9. 书法		9. 美的	4480256
10.作品		10.花海	3435729

◆ 图 7-34 "关联分析"之相关关键词的相关度和热度排名列表

专家提醒

在图 7-33 中，分布图上方的图例对该图做了明确说明：

（1）根据圆形颜色可判断关键词的热度趋势，红色表示其热度正在上升，绿色则相反；

（2）根据蓝色的颜色深浅可判断该关键词与"摄影"相关度的强弱，颜色越深，表示相关度越强；

（3）根据关键词所在圆形的大小可判断其热度指数的大小，圆形大小与热度指数高低成正比。

如果运营者想了解图 7-33 中的相关关键词的具体内容和含义，可以单击代表该关键词的圆形，即可显示出来，如图 7-35 所示。

总之，根据"关联分析"中的数据信息，运营者可以清楚地知道哪些与"摄影"相关的关键词是可以运用在自己的内容创作中的，它们的热度情况究竟如何，这样的热点挖掘对头条号作者和运营者来说还是非常有意义的——避开了在寻求热点的过程中茫然无措和无处选择的困境，为植入热点的内容创作指明了方向。

❸ 人群画像

"人群画像"指的是今日头条用户对关键词"摄影"的关注度的分析，它主要包括 4 个方面的内容，即地域渗透度、用户兴趣、性别渗透度和年龄渗透度，具体内容分别如图 7-36 ～图 7-38 所示。

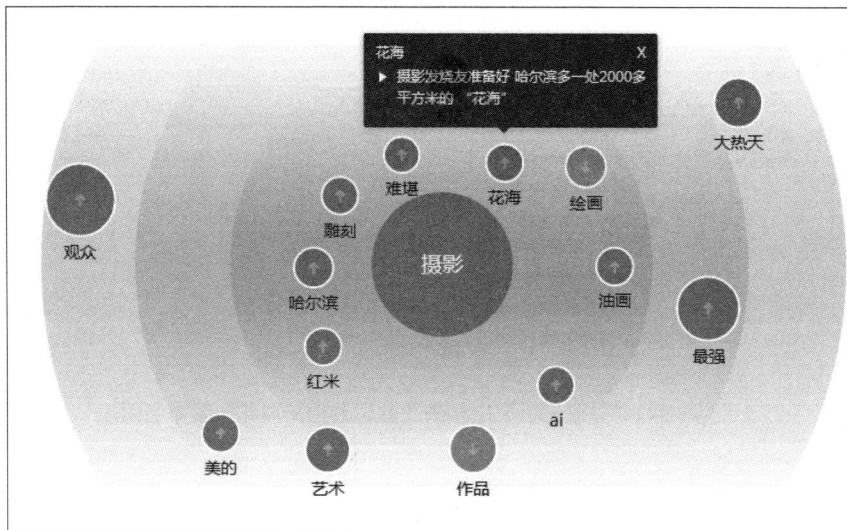

◆ 图7-35 相关关键词的具体内容和含义

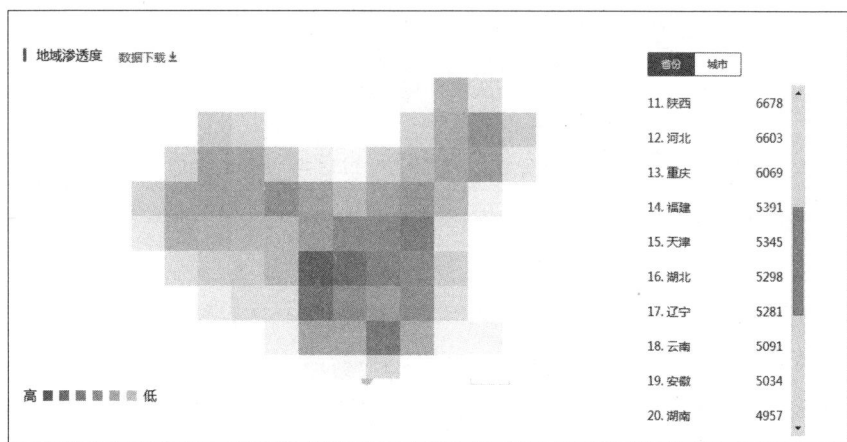

◆ 图7-36 "人群画像"之地域渗透度数据信息

　　至于"相关内容"和"评论分析"，其实分别说的就是与该关键词相关的热点专题内容与推广内容和一些点赞数比较高的与摄影相关的内容评论及相关文章展示，这里不再一一进行介绍。

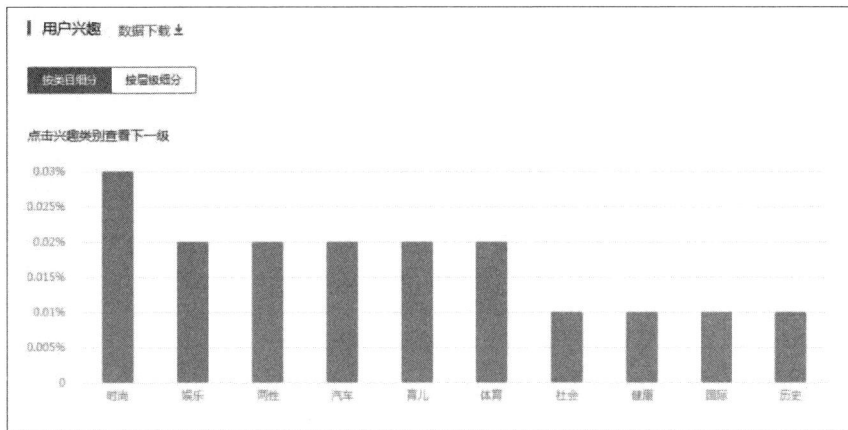

◆ 图 7-37 "人群画像"之用户兴趣数据信息

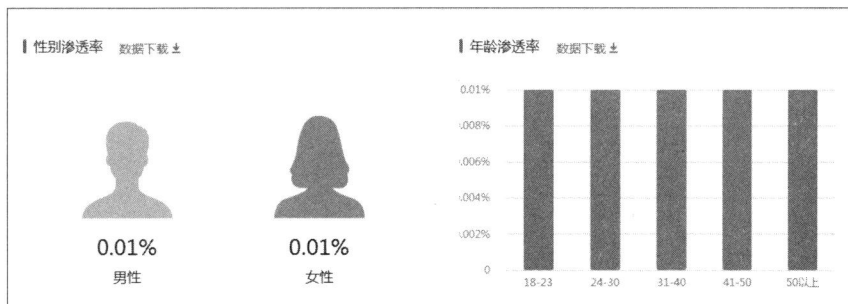

◆ 图 7-38 "人群画像"之性别渗透度和年龄渗透度数据信息

专家提醒

在搜索"摄影"关键词时，如果运营者对该关键词和另一个同类关键词实在两难取舍，那么可以在搜索文本框下方的"摄影"关键词右侧单击"添加对比词"按钮，在弹出的文本框中输入对比关键词，在此输入"构图"，即可显示两词的热度对比情况，如图 7-39 所示。然后再逐一对比"热度指数""关联分析""相关内容""人群画像"和"评论分析"5 项数据，即可确认哪一个关键词更适合作为自身头条号推广内容的主要关键词。

◆ 图 7-39　热点关键词对比分析

8
CHAPTER

吸粉引流：多渠道涨粉，全平台共享

新媒体运营实战
从入门到精通

在头条号平台中，内容和用户是运营工作中的重中之重，且两者之间有着紧密联系：内容是撰写给用户看的，反过来又会促进用户的增长。本章围绕吸粉引流目标，告诉头条号运营者如何快速涨粉，如何实现更大范围内的内容共享。

◇ 评论管理：通过互动，快速提升关注度
◇ 号外推广：创业公司值得重视的"推广利器"
◇ 快速转粉：8个小技巧帮助你轻松实现

8.1 评论管理：通过互动，快速提升关注度

创作者和运营者在管理头条号的过程中，除了要注意内容的优质，以便吸引粉丝外，还应该注意通过与用户互动来吸引粉丝，提升用户黏性。本节笔者就从用户管理这一角度出发，介绍通过互动提升关注度的方法。

8.1.1　评论管理：比内容更有趣的评论

在头条号后台的"评论管理"页面，共有 4 个选项可以查看评论，即"最新评论"、"图文评论"、"视频评论"和"微头条评论"。其中，在"最新评论"中可以按照时间的由近及远查看所有评论，后面的 3 个则是不同内容形式的评论集合。在此笔者从不同类型的内容产品出发，具体介绍如何进行评论管理。

关于"图文评论"、"视频评论"和"微头条评论"，运营者在"评论管理"页面选择相应的选项，即可跳转到相应内容形式下的"评论管理"页面进行查看。

图 8-1 所示为选择"图文评论"选项后进入"图文"内容产品下的"评论管理"页面效果展示。

◆ 图 8-1　"图文"内容产品下的"评论管理"页面

在图 8-1 所示的页面中，运营者可以查看全部文章的标题、评论状态是否正常、总评论数和粉丝评论数等内容，如果想要了解每篇文章的详细评论内容，可以单击图 8-1 中"操作"一栏中的"查看"按钮，进入相应页面查看该篇文章的每一条评论，如图 8-2 所示。

由图 8-2 可知，在文章标题下方有"全部评论"和"粉丝评论"两项内容，运营者可以选择"全部评论"查看所有评论，也可以选择"粉丝评论"查看关注了头条号的粉丝的评论。

◆ 图 8-2　单篇文章的"评论"页面部分内容展示

在图 8-2 中所示的页面中，运营者不仅可以查看评论，还可以与用户积极互动。在每一条评论右侧有"推荐""回复"和"点赞"按钮，在每一条评论下方，有"点赞"图标👍和"回复"💬图标，运营者可以单击相应按钮进行互动操作。

以"回复"为例，运营者单击评论内容右侧的"回复"按钮，即可编辑回复内容进行回复；单击评论内容下方的"回复"图标，在已经回复的情况下，可以查看回复内容，如果该条评论下还没有任何回复内容，那么就可以直接进入回复内容编辑页面进行回复。图 8-3 所示为已经单击"回复"按钮和"回复"图标的页面显示效果。

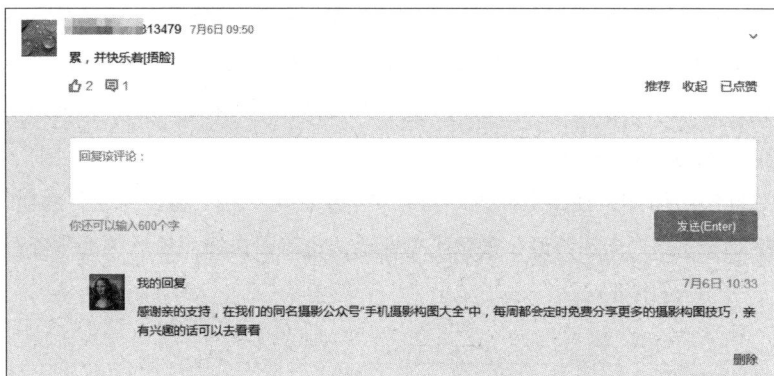

◆ 图8-3　评论"回复"展示与编辑页面

　　如果运营者对已有的回复内容不满意，可以单击图8-3中回复内容右下角的"删除"按钮进行删除操作；如果查看回复内容之后不想再添加其他回复，可以单击"收起"按钮，即可让回复内容编辑页面隐藏。

　　关于评论内容的回复，运营者除了要回答评论者的问题外，还需要对不同的用户采用不同的回复策略，具体如下：

▶针对粉丝评论，运营者首先可以感谢他们持续关注你，然后在回答他们的提问时要注意采用一种更亲切的语气，仿佛老朋友在交谈一样，这样才能在最大程度上提升用户的忠诚度；

▶针对非粉丝评论，运营者首先也应该感谢他们的支持，然后回答评论者的问题。除此之外，运营者还应该在最后以简短的语言，尽可能呈现用户关注后的福利，并邀请他们关注你。

　　关于"点赞"，如果运营者觉得该条评论中肯、有价值，就可以通过单击"点赞"按钮或"点赞"图标进行点赞操作，点赞过后的评论，其"点赞"图标将显示为红色，图8-3所示页面中的评论就是已经点赞的评论内容。

另外，不知大家注意到没有，在每条评论的右侧有一个 ∨ 图标，移动鼠标至该图标上，弹出一个包括"举报"和"删除"选项的下拉列表框，如果运营者觉得存在问题或不中肯，即可进行相应操作。

而"视频评论"和"微头条评论"内容产品下的"评论管理"页面与"图文"内容产品下的大体相似，这里不再一一进行介绍。

8.1.2 最新评论：对优质评论进行推荐

图 8-4 所示为"最新评论"页面的部分评论展示。

◆ 图 8-4 "最新评论"页面的部分评论展示

在图 8-4 中，乍一看可能有读者认为与上一小节中介绍展示的"图文"内容中的单篇文章"评论"内容展示页面太过相似，其实还是存在差别的，具体内容如图 8-5 所示。

专家提醒

运营者要注意，"微头条"内容产品中的单篇文章"评论"内容展示页面没有"推荐"按钮。

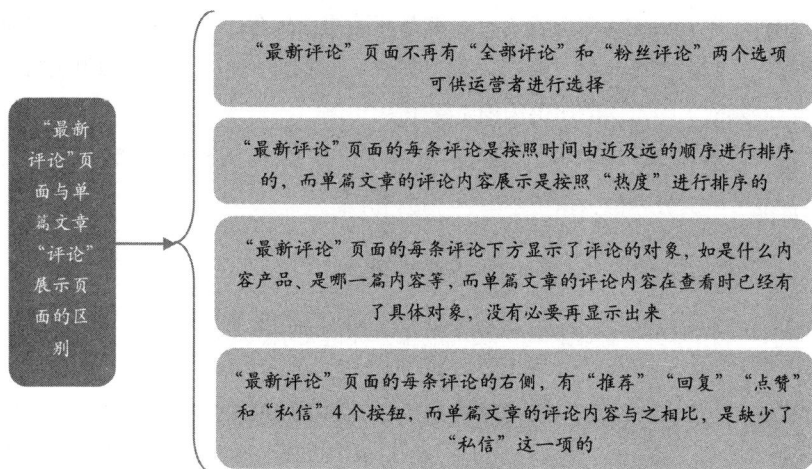

"最新评论"页面与单篇文章"评论"展示页面的区别

- "最新评论"页面不再有"全部评论"和"粉丝评论"两个选项可供运营者进行选择
- "最新评论"页面的每条评论是按照时间由近及远的顺序进行排序的，而单篇文章的评论内容展示是按照"热度"进行排序的
- "最新评论"页面的每条评论下方显示了评论的对象，如是什么内容产品、是哪一篇内容等，而单篇文章的评论内容在查看时已经有了具体对象，没有必要再显示出来
- "最新评论"页面的每条评论的右侧，有"推荐""回复""点赞"和"私信"4个按钮，而单篇文章的评论内容与之相比，是缺少了"私信"这一项的

◆ 图8-5 "最新评论"页面与单篇文章"评论"展示页面的区别

在上一小节中已经对评论内容的"回复"和"点赞"操作进行了介绍，而大家也都知道，除了这两项外，"推荐"也是"最新评论"页面与单篇文章"评论"展示页面都存在的。那么，"推荐"具体是指什么操作呢？关于这一问题，"最新评论"页面的评论内容上方利用灰色字体已经对其进行了解答，即"您可以对优质评论进行推荐，被推荐的评论将突出展示，每篇文章都可推荐一条评论"。

可见，对运营者来说，在管理评论内容时，不仅可以查看评论和与用户互动，还可以基于推广内容的目的而对优质评论进行突出显示，让该条评论更靠前。

8.1.3 评论保护：避免低质评论的攻击

在头条号后台的"功能权限"页面，有一项"评论保护"功能，这是一项对运营有着十分重要意义的功能，具体如图8-6所示。

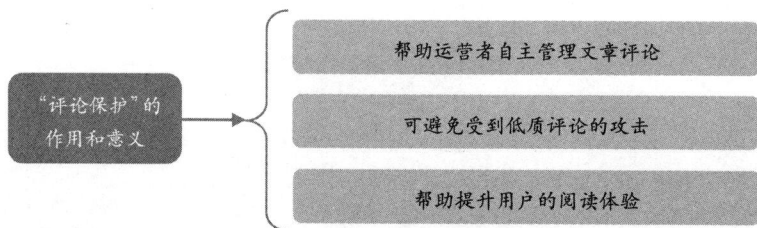

"评论保护"的作用和意义

- 帮助运营者自主管理文章评论
- 可避免受到低质评论的攻击
- 帮助提升用户的阅读体验

◆ 图8-6 "评论保护"功能的作用和意义

　　既然"评论保护"功能有着如此重要的作用和意义，那么，运营者应该如何开通该功能呢？其实，开通该功能是需要一定条件的，一是要求头条号已经开通了原创功能，二是在粉丝数量上要求头条号至少有 10 000 个累计粉丝。只要满足了上面这两点要求，即可开通"评论保护"功能。

　　相对于开通条件较高的要求来说，开通的操作则简单得多。运营者进入"功能权限"页面，单击"评论保护"功能右侧的"申请"按钮，如图 8-7 所示，即可开通该功能。

◆ 图 8-7　单击"申请"开通"评论保护"功能

　　功能开通了之后，运营者可以针对单篇内容使用"评论保护"功能。具体操作如下：单击"操作"栏下方的"关闭评论"按钮，弹出"确定关闭评论吗"对话框，单击"确认"按钮，如图 8-8 所示。"关闭评论"变为"恢复评论"之后，表示已经开启评论保护功能，关闭了该篇文章的评论。

　　有人会问，如果关闭评论之后想重新恢复，那么应该如何操作呢？运营者单击"恢复评论"按钮即可恢复评论，用户即可重新对文章内容进行评论了。

　　在应用"评论保护"功能时运营者要谨慎操作，其原因表现在 3 个方面，具体如图 8-9 所示。

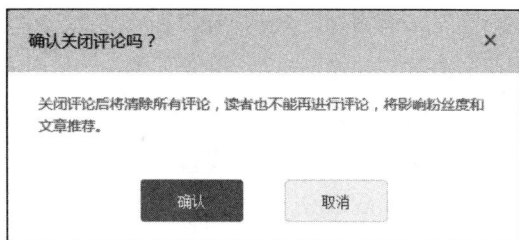

◆ 图 8-8 "确认关闭评论吗？"对话框

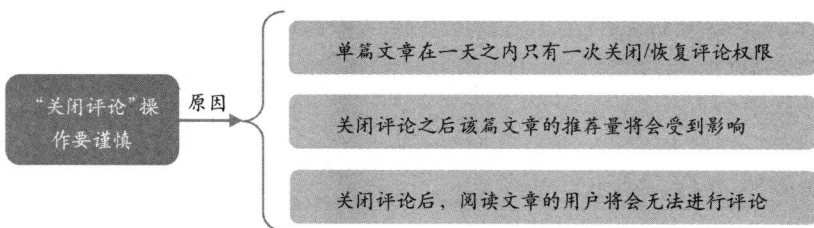

◆ 图 8-9 "关闭评论"操作要谨慎的原因

专家提醒

关闭评论后，并不是说所有评论内容都会被清除掉，其关闭的只是执行操作之后的评论内容。如果运营者认为某篇文章后的评论是低质的，想要不让它显示，可以使用"删除"功能删除该条评论。

8.1.4 评论吸粉：转发加评论互粉互赢

在评论内容中，运营者经常可以看到"转发了""已转发"等内容，表示用户已转发该篇文章，使得其在更大范围内获得推广，这是一种基于优质内容展现在评论区的吸粉方式。

当然，在评论中留言"转发了""已转发"等内容的用户，有时除了是认可该内容而转发外，还可能是希望该头条号能关注它，在评论内容中利用互动、互粉来实现互赢目标。

综上所述，从"转发"出发，头条号运营者主要是从两个方面来实现吸粉目标的，具体如图 8-10 所示。

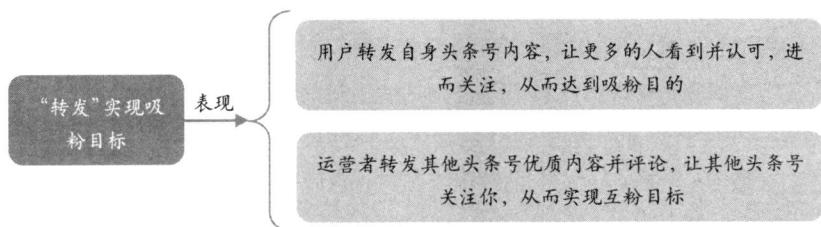

◆ 图 8-10 "转发"实现吸粉目标的表现和途径介绍

当然，对头条号运营者而言，除了可以通过转发的方式来实现吸粉引流外，还可以通过在大号和爆款内容下方发表有影响力的评论内容，最好是比较靠前的位置评论，让阅读该文章的其他用户注意到你，这也是一种比较有效、能大量吸粉的方式。然而，运营者在选择头条号大号和内容时要注意，只有当双方头条号拥有共同潜在用户的情况下，其吸粉目标才能更快实现。

8.2 号外推广：创业公司值得重视的"推广利器"

"号外推广"功能是头条号上一项付费的内容推广功能，当头条号用户觉得自身的某一篇已获得推荐的内容的推荐量不理想时，可以通过"号外推广"功能来增加额外的推荐量。

更重要的是，"号外推广"功能的目标受众是可以在人群属性和数量范围方面进行选择的。因此，选择"号外推广"功能，可以让头条号内容获得更多的曝光机会以及实现更好的推广效果。

本节就围绕"号外推广"功能进行介绍，帮助读者进一步了解该功能，并就如何应用进行详细讲解。

8.2.1 展示位置：让内容推广不再讨人嫌

头条号使用"号外推广"功能，其目的就在于将投放内容声音放大，获得更多的曝光机会。那么，运用"号外推广"功能的文章内容，将展示在哪里呢？是单独另辟一区来展示还是与其他正常推荐内容一样展示？如果是与其他正常内容一样展示，那么是不是会影响它们的推荐量呢？笔者在此为大家进行解答。

图 8-11 所示为使用了"号外推广"功能的内容展示位置。

从图 8-11 可以看出，使用了"号外推广"功能的内容虽然会占据"今日头条"APP 的信息流广告位，但是它的出现是不会影响正常内容的推荐效果的。当然，这里的"正常内容"不仅包括其他头条号的推广内容，也包括自身头条号其他的推广内容。

◆ 图 8-11 使用了"号外推广"功能的内容展示位置

8.2.2 推广操作：3 大页面实现有效管理

运营者可以单击头条号后台的"号外推广"按钮，跳转到相应网页来设置号外推广功能。如在"概览"页面，运营者可以查看号外推广的相关数据，图 8-12 所示。

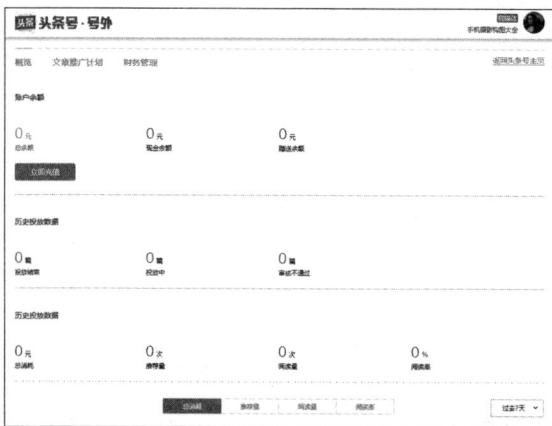

◆ 图 8-12 "号外推广"功能的"概览"页面部分内容展示

专家提醒

　　运营者也可以在"内容管理"页面将鼠标移至推广文章下方的"更多"按钮上，在弹出的下拉列表框中选择"投放号外"选项，也可跳转到"头条号－号外"页面，如图8-13所示。

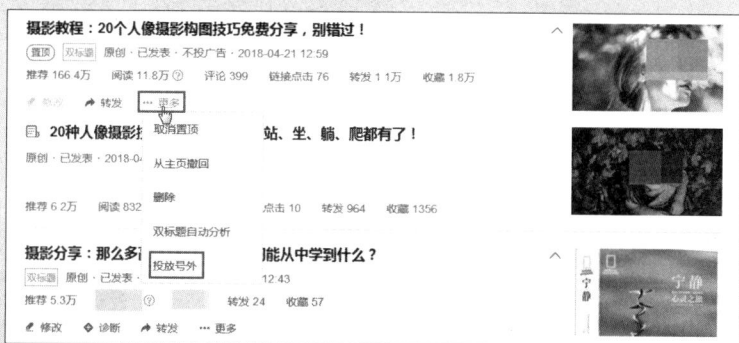

◆ 图8-13 "投放号外"功能操作

　　而在"文章推广计划"页面，如图8-14所示。运营者可以设置具体的推广内容——在搜索框中输入要投放的文章，然后单击"查询"按钮即可投放内容；也可以单击"立即投放"按钮，弹出"投放我的文章"对话框，进一步选择和设置要投放的文章。

◆ 图8-14 "文章推广计划"页面

而在"财务管理"页面，如图 8-15 所示。运营者可以查看余额，也可以单击"立即充值"按钮进行充值，以便支撑文章推广，同时，在充值和推广之后还可以要求申请退款和开具发票。

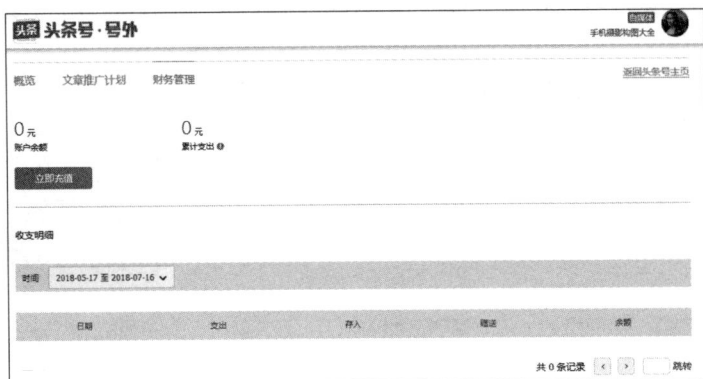

◆ 图 8-15 "财务管理"页面

8.2.3 推广价值：打开率更高、推广更直接

头条号"号外推广"功能作为一项智能化、精准分发的内容推广功能，是以信息流的形式来进行宣传推广的，这就使得使用"号外推广"功能的内容具有较大的宣传推广价值，如图 8-16 所示。

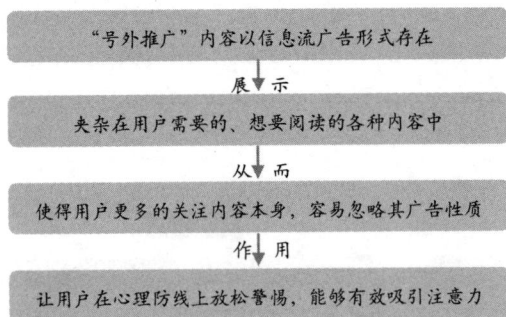

◆ 图 8-16 "号外推广"功能的价值和作用

上面说到，"号外推广"功能是智能化、精准分发的，也就是说，在进行推广时，头条号平台会将内容精准推荐给对该内容感兴趣的用户，这就使得其推广效果

进一步提高。且对企业和广告方来说，这一广告形式相对于其他平台的广告形式而言，如微信公众平台的"阅读原文"，具有非常明显的优势，具体分析如下：

► 从内容打开率方面来看，因为"号外推广"内容是精准推送给更广范围内的感兴趣的用户，而包含"原文阅读"的推广内容是推荐给微信公众号的现有用户的，其中的用户质量良莠不齐，因此使用"号外推广"功能的内容打开率更高；

► 从推广直接性来看，"号外推广"内容是直接呈现给用户的，用户点开即可阅读推广信息流的广告内容，无须像"阅读原文"一样，需要点开图文之后再在一定的阅读兴趣基础上点开"阅读原文"才可浏览广告内容，因此，"号外推广"更直接，其阅读兴趣的衔接性也更好。

基于上面两个方面，"号外推广"功能相对于"阅读原文"来说，对要推广的内容更具优势，效果更佳。且相对于电视广告、户外大型广告而言，其成本更低，因此，"号外推广"的信息流广告形式，对于资金有限、人员有限的创业公司来说，明显更适用。

$\boxed{8.3}$ 快速转粉：8 个小技巧帮助你轻松实现

在今日头条平台上，运营者可以利用的内容产品和功能是多样化的，而这些内容和功能是实现为头条号引导流量的有力武器，本节就从 8 大内容形式和功能出发，介绍如何利用内容和功能涨粉。

8.3.1 爆文吸粉：两大方面，让引流成真

大家都知道，今日头条有一个与微信公众号平台完全不同的地方，那就是微信公众号推送的图文内容的第一次传播就只是公众号的用户，而头条号推送的软文内容的第一次传播是由推荐量决定的，如果推荐足够多，在粉丝少的运营阶段，也是可以瞬间打造爆款，引导大量用户阅读和关注的。

因此，只要你的头条号内容有足够的吸引力和足够的价值，想快速引导流量也就不再是一句空话了。

首先，从吸引力方面来说，一般需要头条号图文内容具备 3 个条件，即在标

题、封面和关键词方面有吸睛点，其中关键词可以通过加入标题或显示在封面图片中来实现引流的目的。

（1）标题

一般来说，图文内容吸引用户注意的第一因素就是标题，这也是用户在浏览网页时第一眼会注意到的，它决定了文章的阅读量和打开率。只要标题足够有吸引力，或是在标题上利用悬念或疑问等引起了用户的好奇心，或是用数字呈现图文内容的要点，或是在标题上加入了击中用户痛点的关键词，等等，这些都是一个好的文章标题的要求和表现。

图 8-17 所示为在标题中利用悬念和疑问来引起用户好奇心的文章案例。

◆ 图 8-17　利用悬念和疑问引起好奇心的文章标题

图中的两篇文章的标题，前者是通过"这"一词来巧妙地制造了一个悬念，且这个悬念的制造是有一个很吸引人的背景的——"受益终生"和"可惜能做好的不足 1%"，这就为悬念的设置进行了"加持"，体现了悬念背后内容的价值所在；后者是通过疑问句式来吸引用户的好奇心，且文章标题提出的问题与人们的生活紧密关联，所有对"什么时候买车最划算"这一问题感兴趣的人，都有可能成为该篇文章的读者。

（2）封面

文章的封面同样是内容推荐显示的醒目要素。对图文封面来说，其吸引力主要由两方面决定，具体如下。

当封面图片只有图而无文字时，美观、简洁就是其首要要求，特别是关于对图片有较高要求的摄影、旅游等领域的文章，如图 8-18 所示。

◆ 图 8-18　图片中无文字的文章封面

当封面图片中有文字时，吸睛的、关键性的文字说明也很重要，它能很好地增加读者对内容的想象力和好奇心，如图 8-19 所示。

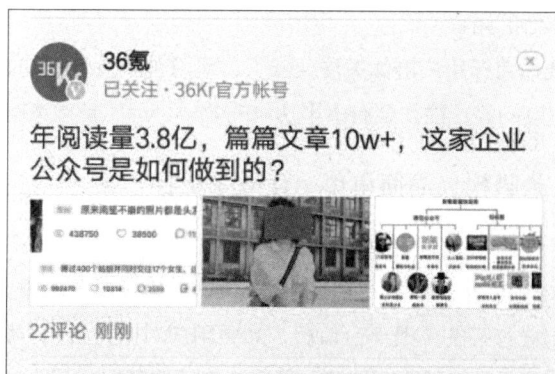

◆ 图 8-19　图片中有文字的图文封面

图 8-19 中的文章，利用封面图片展示了几则经典的文案，通过这些文案的展示，能让读者充分感受该篇文章提及的文案的魅力和文案网站的实力，吸引用户点击阅读。

（3）内容

其次，从价值方面来说，要成功实现引流的文章需要把握好内容的大方向，也就是说，爆款图文内容应该具备 3 个特点，具体如下。

①内容要有特色

关于头条号平台的内容，运营者要把握好以下两个要点，才能打造内容特色：

▶ 个性化内容：个性化的内容不仅可以增强用户的黏性，使之持久关注，还能让自身头条号脱颖而出。

▶ 价值型内容：运营者一定要注意内容的价值性和实用性，这里的实用是指符合用户需求，对用户有利、有用、有价值的内容。

专家提醒

　　不论是哪方面的内容，只要能够帮助用户解决困难，就是好的内容，而且，只有有价值和实用的内容，才能留住用户。

②增强内容的互动性

通过今日头条平台，运营者可以多推送一些能调动用户积极性的内容，将互动的信息与内容结合起来进行推广，单纯的互动信息推送没有那么多的趣味性，如果和内容相结合，那么就能够吸引更多的人参与其中。

③激发好奇心的内容

运营者想要让目标用户群体关注头条号，可以从激发他们的好奇心出发，如设置悬念、提出疑问等，往往会有事半功倍的效果，远比其他策略要好得多。

8.3.2　微头条吸粉：简简单单，让效果更佳

在今日头条平台上，通过 PC 端进入一个头条号主页，会发现该页面的账号下方显示了 3 类内容，即文章、视频和微头条。头条号发布的微头条内容会根据用户偏好推送到你打开的头条平台首页，如果用户对微头条内容感兴趣的话，是会进一步点击右上角的"关注"按钮，成为头条号的用户。

微头条内容的篇幅是简短的，在"微头条"页面无须点击即可阅读，因此，运营者有必要用几句话或几张图片就能吸引读者的注意力和好奇心，或者能获取读者的认同。图 8-20 所示为发布的一篇微头条内容，该篇微头条就以简单的几行字和 1 张图片，吸引了 360 多万的读者点击阅读，可谓目标清晰，言简意赅，引流效果也很明显。

◆ 图 8-20　简短的微头条内容

在引流方面，微头条除了利用优质的短内容来实现引流目标外，更重要的是，对一些新创建的头条号而言，由于还处于体验期，其所推送的图文内容并不能被推荐给关注用户以外的读者，因此，要想引流，除了主动邀请之外，通过微头条来引流是最佳、最有效的方式，这主要表现在 3 个方面。

（1）微头条内容简短，自然编辑起来也很简单。因此，在微头条内容中分享一些精辟的、干货式的知识点，在有价值的内容支撑下，很容易提升头条号的粉丝量。

（2）微头条发布程序简单，无须经过审核，因而在其中加入一些引导关注头条号的话语是不影响推荐的，在这样的情形下，实现引流也就更加直白和轻松了。

当然，这种引导语可以用多种形式发布，如可以凭借优质的内容来直接引导，也可以进行内容预告来引导关注，在笔者看来，这些都是切实可行的引流方法。

（3）微头条的内容除了通过"微头条"按钮来编辑和发布外，还有可能是图文内容或视频内容，因为在"内容管理"页面的已发布的图文内容或视频内容中，将鼠标移至"转发"按钮上方，会出现一个"分享到微头条"按钮 ⭕，点击该按钮，如图 8-21 所示。弹出相应对话框，在编辑区中输入相关信息，点击"分享"按钮，即可把该篇图文内容分享到微头条版块中，如图 8-22 所示。

◆ 图 8-21　点击"分享到微头条"按钮

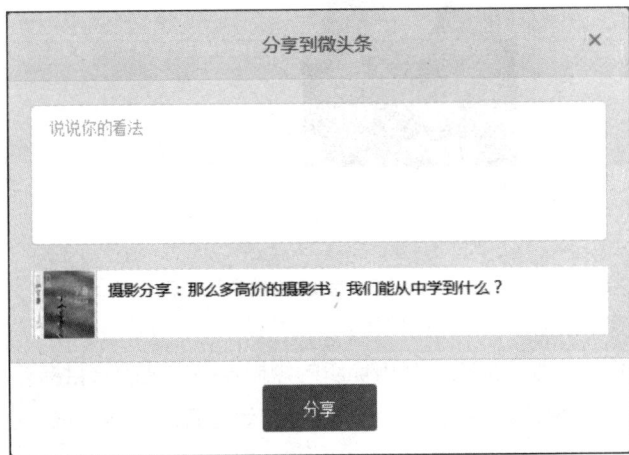

◆ 图 8-22　"分享到微头条"页面

这样，通过分享到微头条的方式发布内容，也是可以吸引到一定粉丝的。

8.3.3　引导关注：多种方式，明确直接

在上面的内容中已经陆陆续续提及了在内容中引导用户关注来吸粉的方法。在此，笔者将系统地介绍如何更好地在内容设置引导用户关注的话语。

❶ 图文内容

在进入头条平台上，与微信公众号一样，不添加关注也是可以查看账号发布

的内容的，此时，运营者要做的就是在用户阅读时或阅读完内容时引导用户关注。图 8-23 所示为头条号"霸王课"设置的在图文内容中引导关注的话语。

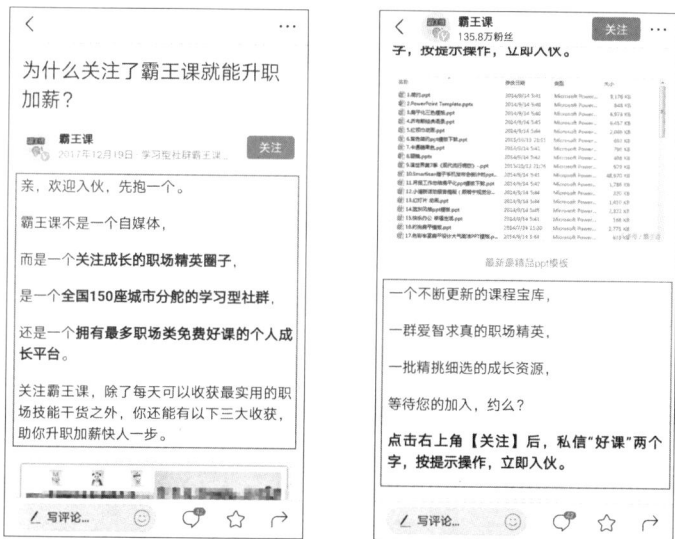

◆ 图 8-23 "霸王课"头条号的图文内容引导关注

从图 8-23 中可以看出，该头条号在引导关注时，在文章的开头和结尾处都进行了设置，且结尾处的引导关注还进行了加粗设置。而对大多数头条号而言，它们的引导关注设置一般位于文章结尾，且一般会以与正文内容相同格式的简短话语来表示。

❷ 视频内容

视频内容中的引导关注，有时可能就是在视频某一处显示了头条号，或是视频中的人物以说话的形式来直接邀请用户关注，如图 8-24 所示。一般来说，只要视频确实有趣、有料，观看了视频的用户一般都会选择关注其头条号的。

❸ 微头条内容

微头条内容本身就比较简短，因此，在其中添加引导语来吸引用户关注的比较少，更多的还是利用 @XX 形式来让用户更多关注你的账号，特别是一些图文内容分享到微头条的更是如此。但是在有些微头条内容中，还是存在引导关注现象的，如图 8-25 所示。

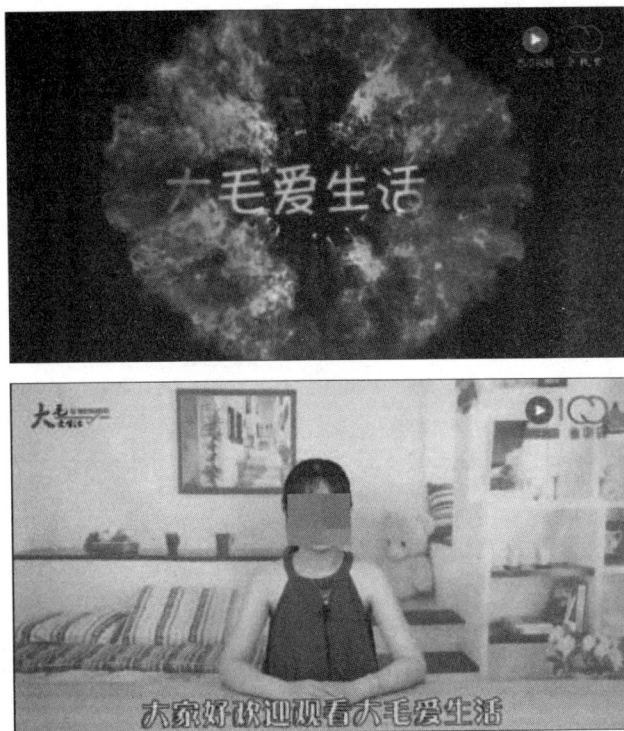

◆ 图 8-24 "大毛爱生活"头条号的视频内容引导关注

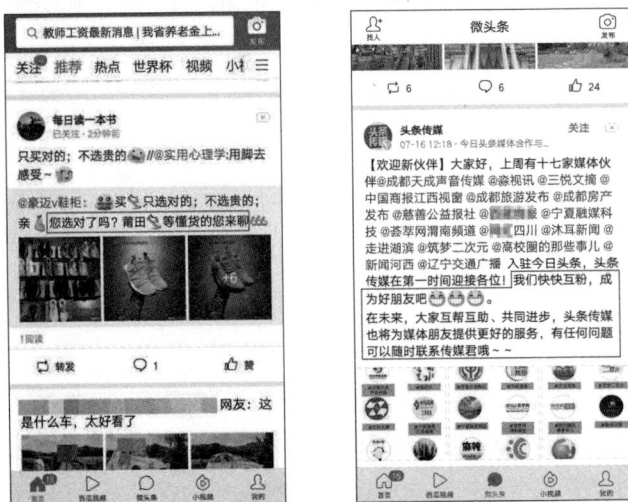

◆ 图 8-25 微头条内容引导关注

图 8-24、图 8-25 中不仅引导用户注意到头条号，更重要的是，还有引导用户关注相关的产品的内容，从而让品牌可以成功收获更多的用户。

❹ 问答内容

在悟空问答内容中，一般都会首先介绍自己，最后加入引导语，这里就不再赘述。

8.3.4　话题吸粉：提升互动性和参与度

利用互动话题内容来涨粉，归根结底还是得力于内容的作用和头条号的发展，也就是说，头条号打造一个互动话题，可以在提升粉丝黏性的基础上吸引更多有意愿参与话题的粉丝关注。那么，这些话题一般是什么样的话题呢？它们又是如何引导关注的呢？在此笔者将进行具体介绍。

一般来说，头条号打造的互动话题一般有两个方面的要求：一是要有足够吸引用户参与的动力，如提供某方面的福利、利用话题引导用户发表看法等，如图 8-26 所示。

◆ 图 8-26　打造吸引用户参与的话题

图 8-26 中的两个案例，一个利用"猜谜"这一活动来引导用户参与进去，另一个则用一个比较吸引人的话题——考眼力的互动活动来引导用户留言和关注，

这都是一些比较吸引人的，因而引起了众多人留言，如图 8-27 所示，自然在吸引粉丝方面效果也不会太差。

◆ 图 8-27　具有吸引力的话题打造后的留言展示

打造具有吸引力的话题，还有一个要求，那就是在时间和具体事务上的安排，一般来说，话题打造是可以通过提前给出信息来吸引更多粉丝的，且在用户参与的过程中和话题结束后的安排上要妥当，即运营者要充分注意引导用户，提升用户体验，并及时就用户的观点给出自己的态度。

8.3.5　平台吸粉：3 大平台，让流量剧增

随着互联网和移动互联网的发展，越来越多的新媒体平台开始出现，其领域所涉及的范围之广、内容类型之多，实在是让人目不暇接。而作为在今日头条平台发展的自媒体人，又将有着哪些机会可以为自身头条号吸引更多粉丝和引导关注呢？本小节就从社交、资讯和视频等类型的平台出发，介绍头条号是如何利用其他平台吸粉引流的。

❶ 利用社交媒体平台

微信是如今运用范围极广、发展极快的社交媒体平台，与之相关的微信公众平台更是成为众多自媒体发展的摇篮。因此，一些以今日头条为主战场的头条号

开始考虑从微信公众平台引流。如微信公众号"头条易"就是一个专门介绍头条号投放传播的平台，用户在阅读其推送的内容时，是极有可能受到其中的头条号介绍的吸引而关注头条号的，如图 8-28 所示。

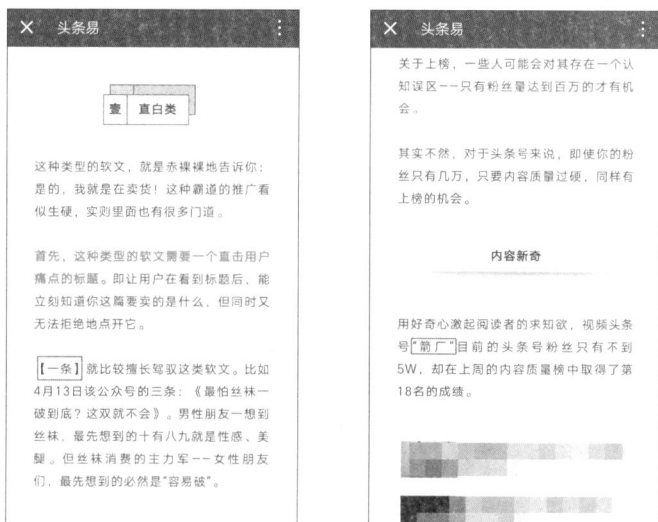

◆ 图 8-28 "头条易"微信公众号内容中的用户引流

❷ 利用资讯平台

如今，提供社会资讯的平台也越来越多，如一点号、搜狐号和腾讯内容开放平台等，都是普遍受广大用户喜欢的资讯平台。在此，笔者以一点号为例来介绍它是如何引流的。

一点号是由一点网聚科技有限公司推出的一款为兴趣而生、有机融合搜索和个性化推荐技术的兴趣引擎软件。它本身有着庞大的用户量，这为成功引流到头条号打下了坚实的用户基础。此外，一点号平台的 3 大特色也将为引流提供助力，如图 8-29 所示。

就这样，在如图 8-29 所示平台特色的支撑下，头条号运营者可以在与自身账号相关的领域发布他们需要的内容，而一点号能让内容被那些有需求的读者关注到，而这些读者又恰好是头条号的目标用户群体，他们可能因为想要了解关于运营主体的更多内容而去关注头条号，因此，实现引流也就轻而易举。

图 8-30 所示为"老胡写实"头条号在一点号平台上发布的引流内容。

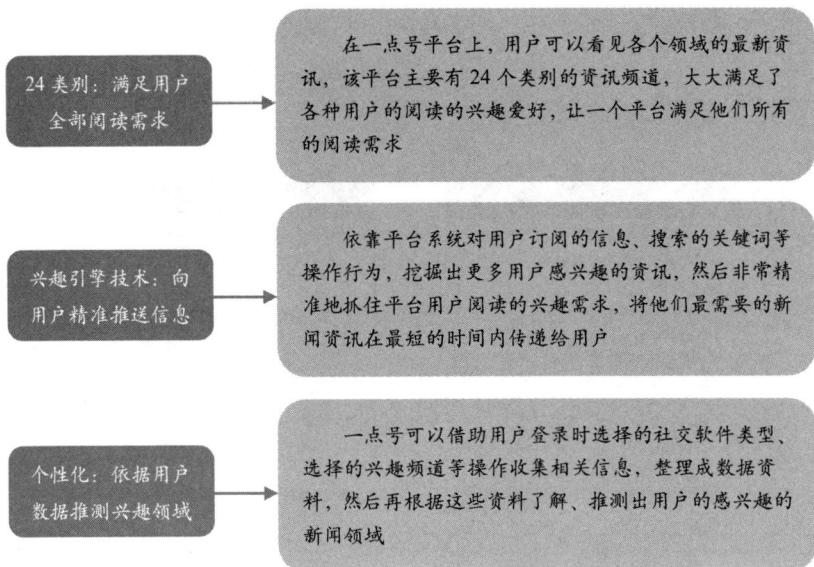

| 24类别：满足用户全部阅读需求 | 在一点号平台上，用户可以看见各个领域的最新资讯，该平台主要有24个类别的资讯频道，大大满足了各种用户的阅读的兴趣爱好，让一个平台满足他们所有的阅读需求 |

依靠平台系统对用户订阅的信息、搜索的关键词等操作行为，挖掘出更多用户感兴趣的资讯，然后非常精准地抓住平台用户阅读的兴趣需求，将他们最需要的新闻资讯在最短的时间内传递给用户

一点号可以借助用户登录时选择的社交软件类型、选择的兴趣频道等操作收集相关信息，整理成数据资料，然后再根据这些资料了解、推测出用户的感兴趣的新闻领域

◆ 图 8-29　一点号的平台特色

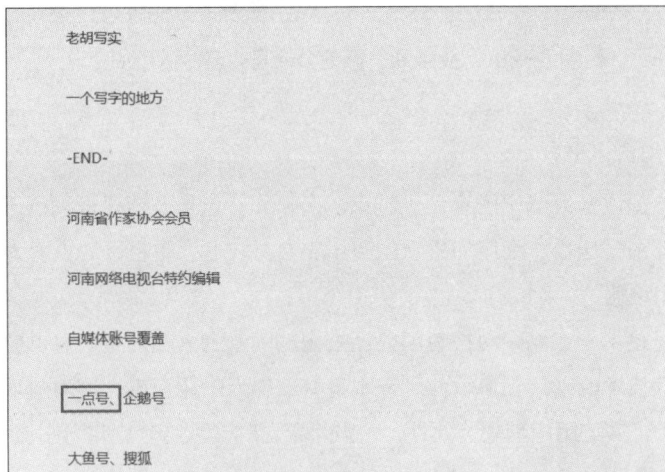

老胡写实

一个写字的地方

-END-

河南省作家协会会员

河南网络电视台特约编辑

自媒体账号覆盖

一点号、企鹅号

大鱼号、搜狐

◆ 图 8-30　"老胡写实"头条号在一点号平台上发布的引流内容

❸ 利用视频平台

在今日头条平台上，经常可以看到右上角有水印为"西瓜视频"、"抖音"字样的视频内容。由此可知，这些视频平台与头条号之间的引流操作还是可行的。

下面以"抖音短视频"为例来介绍其具体的引流方法。

进入"抖音段视频"APP 的抖音号主页，在账号右侧显示了今日头条图标和"头条主页"字样，从这里点击即可直接跳转进入头条号主页了，如图 8-31 所示。

◆ 图 8-31 "抖音短视频"平台的头条号引流

因此，只要与头条号相关联的抖音号发布内容，用户如果觉得你的视频内容有价值，而其又想了解更多的相关内容，那么，用户是极有可能通过"抖音短视频"平台来关注头条号，从而实现跨平台的头条号引流目标。

8.3.6 互粉互推：提升成功率，实现双赢

所谓"互粉"，就是账号双方互相成为对方的粉丝。一般来说，互粉操作可以轻松实现，当运营者进入头条号后天主页时，点击"消息管理"按钮，进入"消息"页面，该页面展示了关注了你的用户，如图 8-32 所示。此时，你只要点击用户右侧的"关注"按钮即可关注对方。

当然，有很多你关注了别的头条号但对方却没有关注你的情况出现，此时，用户为了保证互粉的实现，可以在对方推送的内容中留言，提出希望互粉的目的，如"诚信互粉"、"粉必回"等，这样能在很大程度上提升互粉的成功率。

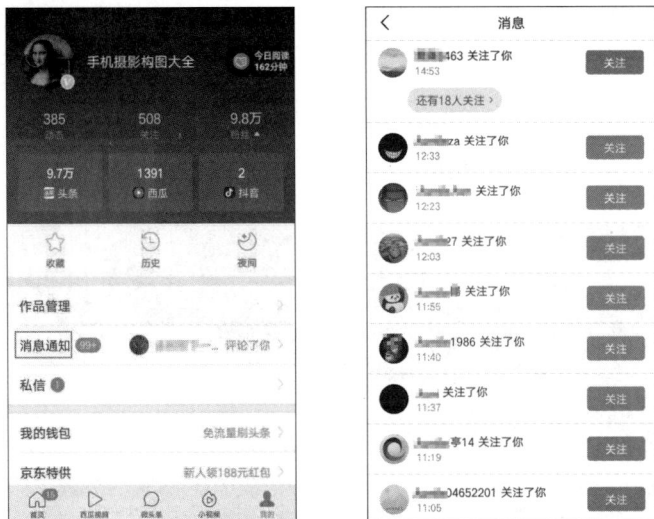

◆ 图8-32　头条号的互粉操作

互推与互粉不同，它还需要借助一定的内容来实现。在头条号的互推增粉过程中，一般包括两种情况，具体如图8-33所示。

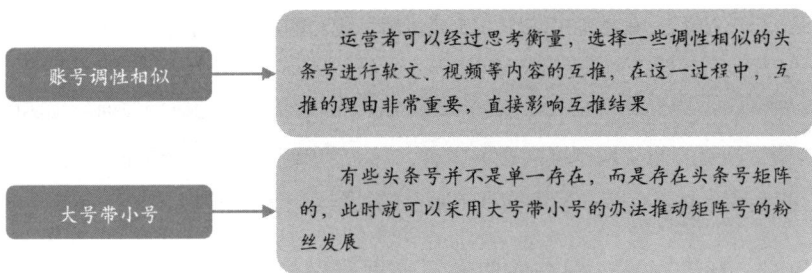

账号调性相似 → 运营者可以经过思考衡量，选择一些调性相似的头条号进行软文、视频等内容的互推，在这一过程中，互推的理由非常重要，直接影响互推结果

大号带小号 → 有些头条号并不是单一存在，而是存在头条号矩阵的，此时就可以采用大号带小号的办法推动矩阵号的粉丝发展

◆ 图8-33　头条号的互推方式

8.3.7　私信功能：两大便利，巧妙引流

在微博、微信公众号平台上，都是有私信功能存在的，而在今日头条平台上，专门设置了"私信"菜单，如图8-34所示。这一菜单的设置，为吸粉引流的实现从两个方面提供了便利，具体如下。

一是那些因为想要发私信的用户，在发送之前是必须关注头条号的，这样

才能在手机客户端的头条号首页通过点击"发私信"按钮发送私信，如图 8-35
所示。

◆ 图 8-34　头条号"私信"功能　　　◆ 图 8-35　"发私信"操作

就这样，每一个发私信的人都会成为你的用户，当然，这还只是它的第一个
引流的便利之处所在。此时，有些用户通过发私信获得了他（她）所需要的东西
之后，有取消关注的可能，而"私信"菜单中的回复内容能通过介绍自己的头条
号来提供第二个便利，从而提升用户黏性。

在这样的双重便利之下，用户成为头条号的粉丝以及忠实粉丝也就大体成功
了，其吸粉引流的过程是容易操作的，而其结果也是可期的。因此，在头条号运
营过程中，可积极通过这一操作来涨粉。

但是在吸粉的过程中还有一个关键点，那就是头条号有什么原因让用户给你
发送私信。一般来说，能让用户发私信的原因，无非就是该头条号有他（她）所
需要的优质资源或独家文章，他们能通过发私信的方式进行获取，因此才推动了
这一关注头条号行为的发生。

8.3.8　外链推广：内容分享，链接话题

在今日头条平台上，运营者在发布文章之后，除了可以通过头条号平台来推

广内容外，还可以通过头条号平台的外链推广，把内容分享到其他引流渠道中，扩大内容的推广范围，如上面介绍的利用"转发"功能分享到微头条上就是其中之一。其实，除了微头条这一头条号内部的分享渠道之外，"转发"功能中还包括"分享到新浪微博"和"分享到 QQ 空间"两种。图 8-36 和图 8-37 所示分别为头条号内容分享到新浪微博和 QQ 空间的内容设置页面。

◆ 图 8-36　分享到新浪微博的内容设置页面

◆ 图 8-37　分享到 QQ 空间的内容设置页面

　　而新浪微博和 QQ 空间作为知名的社交平台，是大家都比较关注的，如果有用户对分享的内容感兴趣，那么是极有可能在分享人的社交圈子引起病毒式的传播。特别是当运营者在分享时加入一些与热点事件和人物有关的话题，或者是与内容的垂直领域相关的话题，就会更具传播性。图 8-38 所示为头条号"手机摄影构图大全"分享到新浪微博上的内容，就在进行分享设置时巧妙地加入了"手机摄影""摄影""仰拍"和"摄影构图"等话题。

◆ 图 8-38　分享到新浪微博上的内容举例

9
CHAPTER

广告变现：开启"粉丝红利"时代

新媒体运营实战
从入门到精通

在今日头条平台上，系统为用户服务，一直是围绕着"你是谁？你要什么？"而展开的，广告投放也是如此，这是实现品牌推广和获利变现的主要途径。本章就以今日头条的广告为例，介绍头条号的广告变现途径和投放技巧。

◇ 多形式：尽量扩大广告影响力

◇ 头条广告：不用操心也能获利

◇ 自营广告：寻找最优的广告方

◇ 广告投放：4 大技巧提升变现能力

9.1 多形式：尽量扩大广告影响力

作为一个有着众多用户和巨大影响力的新媒体平台，今日头条自然也与广告分不开，头条号和商家、企业在上面投放广告，用户从平台信息中获取广告内容。本节将从广告形式出发，为读者介绍今日头条上的各种广告。

9.1.1 开屏广告：实现人人即可得见

大家都知道，在打开某些 APP 时，是需要一定的时间加载的，系统利用加载的时间（一般为 3~5 秒）展示企业、商家需要的广告内容，这样的广告就是开屏广告。开屏广告展示完毕后，用户即可进入 APP 主页了。图 9-1 所示为"今日头条"APP 的开屏广告举例。

◆ 图 9-1 "今日头条"APP 开屏广告举例

相对于其他广告形式而言，开屏广告具有十分明显的优势，只要用户打开了该 APP，就会看到展示的开屏广告，且用户在打开 APP 的这一段时间，一般注意力会比较集中，这就使得用户对广告的认知度和接受度都会比较高，特别是企业的品牌和产品宣传，更容易让用户了解。

专家提醒

当然，开屏广告并不是时时都可得见的，如果用户打开 APP 的次数比较频繁，那么要隔一段时间才会出现，如今日头条开屏广告的间隔时间为两小时。

关于"今日头条"APP 的开屏广告，大家可以从以下 3 个方面来了解，如图 9-2 所示。

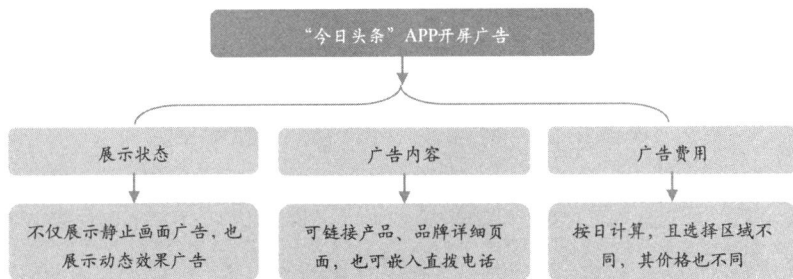

◆ 图 9-2 "今日头条"APP 开屏广告介绍

9.1.2 固定位置广告：任你书写的宣传栏

大家都知道，"今日头条"APP 的推广信息更新速度非常快，有些信息刚刚才看到，再刷新的时候需要滑动屏幕很久才能找到它。不知大家注意到没有，每次打开 APP 刷新页面，在"首页"的"推荐"频道和其他一些频道，总会在前面几条中展示一条广告信息。像这样的在页面的一个固定位置展示的广告就是固定位置广告，即 CPT 广告，如图 9-3 所示。

专家提醒

上面提到的固定位置广告，并不是每次打开 APP 刷新都有，而是有次数限制的，也就是说，固定位置广告会在前 4 次刷新的页面的固定位置出现，这样既有利于展示广告，也不会让用户厌烦，有利于提升用户阅读体验。

◆ 图9-3 "今日头条" APP 固定位置广告举例

关于"今日头条" APP 的固定位置广告，大家可以从以下 3 个方面来了解，如图9-4所示。

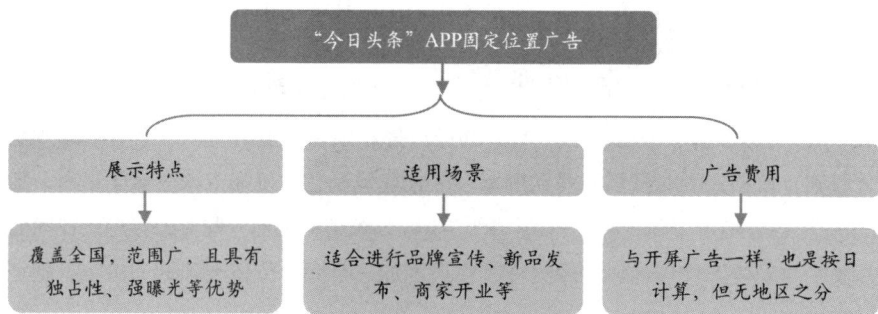

◆ 图9-4 "今日头条" APP 固定位置广告介绍

专家提醒

与开屏广告不同，固定位置广告的展示是没有地区之分的，其效果是覆盖全国范围内的用户。

9.1.3 按展示量竞价广告：精准覆盖用户

在今日头条平台上，除了上文中介绍的两种按日计算费用的广告外，还有按展示量竞价的广告形式，它是以千次为单位来计算的。相对于其他广告形式来说，这种广告形式是根据具体的展示量来收费的，因而在曝光量和广告成本之间有一个很好的平衡效果。

> **专家提醒**
>
> 按展示量竞价广告，又称为 CPM（全称为 Cost Per Mille，即"每千人成本"）。举例来说，如果一个广告的单价为 12 元 /CPM，就表示 1 千人注意到这个广告的费用是 12 元，如果有 5 000 人访问存在广告的页面就是 60 元。
>
> 另外，既然是竞价，就表示并不是所有广告的单价都是一样的，而是根据展示页面热度的不同来划分的，然后再用固定单价来进行计算。

关于"今日头条"APP 的按展示量竞价广告，大家可以从以下 3 个方面来了解，如图 9-5 所示。

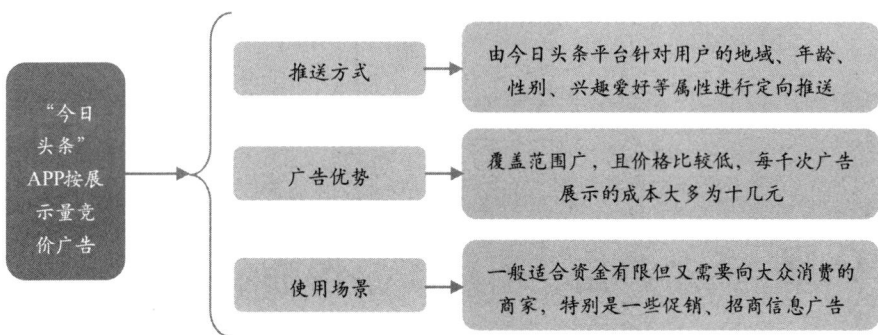

◆ 图 9-5 "今日头条"APP 按展示量竞价广告介绍

9.1.4 广告展示：多样化内容，各有风采

关于广告，从其计费方式来看，除了按日计算、按展示量竞价计算广告费

用外，在新媒体平台上，还有一些广告主和平台方选择按点击量来计算费用。如微信公众号上的流量主广告就是其中之一。下面笔者将从其他分类方式举例进行介绍。

从广告展示方面来看，新媒体广告常见的有 3 种，具体如图 9-6 所示。

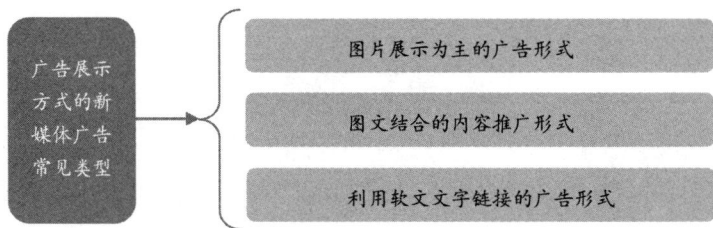

◆ 图 9-6　广告展示方式的新媒体广告常见类型

从广告展示的链接内容来看，新媒体广告常见的也有 3 种，具体如图 9-7 所示。

◆ 图 9-7　广告展示的链接内容的常见类型

9.2　头条广告：不用操心也能获利

从上文可知，在今日头条平台上有多种不同的广告方式。其中，基于今日头条平台本身的"头条广告"就是其中一种，且是一种很多头条号创作者愿意选择投放的广告形式，本节将针对头条广告进行详细介绍。

9.2.1 概念：头条广告是什么

所谓"头条广告"，是指由头条系统推广的广告，与自营广告的自主运营完全不同，头条广告是头条号创作者把广告推广的选择委托给今日头条平台的广告形式。且这种广告形式对头条号没有粉丝和权限限制，只要完成了头条号的注册，即可参与投放头条广告。

而今日头条平台基于其机器的推荐算法，可以把与广告相关的内容进行智能推荐，这样的话，会使得头条广告大多是传播给有需要的用户。虽然这一过程中有头条号平台方参与，但是其广告收益却是属于头条号内容创作者的。

可见，只要创作者的内容吸引了更多的用户阅读，那么，头条广告被点击的可能性才会越大，从这一方面来说，建立在优质内容上的头条广告是获利的重要途径。

9.2.2 设置：如何投放头条广告

头条号要想通过头条广告获得收益，首先就要进行广告投放。运营者可以通过两种方式来完成这一操作。

一是可以在发表图文内容和视频内容时进行设置。图9-8所示为发表图文内容时的广告投放设置页面。

◆ 图9-8 发表图文内容时的头条广告投放设置页面

二是可以通过"我的收益"页面的"收益设置"选项进行设置。图9-9所示为"收益设置"页面中的头条广告投放设置。

◆ 图9-9 "收益设置"页面中的广告投放设置

无论是哪一种方法，都有 3 个选项供运营者选择——不投放广告、投放头条广告和投放自营广告（虽然各选项的先后位置和个别文字有出入，但是意思还是一样的），大家可根据需要设置广告投放。

9.2.3 位置：头条广告在哪展示

设置了头条广告投放后，并不一定会有广告显示的，因为只有在机器推荐算法下系统认为合适的头条号才能显示。图9-10 所示为头条广告展示。

◆ 图9-10 头条广告展示位置

专家提醒

其实，头条广告和自营广告的展示位置都是位于内容末尾，因此，两者不好分辨，不同的是，视频内容是不显示头条广告的，但它显示自营广告。

另外，为了不影响用户体验，有时刷新文章不一定会显示头条广告。且对不同的终端和内容形式而言，头条广告的显示并不是完全相同的，主要表现在 4 个方面，如图 9-11 所示。

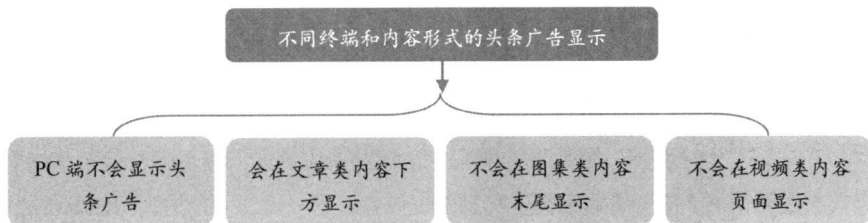

不同终端和内容形式的头条广告显示

PC 端不会显示头条广告	会在文章类内容下方显示	不会在图集类内容末尾显示	不会在视频类内容页面显示

◆ 图 9-11　不同终端和内容形式的头条广告显示

9.2.4　收益：如何才能获得提升

设置头条广告投放的头条号是会获得收益的，但是收益有多有少，这是受多个因素影响的，其中，除了广告主的出价以外，其他的影响因素大多是可以通过头条号运营来提升的，具体分析如下。

❶ 内容质量

一般来说，内容质量越好，阅读量自然也就越高，原始头条广告收益也就会相应越高。那么广告主的出价也会越高，广告价格也会随之调整和提升。如一篇头条号图文内容，如果质量好，能轻松获得 10W+ 的阅读量，那么其收益起点也就越高；如果质量不好，推荐量和阅读量都很低，此时头条广告收益基本上可以忽略不计。

❷ 账号分值

在"账号权限"页面，大家可以看到，原有的满分分值是 100 分，这一分值并不是固定不变的，而是受头条号运营行为影响的。如果头条号在运营过程中违反了某一规范，是会扣分的。

而头条广告收益又与账号分值息息相关，根据今日头条的规定，只要该头条号发生过扣分，那么以后其广告收益的计算都会与账号分值有关，具体如下：

$$头条广告收益 = 原始头条广告收益 \times 当天信用系数$$
$$= 原始头条广告收益 \times （当天分值 \div 100）$$

除此之外，头条号的头条广告收益还与其所属分类和历史记录等有关系，在此不再一一进行介绍。

而从上述内容中可以了解到，想要提升头条广告收益，提升自身的内容质量、规范运营行为是非常关键的，是直接影响自身收益的，因此在运营过程中要时刻注意。

9.2.5　提现：如何提取广告收益

在头条号已经获得一定数量的情况下，运营者应该如何提现呢？运营者如果是首次提现，那么需要绑定银行卡和身份证信息，这一操作可以进入"结算中心"的"结算设置"页面来进行设置，如图9-12所示。

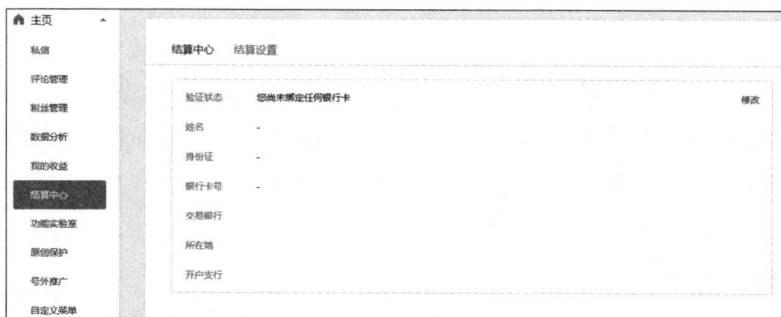

◆ **图9-12　"结算设置"页面**

从图9-12可以看出，该头条号还没有绑定银行卡，运营者可以单击右上角的"修改"按钮，进入相应页面填写信息，然后单击"保存"按钮，即可完成银行卡绑定设置，如图9-13所示。

绑定银行卡之后，运营者就可以对头条号获得的收益进行提现。运营者在"结算中心"页面，可以单击"申请提现"按钮进行提现，如图9-14所示。

◆ 图9-13 绑定银行卡设置页面

◆ 图9-14 单击"申请提现"按钮

专家提醒

在申请提现的过程中，运营者还应该注意以下几个方面：

（1）申请提现的时间是有限制的，平台规定每月的2~4日为提现时间。

（2）每天的提现次数也是有限制的，平台规定每天可提现两次。

（3）提现需要满足最低金额，个人账号需大于100元，机构账号需大于5 000元。

（4）机构账号申请提现，在发出申请后，还需及时寄出增值税专用发票。

9.2.6　原因：是什么导致提现失败

成功申请提现后，并不代表就能成功提现，有时会因为各种原因导致提现失败。一般来说，导致提现失败的原因主要有两种，具体如图9-15所示。

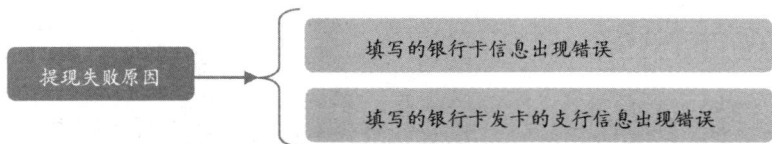

```
                    ┌── 填写的银行卡信息出现错误
提现失败原因 ──┤
                    └── 填写的银行卡发卡的支行信息出现错误
```

◆ 图9-15　导致提现失败的原因

专家提醒

图9-15中介绍的两种提现失败原因，其后期的影响和操作是不一样的，如果是因为银行卡信息出现错误而导致提现失败，那么修改完信息之后该月也不可再次申请提现；如果是因为发卡支行信息出现错误，那么修改完之后可以再次申请提现。

9.2.7　时间：平台方什么时候打款

提取头条号广告收益，除了头条号本身要进行填写资料和申请提现外，平台方也有相应操作，那就是打款。其实，从头条号申请提现到打款，是有一定时间间隔的。且这一段时间间隔，将会根据账号类型的不同而不同。图9-16所示为不同头条号类型的广告收益打款时间介绍。

| 个人账号打款时间 | 会在距离申请提现的 15 个工作日内打款，而到账时间一般会在当月月底 |

| 机构账号打款时间 | 因为申请提现后还有寄出增值税专用发票的流程，因此，机构账号的打款时间不定。如果平台方在当月 10 日 24 时之前收到了信息正确的发票，那么也将在 15 个工作日内打款；如果没有在当月 10 日 24 时之前收到信息正确的发票，那么打款将延后，会在次月打款 |

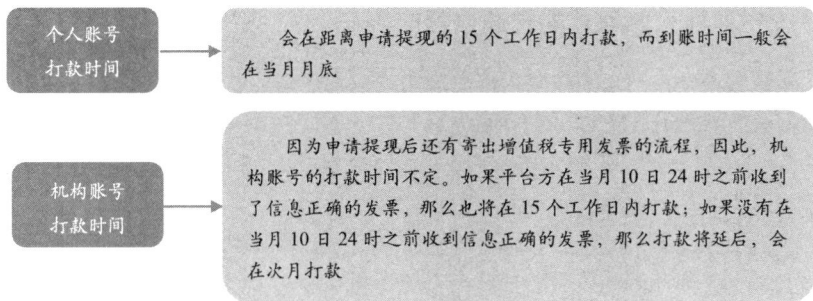

◆ 图 9-16 不同类型账号的打款时间介绍

9.3 自营广告：寻找更优的广告方

自营广告与头条广告一样，也是头条号实现变现、获取广告收益的重要途径。本节就从自营广告的含义、申请开通、新增和设置自营广告等方面出发，为大家进行详细介绍。

9.3.1　概念：自营广告是什么

运营者要想通过自营广告变现，首先就要了解什么是自营广告。

不知大家有没有注意到，在头条号已推送的内容上，在正文内容和评论之间的区域，用户会看到一些头条号展示图片、图文文字和视频等信息，这些信息内容就是该头条号的广告信息，它可以是自营广告，也可以是头条广告，一般难以从形式上分辨出来。

那么，究竟什么是自营广告呢？其实，就笔者来看，自营广告就是自主运营的广告，与平台方没有直接关联，这一广告具有很强的自由开放性，具体表现在 4 个方面，如图 9-17 所示。

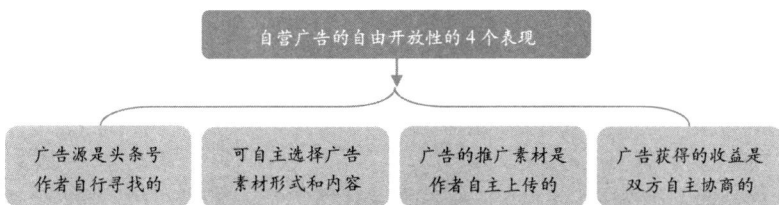

自营广告的自由开放性的 4 个表现

| 广告源是头条号作者自行寻找的 | 可自主选择广告素材形式和内容 | 广告的推广素材是作者自主上传的 | 广告获得的收益是双方自主协商的 |

◆ 图 9-17 头条号自营广告的自由开放性的表现介绍

9.3.2 条件：如何才能开通自营广告

运营者只要在"功能权限"页面单击"自营广告"右侧的"申请"按钮即可申请开通自营广告，如图9-18所示。

帐号权限	功能权限			
功能	**状态**	**申请条件**		**功能说明**
头条广告	已开通	符合条件的头条号可以开通头条广告。		功能介绍
自营广告	申请	符合条件的头条号可以申请开通自营广告。		功能介绍
图文原创	已开通	优质原创图文头条号可申请开通图文原创标签。		功能介绍
视频原创	已开通	优质视频原创头条号可申请开通视频原创标签。		功能介绍
双标题/双封面	已开通	累计粉丝数5000以上；已开通原创权限。		功能介绍
千人万元	申请	开通图文原创标签的个人帐号可申请。		功能介绍

◆ 图9-18 单击"申请"按钮

当然，并不是头条号申请了即可开通了，它还需要具备一定的条件，如图9-19所示。

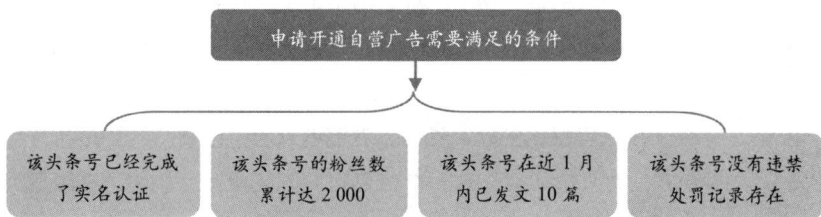

◆ 图9-19 申请开通自营广告需要满足的条件

9.3.3 新增：自营广告如何添加

申请并开通自营广告后，就是寻找广告源并把要推广的素材进行设置，才能在推送内容页面插入该广告信息。那么，具体是怎么设置的呢？

进入头条号后台主页，❶单击"我的收益"按钮，进入相应页面；❷选择"自营广告"选项，进入"自营广告"页面；在该页面下方的"设置"区域即可进行设置，如图 9-20 所示。

◆ 图 9-20 "自营广告"页面

由图 9-20 可知，新增自营广告的类型有 3 种，即头条号、图片和图文，运营者可以根据需要选择不同的类型，然后按照提示和说明输入资料，再单击"提交"按钮即可完成设置。图 9-21 ～图 9-23 所示分别为头条号类型的自营广告、图片类型的自营广告和图文类型的自营广告设置页面。

◆ 图 9-21 头条号类型的自营广告设置页面

◆ 图 9-22　图片类型的
自营广告设置页面

◆ 图 9-23　图文类型的
自营广告设置页面

9.3.4　设置：如何投放自营广告

投放自营广告与投放头条广告的方法类似，这里就不再赘述。关于设置投放自营广告的内容，运营者除了要了解投放方法外，还应该清楚自营广告的投放规范，这样才能获得更高收益，实现变现，否则，会因为违反投放规范而受到处罚。

那么，自营广告投放具体有哪些需要遵守的规范呢？这在头条号后台有着详细说明（网址为 https://www.toutiao.com/a4505241574/），如图 9-24 所示。

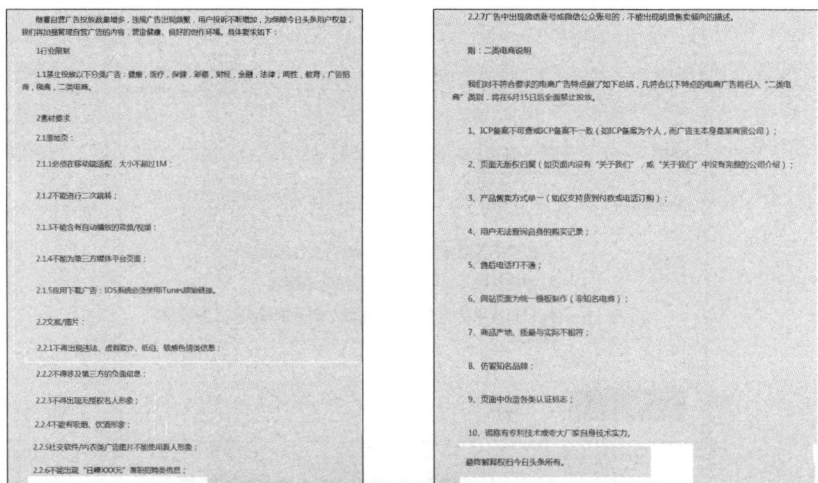

◆ 图 9-24　投放自营广告的各种规范展示

9.4 广告投放：提升变现能力技巧

上面介绍了今日头条平台上的广告形式以及头条广告、自营广告的相关内容，让大家充分认识到了今日头条平台在品牌推广和实现变现方面的积极作用。然而，运营者也要认识到，仅仅只是依靠平台及其广告投放还是不够的，在具体的操作中还需要掌握一定的技巧才能让广告投放效果更进一步。

9.4.1 场景：自然切入，提升沉浸感

在今日头条的广告中，往往需要营造一个好的场景，这样才能让用户产生沉浸感，也才能让用户更好、更容易地接收广告信息。今日头条广告的投放场景设置，可以从两个层面来进行了解。

一是今日头条平台固有的易接收场景。今日头条在作为一个广告投放平台之前，它首先是一个个性化的资讯分发平台，这样的场景，提供给用户一个主动点击阅读的机会，这样更易于广告信息的接收。并且，这样的广告投放，往往比被动性的接收效果更佳。

二是广告本身所营造的场景。今日头条广告利用其标题设置和广告文案，营造出一种吸引用户点击的场景，这样的广告投放设置，让用户点击阅读了也不会反感，有时还会深深地被吸引。图 9-25 所示为"阅读王"APP 在今日头条平台上发布的一则广告——"朋友一口气看了三部小说，居然没花冤枉钱"。

◆ 图 9-25　今日头条广告在客户端的呈现

在这一则广告中，就是通过显而易见的福利和短视频中的阅读场景，让用户沉浸其中，并自然而然地完成了内容到广告的牵引与过渡。

9.4.2　用户：精准推送，提高推广效率

在今日头条平台上，利用大数据对平台用户进行用户画像构建，可以细分为220万个兴趣标签，这些兴趣标签主要是基于5个方面来进行划分的，如图9-26所示。

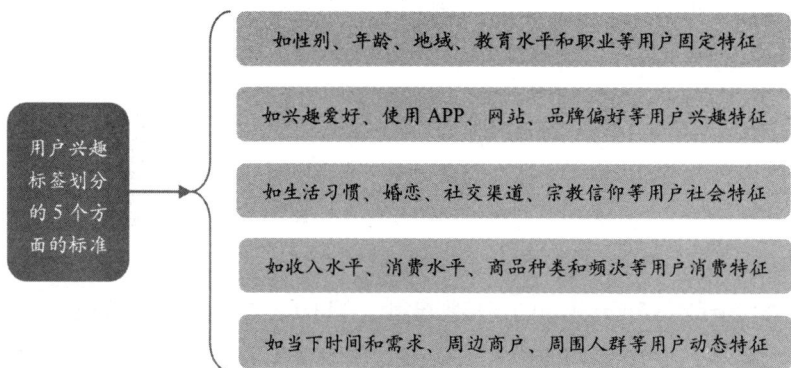

◆ 图9-26　用户兴趣标签划分的5个方面的标准

在根据图9-26中的5个方面进行细分的用户兴趣标签下，每一个用户都关联着众多用户标签，而一个品牌及其产品，也是有着众多的与之相对应的用户标签，再把这些标签与用户结合起来，就形成了该品牌和产品的目标消费群体。这样关联起来的品牌和用户，往往是非常精准的。

今日头条平台通过广告把用户与品牌之间的关系打通，而想要在这一过程中获得更高效的广告运营效果，可以对与品牌关联的目标用户群体进行优选，并设置广告内容的用户兴趣关键词包，这样就能把广告信息精准地分发到各个今日头条频道下，从而精准的触达该品牌的优选用户。

9.4.3　策略：强强联合，实现多维覆盖

对于今日头条平台而言，个性化资源是其固有的特质，在这一优势条件下，其广告投放如果再加入受大众欢迎的明星效应，就明显是强强联合的广告投放设置了。当然，这也是实现广告多维覆盖的有效手段。

那么，实现了"明星效应＋个性化资源"强强联合的广告投放，主要是从哪些方面来促进其广告效果的提升呢？具体内容如图9-27所示。

由图9-27可知，在"明星效应＋个性化资源"强强联合下的广告投放，基本上都实现了4个维度的投放覆盖，可以在很宽广的范围内实现广告的宣传和推广。除此之外，其品牌和产品总是还与其他频道有着一定的关联，这样实现更多维度的组合覆盖也就顺理成章了。

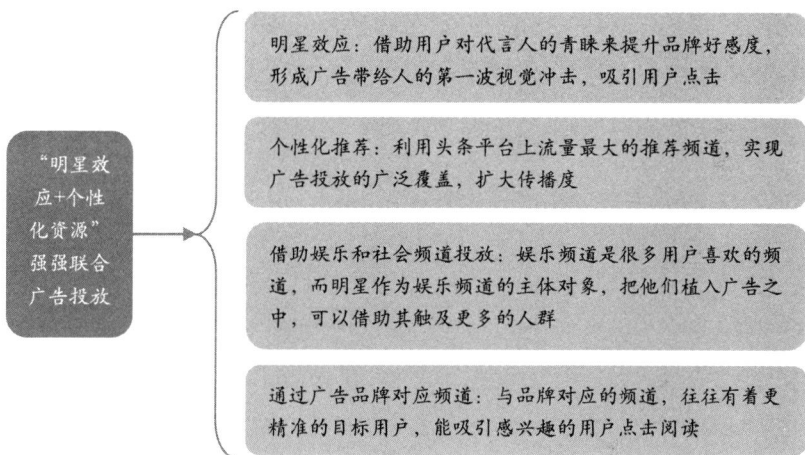

"明星效应＋个性化资源"强强联合广告投放

- 明星效应：借助用户对代言人的青睐来提升品牌好感度，形成广告带给人的第一波视觉冲击，吸引用户点击
- 个性化推荐：利用头条平台上流量最大的推荐频道，实现广告投放的广泛覆盖，扩大传播度
- 借助娱乐和社会频道投放：娱乐频道是很多用户喜欢的频道，而明星作为娱乐频道的主体对象，把他们植入广告之中，可以借助其触及更多的人群
- 通过广告品牌对应频道：与品牌对应的频道，往往有着更精准的目标用户，能吸引感兴趣的用户点击阅读

◆ 图9-27 "明星效应＋个性化资源"强强联合的广告投放分析

9.4.4 内容：从准备到创作，紧跟热点

如何宣传，不谈及热点就好像缺少了什么一样，其效果也可能受到影响。广告宣传与投放也是如此。因此，今日头条平台的广告在有可能的情况下，最好在内容方面，从文案到素材，都抓住时代的热点，把它融入广告宣传中。图9-28所示就是一则融入了热点"国美16周年庆"的今日头条广告文案。

7月20至31日，湖南国美十六周年庆狂欢购

湖南国美16周年
周年庆
狂欢购

广 湖南国美电器有限公司 3小时前

◆ 图9-28 今日头条广告的热点植入

10
CHAPTER

其他变现：吸引着
众多创作者淘金

新媒体运营实战
从入门到精通

在今日头条平台上，除了可以通过各种形式的广告来变现获利外，还可以通过其他方式来实现。本章就从图文、视频和账号等角度出发，介绍17种大家比较常见的变现方式，以便帮助更多的头条号创作者和运营者达成淘金目标。

◇ 图文变现：8种方式，你也能用到

◇ 视频变现：两大突进，轻松助你淘金

◇ 账号变现：4种方式，打造变现摇篮

◇ 其他方式：3种易操作的变现途径

10.1 图文变现：8 种方式，你也能用到

今日头条作为一个向用户推荐有价值、个性化信息的平台，其在内容上的获利是显而易见的，那么，头条号究竟能通过哪几种方式来实现原创内容获利呢？一般来说，主要包括图文内容、视频内容和问答内容等。本节就从原创作者运用比较广泛的图文内容出发，介绍其变现方法。

10.1.1 用户打赏：优质内容收益多多

在今日头条上，创作者可通过优质内容来获得用户的赞赏，这是一种很常见的内容获利形式，在多个平台上都有它的身影。图 10-1 所示为头条号"手机摄影构图大全"的文章页面和用户赞赏页面。

◆ 图 10-1 头条号文章页面和用户赞赏页面

在该页面上，用户只要❶点击"赞赏"按钮 ⑨ 赞赏 ，即可进入"赞赏"页面，然后❷选择要赞赏的金额以及❸选择一种支付方式，设置完成后，❹点击"确定"按钮即可完成操作。

　　在今日头条平台上，用户有时可能会很疑惑，这篇文章或这个视频很精彩，我想赞赏，为什么在 PC 端就是找不到"赞赏"功能呢？其实，用户赞赏功能的操作只能在其 APP 上完成，在 PC 端是没有设置赞赏功能的。

　　了解了用户赞赏的途径，那么，这些赞赏的收益运营者可以在哪里查看呢？

　　运营者登录后进入头条号后台主页，❶单击"我的收益"按钮；在"收益概览"页面下方，❷选择"赞赏流水"选项，即可查看头条号所获得的用户赞赏收益，如图 10-2 所示。

◆ 图 10-2　用户赞赏收益查看

10.1.2　签约作者：每月获得固定收益

　　在今日头条平台上，签约作者每个月是有固定收益的，这也是今日头条平台的一种主要的变现形式。那么，如何成为头条签约作者呢？一般来说，成为头条签约作者，主要有两种方法，具体如下。

❶ 系统邀请

当头条号创作者为平台贡献了足够多的有价值的优质原创内容，并成为某一方面的专家，或是有着很高的知名度，才有可能受到今日头条系统邀请成为签约作者。这是一种平台主动邀请的方式。

❷ 主动申请

与系统邀请相反，自动申请是一种自己主动邀请、平台被动审核的方式。而要判断申请是否成功，以悟空问答为例，就必须成为某一方面的达人而系统却未邀请你，那么此时就可以申请成为签约作者。

主动申请的做法是：登录头条号，然后关注今日头条官方账号，并在后台选择发送私信，把自身的资料和能证明你已经成为达人的内容的链接传送给系统审核。当审核通过后，你就成为头条的签约作者了。

此时只要完成头条每个月的任务，就可以获得签约作者应得的收益。

以今日头条的悟空问答为例，具体介绍成为悟空问答签约作者的条件。在悟空问答平台上，签约作者也是有二级和一级之分的，具体条件如表 10-1 所示。

表 10-1　悟空问答的签约作者条件和收益

类别	条件和收益
一级	每月回答问题个数：20 个 单篇回答的字数：500 字以上 内容要求：有理有据，有图片 收益：每月共计 10 000 元
二级	每月回答问题个数：24 个 单篇回答的字数：500 字以上 内容要求：有理有据，积极健康 收益：200 元 / 个，总计 4 800 元以上
备注：这里所指的"问题"是悟空问答这一内容产品邀请头条号签约作者的问题，而不是其自主选择的问题	

10.1.3　千人万元：遵守规范，10 000 元保底

在介绍签约作者收益的时候说过——一级作者可获得每月 10 000 元的补贴，

其实这一变现方式与"千人万元"计划有重叠之处。那么，什么是头条号"千人万元"计划呢？

"千人万元"计划，其中的"千人"指的是头条号计划将扶持 1 000 个头条号创作者，"万元"指的是这些被扶持的创作者每人每个月将至少获得 10 000 元的保底收入。这一计划是头条号在 2015 年推出的，截止到目前，已运营 3 年多，并将持续发展下去。

在头条号后台主页的"账号权限"页面，选择"功能权限"选项，从上往下数第 5 个就是"千人万元"功能，如图 10-3 所示。

◆ 图 10-3 头条号"千人万元"功能

在此处头条号创作者可以申请"千人万元"计划。当然，只有当满足申请条件之后，"申请"按钮变为红色才能申请；如果"申请"按钮是灰色的，那么就表示此时还不能申请。

在"申请"按钮为灰色时，创作者如果对申请的条件不清楚或是不知道自身还有哪些条件没有满足，可以把鼠标指针移至"申请"按钮上，即可显示申请"千人万元"计划需满足的条件，其中，显示的信息中用红色字部分就是头条号创作者目前没有满足的条件。

专家提醒

要注意的是，个人头条号的"千人万元"计划申请成功后，并不表示可以不承担任何义务就能获得每人每个月将至少 10 000 元的保底收入。其实，通过申请成为"千人万元"计划的签约作者后，该头条号创作者是需要履行一定的义务并遵守一定规范后才能获得保底收入，具体的义务和规范表现在 3 个方面，如图 10-4 所示。

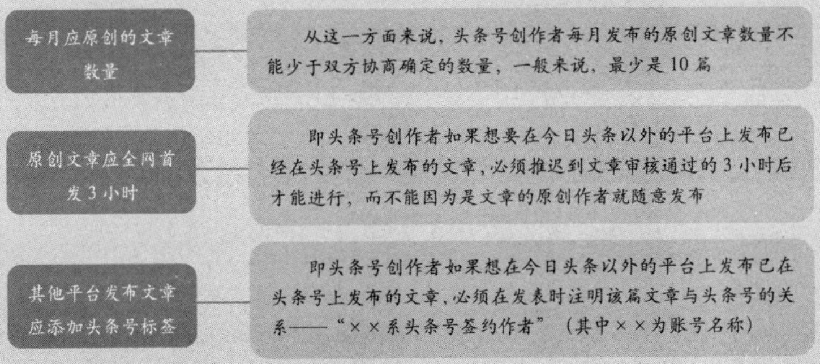

每月应原创的文章数量	从这一方面来说，头条号创作者每月发布的原创文章数量不能少于双方协商确定的数量，一般来说，最少是 10 篇
原创文章应全网首发 3 小时	即头条号创作者如果想要在今日头条以外的平台上发布已经在头条号上发布的文章，必须推送到文章审核通过的 3 小时后才能进行，而不能因为是文章的原创作者就随意发布
其他平台发布文章应添加头条号标签	即头条号创作者如果想在今日头条以外的平台上发布已在头条号上发布的文章，必须在发表时注明该篇文章与头条号的关系——"××系头条号签约作者"（其中××为账号名称）

◆ 图 10-4　头条号"千人万元"计划的参与者应履行的
义务和遵守的规范

10.1.4　百群万元：优质集合，20 000 元保底

今日头条在针对个人类型的头条号推出"千人万元"计划的同时，还在 2015 年举行的"头条号创作者大会"上推出了一项针对"群媒体"的"百群万元"计划。当然，这里的"群媒体"并不是运营者注册头条号时显示的头条号类型中的一个，而是通过头条号平台组织起来的各个垂直领域的内容创作者的集合。

由今日头条平台组织起来的"群媒体"，其实就相当于一个小型编辑部，其目的是为了推动各垂直领域内容的创作发展。具体来说，其效果和优势主要反映在以下两个方面：

▶"群媒体"内的内容创作者的数量不是单一的，因而打破了个人号断断续续推送内容的局面，有利于垂直领域内容的稳定生产；

▶ "群媒体"的内容创作者的数量较多，就有可能存在垂直领域的不同分支的创作者，把他们创作的内容集合起来，就能形成规模化的推送状况，有利于人们系统、全面地了解该垂直领域的内容。

对于在垂直领域内容发展和推广方面有着上述优势的"群媒体"，今日头条平台也给予了多项策略倾斜和较大的扶持力度，举例介绍如图10-5所示。

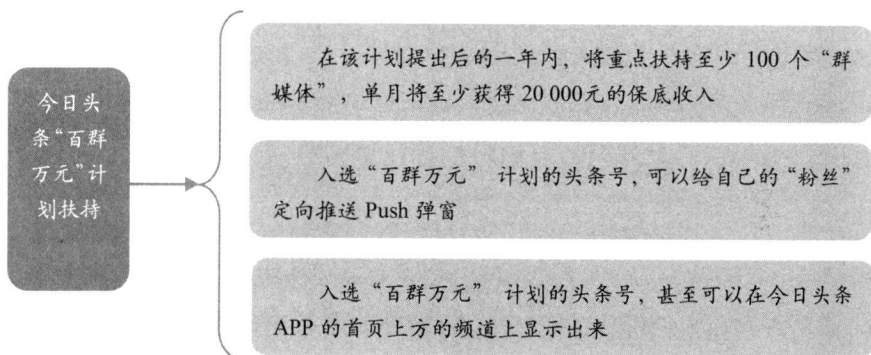

今日头条"百群万元"计划扶持

在该计划提出后的一年内，将重点扶持至少100个"群媒体"，单月将至少获得 20 000元的保底收入

入选"百群万元"计划的头条号，可以给自己的"粉丝"定向推送 Push 弹窗

入选"百群万元"计划的头条号，甚至可以在今日头条APP 的首页上方的频道上显示出来

◆ 图10-5　今日头条"百群万元"计划的扶持力度

10.1.5　青云计划：优质图文每天都可创收

在今日头条平台上，总是会出现一些扶持优质原创作者的计划出现，如上面介绍的"千人万元"和"百群万元"计划，而随着"礼遇计划"的下线，平台方紧接着在 2018 年 6 月又出台了"青云计划"。与"礼遇计划"相比，"青云计划"在用户的奖励时间设置上就有所不同，青云计划除了具有"礼遇计划"的月度奖励外，更重要的是每天的优质图文奖励，甚至还有年度奖励。下面笔者将对这一扶持计划进行简单介绍。

进入头条号后台主页，在"发现"页面右侧的"创作活动"一栏下方，显示了一则有关于"青云计划"的信息，如图10-6所示。

单击该信息，即可进入"青云计划"页面，在该页面用户可查看"礼遇计划"内容，无论是活动详情还是每期的"青云计划"奖励榜单，或是自身头条的获奖历史，都可以清楚了解。图10-7所示为"青云计划"页面的"活动详情"和"奖励榜单"具体内容展示。

◆ 图 10-6 头条号"青云计划"页面入口

（1）奖励榜单

◆ 图 10-7 头条号"青云计划"部分内容展示

（2）活动详情

◆ 图 10-7　头条号"青云计划"部分内容展示（续）

那么，究竟"青云计划"指的是什么呢？"青云计划"是头条号于 2018 年 6 月启动的一项为激励优质内容原创作者而给予一定回报的计划。在这一计划中，从奖励的时间区隔来看，主要包括 3 个方面的内容，如图 10-8 所示。

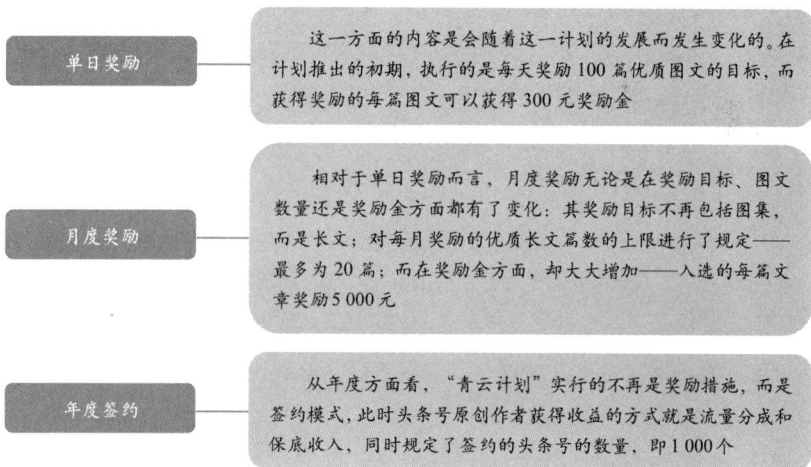

◆ 图 10-8　头条号"青云计划"的主要内容

然而，需要头条号创作者和运营者注意的是，想进入"青云计划"的奖励榜单获得平台提供的奖励金，并不是任意一篇文章就可以入选的，而是需要具备一定的条件。在此，以单日奖励为例，介绍其文章入选条件。图 10-9 所示为头条号创作者文章入选"青云计划"单日奖励的要求。

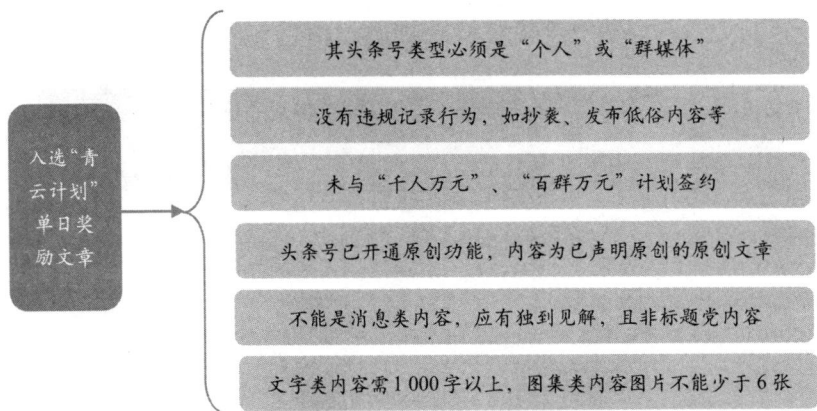

其头条号类型必须是"个人"或"群媒体"

没有违规记录行为，如抄袭、发布低俗内容等

未与"千人万元"、"百群万元"计划签约

头条号已开通原创功能，内容为已声明原创的原创文章

不能是消息类内容，应有独到见解，且非标题党内容

文字类内容需1000字以上，图集类内容图片不能少于6张

入选"青云计划"单日奖励文章

◆ 图 10-9   入选"青云计划"单日奖励文章的条件

10.1.6   高佣扶持：相关产品，获高比例佣金

除了前面提及的"千人万元"计划和"礼遇计划"外，头条号平台还推出"高佣扶持"计划，如果说前两者纯粹是针对优质内容的原创作者来说，那么与淘宝、天猫相关的"高佣扶持"计划则是建立在优质内容基础的推广获利形式。

所谓"高佣扶持"计划，即在头条号"商品"功能推出的基础上，创作者可在图文内容中插入商品（记住：必须是与内容相关的商品），当买家与卖家之间成交成功后并确认是通过头条号链接来完成的话，那么头条号创作者将获取高比例的佣金。在"高佣扶持"计划中，这个比例可高达63%~80%，是名副其实的"高佣"。

而没有参与"高佣扶持"计划的创作者，提交成功后所能获得的佣金仅为45%，相比参与了"高佣扶持"计划的头条号创作者而言，其中的差距确实很大。

大家一定记得，在上文中提及了淘宝客获利形式，其实，创作者通过"高佣扶持"计划获利也是淘宝客获利的一部分。

另外，"高佣扶持"计划因为还处在内测期，因为在有些方面是有一定限制条件的，具体表现在两个方面，即头条号参与方式和内容形式，具体内容如下。

从头条号参与方式来说，内测期间只能通过平台主动邀请的方式参与，并没有提供报名参与的入口。

从内容形式方面来说，"高佣扶持"计划并不是对被邀请的账号的所有内容有效的，目前还仅限于参与"高佣扶持"计划后发布的图文、图集内容。图10-10所示为不在"高佣扶持"计划范围内的内容。

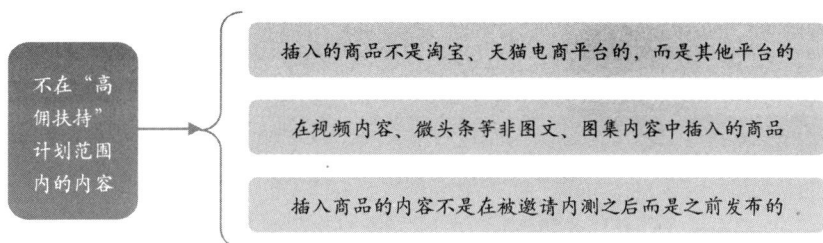

◆ 图 10-10　不在"高佣扶持"计划范围内的内容

专家提醒

参与"高佣扶持"计划的头条号创作者，其所能获得的佣金分成比例并不是一成不变的，而是可能会进行动态调整的，其具体的比例可在后台主页的"账号权限"页面上查看，如图 10-11 所示。

◆ 图 10-11　在"账号权限"页面查看佣金分成比例

10.1.7　国风计划：适应时势发展的获利方式

今日头条是适应社会的发展而发展的，且它的用户都是出于社会中的人，因此有必要承担起它的社会责任——促进我国传统文化的发展，基于此，今日头条平台在上述 4 项扶持政策之后又推出了"国风计划"，以便扶持与传统文化相关的内容生产和传播。图 10-12 所示为"国风计划"的主要内容和扶持目标。

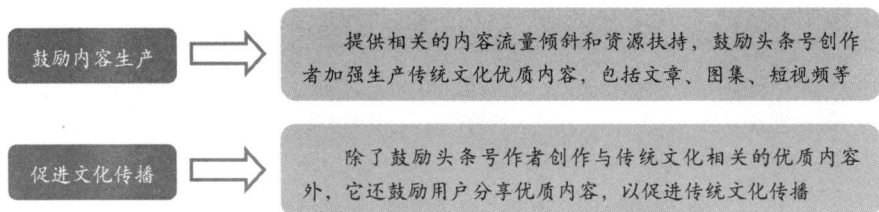

鼓励内容生产 ⇒ 提供相关的内容流量倾斜和资源扶持，鼓励头条号创作者加强生产传统文化优质内容，包括文章、图集、短视频等

促进文化传播 ⇒ 除了鼓励头条号作者创作与传统文化相关的优质内容外，它还鼓励用户分享优质内容，以促进传统文化传播

◆ 图 10-12 "国风计划"的具体内容和主要目标

随着今日头条"国风计划"的推出，其系统内的频道安排也发生了一些变化——增加了"国风"频道，展示了众多头条号创作的相关内容。头条号运营者可在登录头条平台后，添加"国风"频道，具体操作如下。

步骤 01 进入"今日头条"APP 首页，❶点击右上角的 ☰ 按钮，如图 10-13 所示。❷进入相应页面，在下方的"推荐频道"区域点击"+ 国风"选项，如图 10-14 所示。

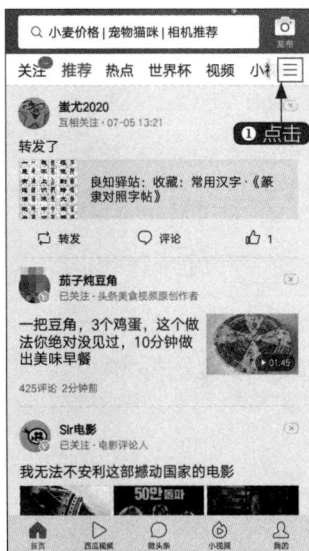

◆ 图 10-13 点击 ☰ 按钮

◆ 图 10-14 点击"+ 国风"选项

步骤 02 执行操作后，❶即可将其添加到"我的频道"区域中，点击"国风"频道，如图 10-15 所示。❷即可返回首页，在上方的栏目区域显示了"国风"频道，此时即可查看该频道中各头条号生产和分享的相关内容，如图 10-16所示。

◆ 图 10-15　成功添加"国风"频道　　　◆ 图 10-16　"国风"频道内容

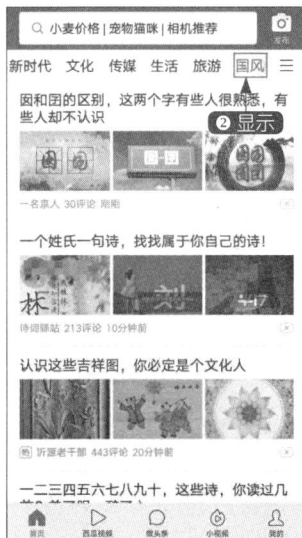

　　除了在今日头条平台上增设"国风"频道外，关于"国风计划"，平台出于更快地发展和生产传统文化优质内容的目的，开始计划搭建和推出"传统文化素材库"，其中的素材包括头条号创作者比较难以得到和制作较困难的图片、视频和音频素材。

　　笔者相信，在今日头条平台的政策扶持下、在众多有关传统文化头条号的创作者的内容创作中，"国风计划"将会顺利实施并得以发展下去，同时，相关的头条号创作者也能基于流量和优质内容获得较大收益。

10.1.8　悟空问答：持续创作，获得分成收益

　　在"悟空问答"频道，只要符合条件的提供优质内容的创作者参与问答，就有可能获得问答分成。这里的符合条件，主要表现在两个方面，一是创作者本身，二是创作者的内容，具体分析如下。

❶ 创作者方面：要持续创作优质内容

从头条号创作者本身来说，其获得问答分成的条件是必须持续创作优质问答内容的答主，在平台根据其曾经有过的回答内容质量来进行判断并邀请其回答问题，在这样的情况下，就能获得问答分成。

❷ 内容方面：保证提供后期优质内容

当创作者获得了问答分成资格后，并不代表他（她）能持续地获得利益分成，它还必须在接下来的运营中持续优质内容，这里所指的"优质内容"必须具备以下条件，如图 10-17 所示。

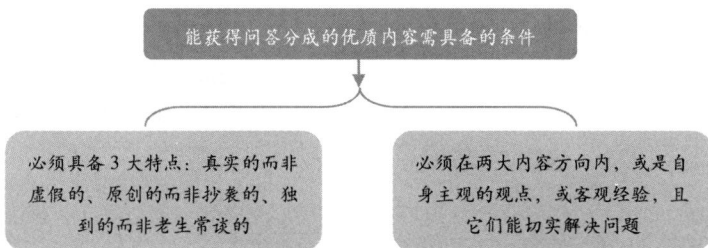

能获得问答分成的优质内容需具备的条件

必须具备 3 大特点：真实的而非虚假的、原创的而非抄袭的、独到的而非老生常谈的

必须在两大内容方向内，或是自身主观的观点，或客观经验，且它们能切实解决问题

◆ 图 10-17　能获得问答分成的优质内容需要具备的条件

当头条号的创作者及其内容都具备了问答分成的条件时，有人不禁要问：所有的答主分成是一样的吗？如果不是，又是怎样规定分成的呢？在此笔者为大家解答一下悟空问答内容的分成依据，它主要包括内容质量、作者权重和粉丝质量3 个方面，具体如图 10-18 所示。

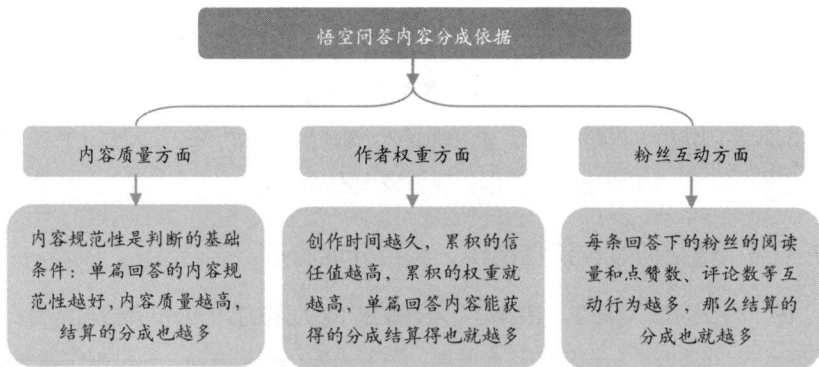

悟空问答内容分成依据

内容质量方面

内容规范性是判断的基础条件：单篇回答的内容规范性越好，内容质量越高，结算的分成也越多

作者权重方面

创作时间越久，累积的信任值越高，累积的权重就越高，单篇回答内容能获得的分成结算得也就越多

粉丝互动方面

每条回答下的粉丝的阅读量和点赞数、评论数等互动行为越多，那么结算的分成也就越多

◆ 图 10-18　悟空问答内容分成依据

专家提醒

悟空问答中的结算分成是以单篇来计算的，就单篇而言，其所获得的分成主要由其质量决定，且是没有上限的。

10.2 视频变现：两大途径，轻松助你淘金

视频作为一种解放了人的双手并能带给人眼、耳更好地体验的内容形式，还是比较受到用户青睐的，同时基于这一原因，越来越多的人开始投身到视频和短视频的创作行列中，期待从中获利。本节就从视频这一内容形式出发，介绍其具体的变现方法和途径。

10.2.1 平台补贴：诱惑力十足的变现模式

对于短视频的创作者而言，资金是吸引他们的最好手段，平台补贴则是诱惑力的源泉。作为魅力无限的短视频变现模式，平台补贴自然是受到了不少内容生产者的注意，同时平台的补贴策略也成为大家重点关注的对象。

自从 2016 年 4 月各大互联网巨头进军短视频领域以来，各大平台便陆续推出了各种不同的补贴策略，今日头条也不例外。图 10-19 所示为今日头条平台的短视频补贴投资策略。

今日头条平台的短视频补贴投资策略

2016 年 9 月，出资 10 亿元支持和补贴短视频的内容创作者

2017 年 5 月，宣布为火山小视频出资 10 亿元作为平台补贴

◆ 图 10-19　今日头条平台的短视频补贴策略

平台补贴既是平台吸引内容生产者的一种手段，同时也是内容生产者盈利的有效渠道，具体的关联如图 10-20 所示。

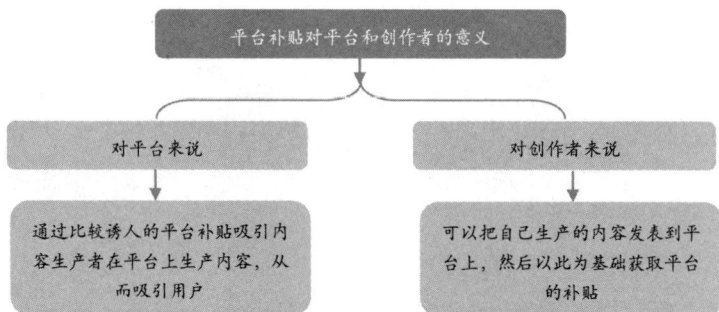

◆ 图 10-20　平台补贴对平台和创作者的意义

在这样的平台补贴策略的保护之下，部分短视频的创作者能够满足变现的基本需求，如果内容足够优质，而且细分比较到位，那么变现的效果可能会更显著，获取更为惊人的补贴。

专家提醒

头条号平台的短视频补贴主要分为两种形式，一是根据内容生产者贡献的流量，按照每月结算的形式直接发放现金；二是提供站内流量的金额，内容生产者可以借此推广自己的内容，用更加巧妙的途径发放费用。

那么，在借助平台视频补贴进行变现时，头条号的内容创作者应该注意哪些方面的问题呢？在笔者来看，应该注意两点，如图 10-21 所示。

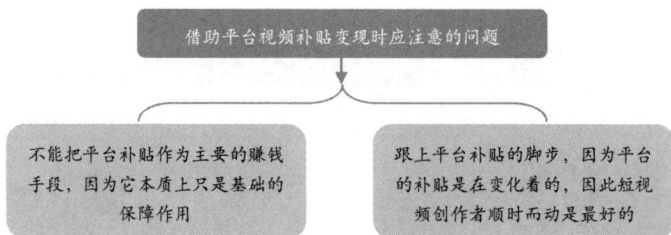

◆ 图 10-21　借助平台视频补贴变现时应注意的问题

10.2.2　接口合作：巧妙应用，三方共赢

在视频接口合作中，主要涉及三方，即西瓜视频平台、第三方合作伙伴和头

条号，其中的关系如图 10-22 所示。

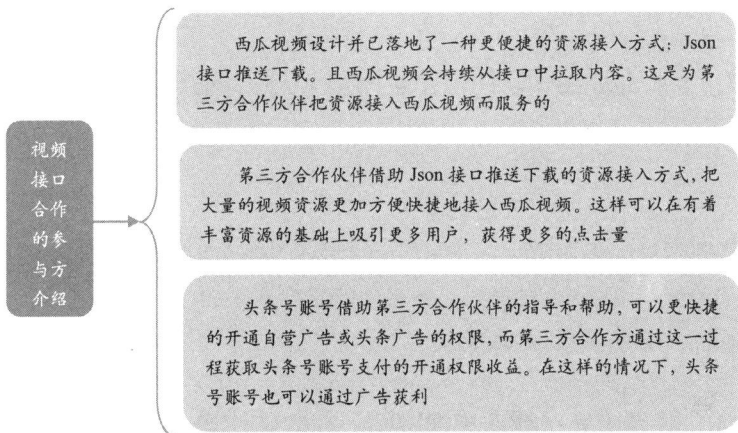

西瓜视频设计并已落地了一种更便捷的资源接入方式：Json 接口推送下载。且西瓜视频会持续从接口中拉取内容。这是为第三方合作伙伴把资源接入西瓜视频而服务的

第三方合作伙伴借助 Json 接口推送下载的资源接入方式，把大量的视频资源更加方便快捷地接入西瓜视频。这样可以在有着丰富资源的基础上吸引更多用户，获得更多的点击量

头条号账号借助第三方合作伙伴的指导和帮助，可以更快捷的开通自营广告或头条广告的权限，而第三方合作方通过这一过程获取头条号账号支付的开通权限收益。在这样的情况下，头条号账号也可以通过广告获利

◆ 图 10-22　视频接口合作的参与方介绍

从图 10-22 可以看出，无论是第三方合作伙伴还是头条号账号，都是可以实现获利的。而在这种接入合作中，头条号账号可以凭借其丰富的视频资源，在今日头条平台的大流量支持下获取高阅读量，从而获取视频收益。

其实，今日头条的"西瓜视频"频道的视频收益，主要包括两个方面，即粉丝收益和非粉丝收益，而这两者的总和再减去信用惩罚，即视频的总收益。图 10-23 所示为今日头条号后台主页中的"西瓜视频"频道所获得的收益页面。

◆ 图 10-23　头条号"西瓜视频"频道所获得的收益页面

10.3 账号变现：打造变现摇篮

与今日头条平台相关的账户，特别是头条号、抖音号等，随着作者运营的努力，其影响力是在逐渐增加的，同时带来的还有账号价值的增长。这些处在增长中的账号价值，通过一定的方式，是完全有可能变成实在利益的。下面笔者为大家介绍如何利用今日头条账号获利。

10.3.1 养号卖号：找准正规网站，获取转让费

在生活中，无论是线上还是线下，都是有转让费存在的。所谓"转让费"，即一个线上商铺的经营者或一个线下商铺的经营者，向下一个经营者转让经营权时所获得的一定的转让费用。

而这一概念随着时代的发展，逐渐出现账号转让。同样地，账号转让也是需要接收者向转让者支付一定的费用，最终使得账号转让成为获利变现的方式之一。

对今日头条平台而言，由于头条号更多的是基于优质内容发展起来的，因此，在这里把头条号账号转让获利归为原创内容变现的方式。

如今，互联网上关于账号转让的信息非常多，在这些信息中，有意向的账号接收者一定要慎重对待，不能轻信，且一定要到比较正规的网站上进行操作，否则很容易受骗上当。

在此以鱼爪新媒（网址为 http://mt.yuzhua.com/news.html）为例介绍账号转让的具体知识。在该平台上，可以转让的账号有很多种，如头条号、微信公众号、微博号和快手号等，且在不同的模块下，还提供了转让的价钱参考，如图 10-24 所示。如果头条号创作者想要转让某一头条号，可以点击该页面上的"我要发售"按钮即可。

◆ 图 10-24　鱼爪新媒头条号账号转让页面

10.3.2　创业孵化：加速服务，实现产业价值提升

对大多数人来说，从进行创作到实现创业，其中的过程并不简单，甚至很难成功。然而对于那些进驻头条号平台的创作者而言，有了今日头条创作空间的"创业孵化"的支持和指导，就有了更好的创业成功的捷径，这就为快速变现提供了条件。

一个很明显的证明是，基于今日头条创作空间的"创业孵化"的加速服务，已经有一些成功的项目进入了大家的视野，并实现了产业价值的快速提升。图 10-25 所示为今日头条创作空间"创业孵化"的第一期项目展示。

◆ 图 10-25　今日头条创作空间"创业孵化"的第一期项目展示

那么，今日头条创作空间具体是怎样进行创业孵化的呢？具体来说，主要包括以下两个方面的内容。

❶ 全方位服务：4 大方面，助力孵化

今日头条创作空间为了更好地指导头条号优质内容创作者成功创业，从 4 个方面着手提供细致的孵化服务，具体如图 10-26 所示。

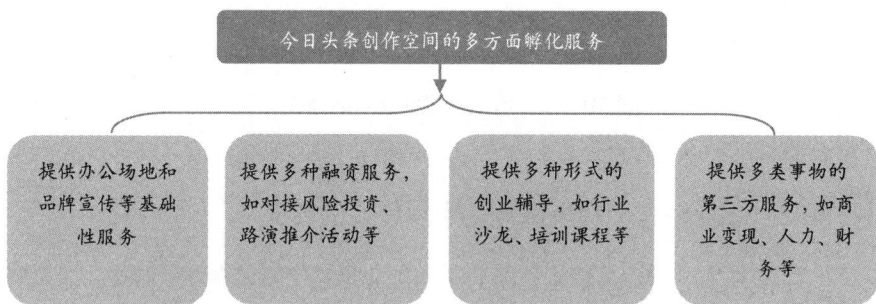

◆ 图 10-26　今日头条创作空间的多方面孵化服务

❷ 强有力后盾：资金资本 + 流量扶持

今日头条创作空间的创业孵化，并不只是说说而已，而是有着强有力的扶持做后盾的。从这一角度来看，它依托今日头条平台，在投资资本和流量扶持方面为头条号创作者提供更加快速地实现成功创业的计划。其中，其投资资本主要来源于一些有合作关系的融资企业，如图 10-27 所示。

◆ 图 10-27　与今日头条创作空间合作的融资企业

当然，今日头条创作空间也是有一定创业扶持选择的，具体如图 10-28 所示。

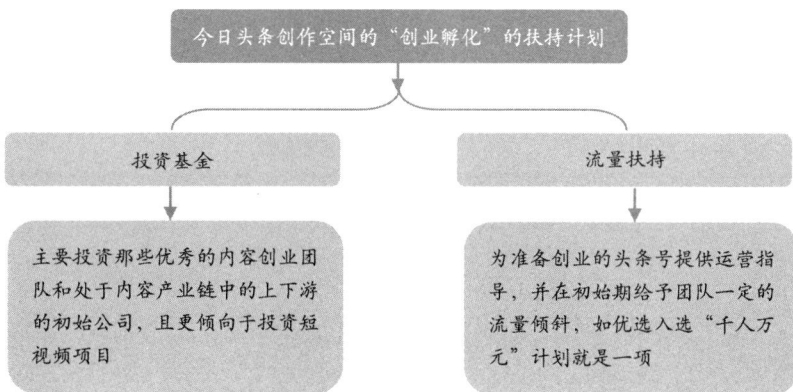

◆ 图 10-28　"创业孵化"扶持计划的具体内容

前面笔者介绍了一些今日头条创作空间的"创业孵化"内容，相信大家对这一变现形式已经有了一定的了解，在此情况下，可能有些创作者会受到吸引，准备着手采用这一形式实现强有力的变现。那么，它具体有着怎样的入驻条件和申请流程呢？

相较于前文介绍的几项计划而言，"创业孵化"在入驻条件要求方面有了本质的提升，具体包括 5 个方面，如图 10-29 所示。

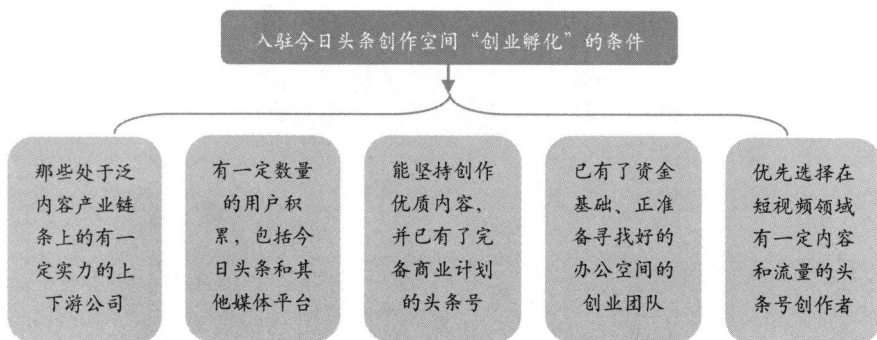

◆ 图 10-29　入驻今日头条创作空间"创业孵化"的条件

当头条号创作者参考上面的入驻条件进行衡量之后，如果符合，就可以进行申请了。当然，这样的申请是不能一蹴而就的，而是需要一定的时间和流程的，一般来说，可在 30 个工作日内完成全部申请入驻流程。表 10-2 所示为头条号创作者入驻"创业孵化"申请的流程。

表 10-2　头条号创作者入驻"创业孵化"申请的流程

申请流程构成阶段	具体内容
提交申请阶段	提交申请入驻的所需的各种材料，如商业计划书和其他材料
初审阶段	今日头条创作空间会对提交申请的头条号创作者进行资质审核。其结果会在 10 个工作日内发出通知
面试阶段	初审通过后，申请者会接到邀请面试的通知，面试完成后。其结果也将在 10 个工作日内发出通知
终审阶段	综合初审和面试结果，今日头条创作空间会最终进行终审，决定是否入驻申请人项目。其结果也将在 10 个工作日内发出通知
获得入驻资格阶段	当终审结果通知后，如果成功，就表示该创作者已经获得了入驻资格

10.3.3 企业融资：收益大、速度快的变现方式

各种新媒体和自媒体的火热发展也引发了不少投资者的注意，相信不少人都知道 papi 酱的名号，她拥有多重身份，在其微博平台上，粉丝数量已经突破了 2 800 万，可见人气之高，影响力自然也不在话下。

融资就由 papi 酱这一热点带入了广大网友的视野，作为自媒体的前辈"罗辑思维"也为 papi 酱投入了一笔资金，联合徐小平共同投资 1 200 万。papi 酱奇迹般地转变为身价上亿的短视频创作者，而这一切，仅仅用了不到半年的时间。

融资的变现模式对创作者的要求很高，因此可以适用的对象也比较少，而且 papi 酱也是目前新媒体领域短视频行业的个例。但无论如何，融资也可以称得上是一种收益大、速度快的变现方式，只是发生的概率比较小。

在今日头条平台上，是有着众多的优质内容创作者的，因此，通过企业融资获利是比较快而且效益可观的获利方式。如头条号"新世相"就是一个非常成功的案例。它在头条号上获得上千万阅读量的情况下，轻松获得了多轮资本投资，其投资方有真格、腾讯、华人文化、正心谷和昆仑万维等。图 10-30 所示为"新世相"头条号主页。

◆ 图 10-30 "新世相"头条号主页

其实，运营好头条号，创作各领域的优质原创内容，从而迅速吸引大量粉丝关注。在这样的情况下，获得企业融资并不是一件天方夜谭的事，而是有可能成

为你变现的途径。只是利用这种途径变现，还是需要有着强大的创作实力和魅力才能成功的。

10.3.4　标签化 IP：积累高人气，轻松获取利润

IP 在近年来已经成为互联网领域比较流行和热门的词语，它的本意是 Intellectual Property，即知识产权。而很多 IP 实际上指的是具有较高人气的、适合几次开发利用的文学作品、影视作品以及游戏动漫等，比如最近流行的《扶摇》《一千零一夜》《我不是药神》等。

值得注意的是，今日头条号也可以形成标签化的 IP，所谓标签化，就是让人一看到这个 IP，就联想到与之相关的显著特征，比如 papi 酱就是典型的标签化 IP。罗振宇一手打造的"罗辑思维"也是标签化 IP 的领头羊，将 IP 的价值发挥得淋漓尽致。由此可见，不管是人还是物，只要它具有人气和特点，就能孵化为大 IP，从而达到变现的目的。

那么，对于头条号而言，关于标签化 IP 这一变现形式，具体应该如何操作呢？在笔者看来，可从两个方面着手，一是已经实现标签化 IP 的头条号和正在向其行进的头条号，它们即可通过人气来获利，爆款内容中的广告就是一个很明显的获利方式，如自营广告、头条广告和视频中的产品广告等。二是可以从头条号想实现标签化 IP 的这一愿景着手，利用 MCN，通过机构化运营专业变现。

对于前者而言，用户在今日头条平台上看到的还是比较多的，特别是各垂直领域的大号，都可称为标签化 IP 获利的典范。对于后者而言，了解的可能就比较少，下面笔者将对其进行具体介绍。

MCN，是 Multi-Channel Network 的缩写，MCN 模式来自于国外成熟的网红运作，是一种多频道网络的产品形态，基于资本的大力支持，生产专业化的内容，以保障变现的稳定性。随着新媒体的不断发展，用户对接收内容的审美标准也有所提升，因此这也要求运营团队不断增强创作的专业性。

由此，MCN 模式逐渐成为一种标签化 IP，单纯的个人创作很难形成有力的竞争优势，因此加入 MCN 机构是提升内容质量的不二选择。一是可以提供丰富的资源，二是能够帮助创作者完成一系列的相关工作，比如管理创作的内容、实现内容的变现、个人品牌的打造等。有了 MCN 机构的存在，创作者就可以更加专注于内容的精打细磨，而不必分心于内容的运营、变现。

以创作较复杂的视频内容为例，MCN 机构开设了新片场社区，它一开始是以构建视频创作者的社区为主，聚集了 40 多万的加 V 创作者，从这些创作者生产的作品中逐渐孕育出《造物集》《感物》《小情书》等多个栏目，而这些栏目渐渐地也形成了标签化的 IP。

专家提醒

一般而言，推送的内容是否能够在人群中传播开来，主要取决于内容质量和运营模式。如果创作者只是打造出了质量上乘的内容，却没有好的渠道和资源支持内容的输出，就很难形成大范围的传播，达到理想中的营销效果。

MCN 机构的发展也是十分迅猛的，因为直播和短视频行业正处于发展的阶段，因此 MCN 机构的生长和改变也是不可避免的，而大部分短视频平台的头部内容基本上也是由如图 10-31 所示的几大 MCN 机构助力生产的。

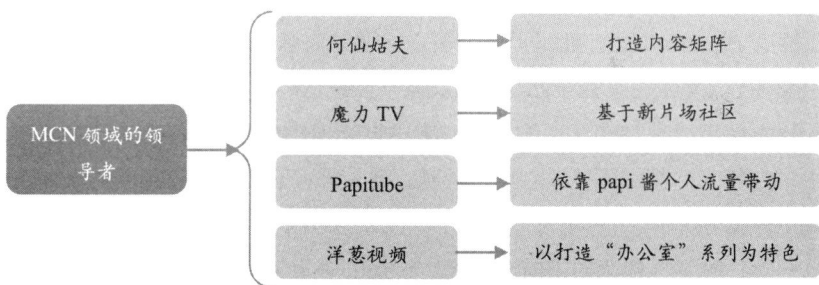

◆ 图 10-31 MCN 领域的领导者

MCN 模式的机构化运营对于新媒体平台内容的变现来说是十分有利的，但同时也要注意 MCN 机构的发展趋势，如果不紧跟潮流，很有可能无法掌握其有利因素，从而难以实现变现的理想效果。单一的 IP 有可能会受到某些因素的限制，但把多个 IP 聚集在一起就容易产生群聚效应，进而提升变现的效率。

10.4 其他方式：3 种易操作的变现途径

在今日头条平台上，除了通过广告、图文内容、视频内容和账号变现以外，还有其他一些变现方式，本节将选择一些比较重要、容易操作的进行介绍，以便帮助用户在更多的途径中突破"变现重围"，获得赢利。

10.4.1 频道电商化："精准推荐 + 易接受"双保险

在今日头条 APP 上，大家可能已经注意到了，栏目中的各个垂直领域的频道，打开之后显示的是一篇篇配了封面和标题的新闻、信息等，在这里几乎是找不到图片性的 Bannar 广告的影子（"放心购"频道除外）。

因此，相对于其他平台来说，今日头条 APP 的变现途径是少了 Bannar 广告的，但也正因为如此，却带给了用户更好的阅读体验，这在一定程度上为其他方式的变现实现提供了得天独厚的优势。

少了 Bannar 广告，而是提供纯图文标题的信息，人们更愿意点击查看，从而引导更多流量关注。基于此，今日头条平台设置的垂直频道就能在有优势的基础上建立起自己独特的变现途径，利用垂直频道的电商化来实现。如今日头条 APP 的"特卖"频道和"放心购"频道，就是垂直频道电商化变现的典型代表，如图 10-32 所示。

当然，除了这些明显带有电商名称特色的垂直频道之外，今日头条 APP 还注意在一些以图文标题的信息内容为主的垂直频道中也加入了电商变现途径，特别是那些与电商产品有着明显关系的频道，如科技频道、数码频道、时尚频道等，其中既有电商品牌入驻，有些包含各种产品和品牌信息的内容推送。图 10-33 所示为"时尚"频道的电商品牌头条号及其产品信息内容推送。

上面介绍的今日头条的垂直频道电商化内容，首先它是建立在垂直领域用户的精准推荐基础之上的，因而可以有效提升用户的转化率，其次，采用图文标题的信息推送形式，对用户来说，是一种更容易被人接受的信息推广形式，因而想要变现获利也就容易得多。

◆ 图 10-32 "特卖"频道和"放心购"频道

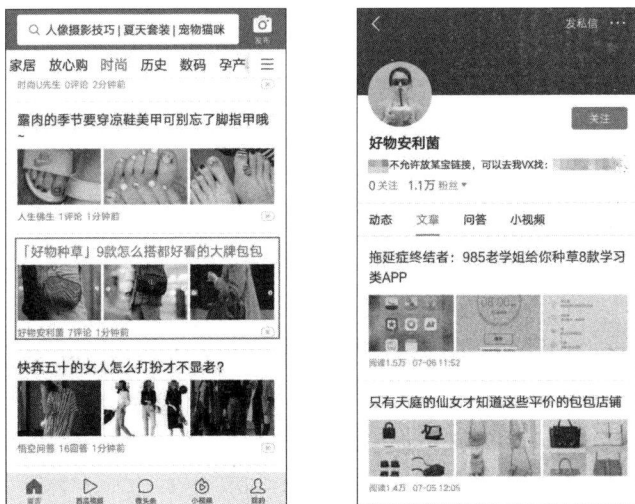

◆ 图 10-33 "时尚"频道的电商品牌头条号及其产品信息推送

10.4.2 内容版权：帮助借助内容难题的变现方式

在今日头条平台上，短视频作为其中的一个重要产品，只要加以巧妙运用，还是比较容易获利的，如从版权角度去思考的获利就是其中之一。

　　在浏览各大平台的短视频内容时，有时会发现，有些还残留水印的非原创视频被传播到众多平台上作为其宣传推广的工具，成为短视频搬运工。图 10-34 所示为搬运到微博平台上的有着众多平台水印的短视频内容。

◆ 图 10-34　搬运的短视频

　　从这一点就不难看出，这些运营者对短视频内容有需要，但其本身可能会因为各种原因无法完成短视频内容的制作或制作得不满意。这一情况值得短视频创作者加以注意，可以从这一角度出发，组建一支专业的短视频创建团队，致力于帮助短视频搬运工妥善解决内容问题，进而获得收益。

　　在这一过程中，短视频的版权归属要注明清楚。如果版权归属创作方，那么在运营者购买短视频的过程中其所能获得的利润会比较低；如果版权归属购买方，则能获得的利润会比较高。只是在前一种情况下，短视频创作者还是可以通过这些优质内容的出版来获利，这也是通过版权获利的一部分。

专家提醒

　　此外，短视频还可以孵化出火热 IP，比如很多网红通过短视频获得知名度，之后再进行出书、参加商演等活动，进而实现变现。这可以算得上是短视频变现的衍生模式，同时也借助了 IP 的人气和力量。

同样地，图文内容也是如此，越来越多的自媒体入驻今日头条，然而有些自媒体可能因为各种各样的原因无法提供原创内容。面对这一状况，想要变现的头条号可以从原创内容着手，专门生产图文内容，让自媒体人为产出内容的版权埋单。当然，如果生产内容的头条号想要建立起与购买内容版权的自媒体人的强关系链，就需要在内容上下功夫，保证内容的独家性和质量。

10.4.3 出版图书："高收益 + 大名气"双丰收

图书出版付费，主要是指头条号在某一领域或行业经过一段时间的经营，拥有了一定的影响力或者有一定经验之后，将自己的经验进行总结后，然后进行图书出版以此获得收益的盈利模式。

头条号原创作者采用出版图书这种方式去获得盈利，只要平台运营者本身有基础与实力，那么收益还是很可观的。

例如头条号"手机摄影构图大全"、"凯叔讲故事"等都有采取这种方式去获得盈利，效果也比较可观。

图 10-35 所示是头条号"手机摄影构图大全"推送内容中介绍的一个和手机摄影相关的图书出版消息。

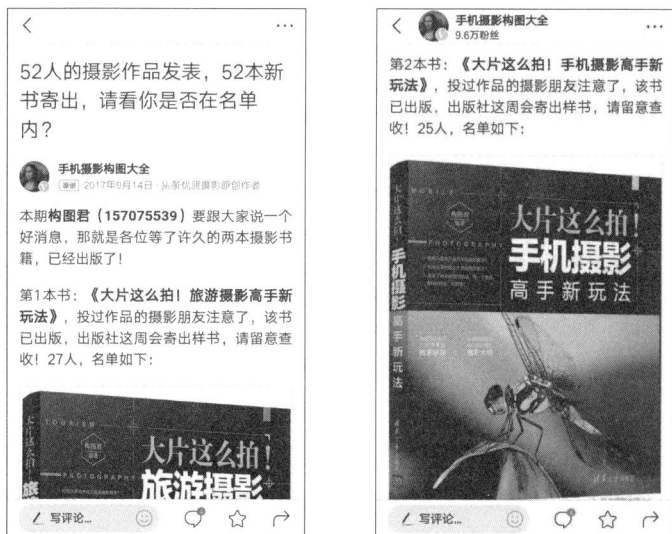

◆ 图 10-35 "手机摄影构图大全"头条号图书出版的案例

读 者 意 见 反 馈 表

亲爱的读者：

感谢您对中国铁道出版社的支持，您的建议是我们不断改进工作的信息来源，您的需求是我们不断开拓创新的基础。为了更好地服务读者，出版更多的精品图书，希望您能在百忙之中抽出时间填写这份意见反馈表发给我们。随书纸制表格请在填好后剪下寄到：北京市西城区右安门西街8号中国铁道出版社综合编辑部 张亚慧 收（邮编：100054）。或者采用传真（010-63549458）方式发送。此外，读者也可以直接通过电子邮件把意见反馈给我们，E-mail地址是：lampard@vip.163.com。我们将选出意见中肯的热心读者，赠送本社的其他图书作为奖励。同时，我们将充分考虑您的意见和建议，并尽可能地给您满意的答复。谢谢！

- -

所购书名：_____

个人资料：

姓名：_____ 性别：_____ 年龄：_____ 文化程度：_____
职业：_____ 电话：_____ E-mail：_____
通信地址：_____ 邮编：_____

- -

您是如何得知本书的：

□书店宣传 □网络宣传 □展会促销 □出版社图书目录 □老师指定 □杂志、报纸等的介绍 □别人推荐
□其他（请指明）_____

您从何处得到本书的：

□书店 □邮购 □商场、超市等卖场 □图书销售的网站 □培训学校 □其他

影响您购买本书的因素（可多选）：

□内容实用 □价格合理 □装帧设计精美 □带多媒体教学光盘 □优惠促销 □书评广告 □出版社知名度
□作者名气 □工作、生活和学习的需要 □其他

您对本书封面设计的满意程度：

□很满意 □比较满意 □一般 □不满意 □改进建议

您对本书的总体满意程度：

从文字的角度 □很满意 □比较满意 □一般 □不满意
从技术的角度 □很满意 □比较满意 □一般 □不满意

您希望书中图的比例是多少：

□少量的图片辅以大量的文字 □图文比例相当 □大量的图片辅以少量的文字

您希望本书的定价是多少：

本书最令您满意的是：

1.
2.

您在使用本书时遇到哪些困难：

1.
2.

您希望本书在哪些方面进行改进：

1.
2.

您需要购买哪些方面的图书？对我社现有图书有什么好的建议？

您更喜欢阅读哪些类型和层次的理财类书籍（可多选）？

□入门类 □精通类 □综合类 □问答类 □图解类 □查询手册类

您在学习计算机的过程中有什么困难？

您的其他要求：